南京大学外国语学院　主办

外国语文研究

第 10 卷 · 1

南京大学出版社

目 录

自闭症人群话语研究

网络交际空间中的身份建构研究

语言理论与应用研究

外国文学研究

学科动态

访　谈

CONTENTS

自闭症人群话语研究

主持人语

主持人　马博森

自闭症人群话语既包括自闭症人群在交际中所使用的话语，也包括他者关涉自闭症人群的话语。随着自闭症日渐成为全球公共健康问题之一，这一领域的研究受到语言学、特殊教育、传播学以及人工智能等领域学者们的广泛关注。

本栏目由四篇文章组成，其中三篇涉及对自闭症儿童在交际中所使用话语的研究，另一篇研究的是新闻媒体关涉自闭症人群的话语。马博森、曾小荣和赵玉珊的文章以图片命名诱发话语中的指称行为为切入点，从指称语、指称手势或指称目光三种模态的形式、功能及其互动视角分析自闭症儿童如何实施指称行为。接下来的两篇文章是有关自闭症儿童与正常发展儿童之间的对比研究，陈冠杏和陈泽源的文章运用会话分析方法对比分析亚斯伯格症儿童与正常发展儿童在会话话题开启方面的异同，而程燕华和马博森的文章以无字绘本为交际任务，以生命角色的指称为研究对象，对比分析自闭症儿童与正常发展儿童实施指称行为时指称语、指称手势及其两者之间的互动特征。最后一篇文章属于媒体关涉自闭症人群的话语研究，林美珍和马博森选取国内主流报刊媒体2000—2017年以来有关自闭症人群的新闻报道，从报道数量、话语主题、话语主体和话语基调四个方面考察自闭症人群报道中的话语建构特征，并剖析其存在的问题及影响因素。

自闭症人群是一个需要政府及社会各界关心、关爱和给予帮助的群体。作为语言研究者，我们希望通过自己的努力，能为改善这一群体的人际交往能力及其生存环境提供力所能及的帮助。

汉语自闭症儿童图片命名诱发话语中的多模态指称行为研究*

浙江大学　马博森　江西农业大学　曾小荣　浙江大学　赵玉珊**

摘　要:社会交往障碍是自闭症儿童的核心障碍之一。本文选取浙江省杭州市某自闭症康复治疗中心的八名自闭症儿童,以图片命名诱发话语中的指称行为为切入点,从多模态视角分析这些儿童如何实施这一行为。文章首先从产出视角分析指称语、指称手势或指称目光三种模态的形式及功能,然后分析语料中三种模态如何互动,共同实施指称行为。本研究既有助于加深我们对自闭症儿童交际能力的认识,也可作为后续量化研究的分析框架。

关键词:自闭症;指称语;指称手势;指称目光

Title: A Multimodal Analysis of Referential Behaviour in Picture-naming Elicited Discourse: With Special Reference to Chinese ASD Children

Abstract: Social interaction impairment is one of the core deficits characterizing children with Autism Spectrum Disorder (ASD). Eight ASD children from one rehabilitation center in Hangzhou, Zhejiang Province are chosen for a systematical study of the way in which they perform referential behavior in picture-naming elicited discourse from a multimodal perspective. The paper first analyzes the forms and functions of the three referential modes, namely referential expression, referential gesture and referential gaze; then it analyzes how the three modes interact to perform

* 本研究是国家社科基金重点项目"汉语自闭症儿童和正常儿童的多模态指称策略对比研究"(项目编号:17AYY009)的阶段性研究成果。

** **作者简介**:马博森,教授,博士生导师,研究方向为话语分析,功能语言学等。电子邮箱:mabosen@126.com。曾小荣,副教授,研究方向为多模态话语分析。电子邮箱:zengflake@jxau.edu.cn。赵玉珊,博士研究生,研究方向为自闭症人群话语研究。电子邮箱:466706729@qq.com。

referential behaviour. This study can not only deepen our understanding of ASD children's communicative ability, but also serve as an analytical framework for future quantitative studies.

Key Words: ASD; referential expression; referential gesture; referential gaze

1 引 言

自闭症是一种神经性发育障碍，以社会交往障碍和兴趣狭窄及重复刻板行为为主要特征[《心理障碍诊断与统计手册(第五版)》，Diagnostic and Statistical Manual of Mental Disorders，2013]。

由于指称行为是人们日常社会交往的重要组成部分，因此自闭症儿童的指称行为逐步受到相关领域研究者的关注。现有自闭症儿童的指称行为研究主要聚焦于母语为英语的自闭症儿童，把是否能产出恰当形式的指称语视为他们叙事能力的一个组成部分。研究方法大多为对比研究法，重点关注不同类型儿童使用指称语的异同，有的对比自闭症儿童与正常发展儿童(Norbury & Bishop，2003；Dahlgren & Sandberg，2008；Arnold et al.，2009；Wicklund，2012)；有的对比自闭症儿童与其他非正常发展儿童(如智障儿童)(Norbury & Bishop，2003)；还有的对比正常儿童、自闭症儿童和存在其他障碍的儿童(Rumpf et al.，2012)。总体来看，这些研究发现，自闭症儿童在所使用的指称语形式以及指称语所传递的信息方面与其他类型儿童相比存在差异。究其原因，维克隆德(Wicklund，2012)认为这可能与自闭症儿童在交际时缺乏考虑对方的认知状态和需求的元表征能力(meta-representational ability)有关。与针对英语自闭症儿童的指称行为研究相比，探讨汉语自闭症儿童指称行为的研究不仅数量较少，且同样只关注指称语的使用，如相关研究选取英语自闭症儿童、汉英双语自闭症儿童和汉英双语正常发展儿童，通过完成叙事任务对比考察三组儿童的叙述能力，分析其中的指称语使用错误。该研究发现自闭症儿童的指称错误及模糊性代词的出现频率显著高于正常发展儿童(Yang，2008)。

尽管现有关于自闭症儿童的指称行为研究取得了不少成果，但依然存在如下两方面的局限性：首先，指称行为是一种多模态行为，涉及指称语、指称手势、指称目光和指称语的韵律特征等多种模态，但现有国内外研究主要关注自闭症儿童的指称语使用能力，暂未发现从交模态视角对自闭症儿童指称行为进行较为系统描述和分析的研究；其次，与针对英语自闭症儿童的研究相比，针对汉语自闭症儿童指称策略的系统研究凤毛麟角,有待加强。

在现有研究的基础上,本文拟基于所采集的汉语自闭症儿童视频语料,从产出视角较为系统地描述自闭症儿童实施指称行为时常需借助的指称语、指称手势和指称目光这三种模态,并分析其如何互动来完成多模态指称行为。

2 语料简介

本文语料采集自浙江省杭州市某自闭症儿童康复中心,涉及其中的8名自闭症儿童(7名男孩,1名女孩;采集语料时的生理年龄为4岁8个月至6岁2个月)。所有儿童均接受过正规医院中具备诊断资格的医师诊断。在进入中心接受干预之前,这些儿童都接受了自闭症儿童心理教育评核工具中文版(Psychoeducational Profile, Chinese version,以下简称PEP-C)的评估。该工具用于评估自闭症儿童在语言能力和非语言能力等领域的表现。我们用表1呈现8名儿童的PEP-C评估分数,为了保护这些儿童的隐私,表格中的姓名为化名。表格中数字后的"中度"或"严重"表明这些儿童在沟通、体能和行为这三个方面的发展程度,"中度"表明发展较为落后,"严重"表明发展非常落后。

表1 8名自闭症儿童的PEP-C评估分数

姓名	性别	实际年龄	沟通标准分	体能标准分	行为标准分	发展年龄
小刚	男	5;10	30(中度)	30(中度)	31(严重)	约2;10
宁宁	男	4;8	36(中度)	32(中度)	36(中度)	约3;6
点点	男	5;8	35(中度)	33(中度)	35(中度)	约3;10
小航	男	5;8	34(中度)	35(中度)	46(中度)	约3;8
小亦	男	6;2	29(中度)	26(严重)	28(严重)	约3;8
小明	男	6;0	35(中度)	32(中度)	37(中度)	约3;9
乐乐	男	5;7	32(中度)	31(中度)	16(严重)	约3;3
文文	女	5;2	30(中度)	34(中度)	33(中度)	约3;5

在采集语料之前,研究者向每位儿童的治疗师和家长介绍了研究目的,并承诺对儿童的个人资料进行保密。治疗师和家长在知情书上签字。语料于2016年10月至11月份在该康复中心完成收集。采集语料的设备是索尼牌高清摄像机。每节康复课大约持续40分钟,在这期间,治疗师和孩子共同完成训练语言能力、认知能力和精细动作能力的多个交际任务。我们从中截取治疗师指导儿童完成看图说话的视频片段,分析其中的指称行为。选择这一任务是因为与其他康复训练任务相比较,儿童在完成这一任务时常实施指称行为。看图说话任务中的图片内容为儿童日常生活中常见的十个人或物,例如孙悟空、手机、生日蛋糕等;图片分有语境和无语境两种,前者如单独的电话,后

者如一个人正在打电话，两类图片各 10 张。实验分 5 次进行，治疗师要求儿童辨认图片上的人或物，并围绕人和物展开对话。最终用于分析的语料时长为 9 小时 32 分。下面图 1 是部分用于实验的无语境图片，图 2 是与图 1 对应的有语境图片：

图 1　部分用于实验的无语境图片

图 2　与图 1 对应的有语境图片

需说明的是，在看图说话这一交际任务中，儿童给图片中的人或物命名是常见的行为类型（因为康复师会要求儿童看图后回答"这是什么？"这一问题）。本文的研究借鉴尼尔森（Nelson，1992：3）的观点，把命名视为一种广义的指称行为，以便结合本文语料更全面地考察自闭症儿童的指称行为。

3　自闭症儿童指称行为的多模态分析

在讨论自闭症儿童语料中的指称语、指称手势和指称目光这三种模态如何互动来实施指称行为之前，我们先对语料中这三种模态的形式与功能逐一进行分析。

3.1　指称语模态

在早期有关自闭症的研究中，研究者关注的重点之一是自闭症儿童使用指称语时存在的障碍，如代词反转（pronoun reversal）现象（Tramontana & Stimbert，1970），表现为人称代词使用混乱，如使用第一人称以外的人称代词来指称自己。近期有关自闭症儿童指称语的研究大多采用对比研究方法，对比自闭症儿童与正常发展儿童在产出叙事语篇时所使用的指称语，研究发现，自闭症儿童存在引入新指称对象时不恰当地使用定指语,使用指代不明的代词以及使用不定指语续谈等现象。从指称语所传递的信息来看,自闭症儿童产出的指称语中有效和相关信息较少,不相关及冗余信息较多(Norbury & Bishop, 2003; Dahlgren & Sandberg, 2008; Arnold et al., 2009 等)。

在本文语料中,据我们初步观察,自闭症儿童使用指称语时常常存在指称语与指称对象偏离的现象。所谓偏离指的是指称语与指称对象不匹配或不完全匹配。为了系统考察自闭症儿童的指称语使用情况,本文根据指称语与指称对象之间的匹配程度,将自闭症儿童所使用的指称语分为匹配指称语、关联指称语和非关联指称语。匹配指称语指的是与指称对象完全匹配的指称语;关联指称语指的是与指称对象有关联但不完全匹配的指称语;非关联指称语指的是与指称对象不匹配的指称语。

下面我们首先来看一个使用匹配指称语的例子。在例(1)中,康复师拿着一张小姑娘手拿篮子的图片(如例1中的图片所示),自闭症儿童文文用指称语"篮子"准确地指称了这一物体。

(1) 康复师:你看,小朋友手里拿着什么呀?
文　文:篮子。
康复师:什么呀,大声点,没听清楚。
文　文:(大声地说)篮子。

下面我们再来看一个这类儿童使用关联指称语的例子,请看例(2)。

(2) 小　奕:老鹰飞。
康复师:这是什么?
小　奕:这是一只漂亮的鸟。
…………
康复师:那你觉得它的名字叫什么?
小　奕:小鸟。

在该例中,康复训练师向小奕展示了一张鹦鹉的图片(例2中的图片所示)。小奕看到图片后立刻说"老鹰飞",随后教师试图引导他说出图片中鸟的名称,小奕接着说"一只漂亮的鸟"或是"小鸟"。究其原因,该儿童可能不认识鹦鹉,或是由于词汇量有限,导致他不能直接准确地指称这种动物(在本文语料中,另一位男孩小航在看这张图片时也用"漂亮的小鸟"来指称)。上述这种情况在本文的语料中较为常见,如他们认识踢足球的场景,但不能准确说出"守门员"。究其原因,这可能与他们实际发展年龄仅为3至4周岁(参见表1),因而词汇量有限相关。

自闭症儿童所使用的关联指称语还包括基于转指的指称语。有时自闭症儿童虽然知道所指称对象的名称，但他们会首先选择通过基于活动或事件图式（schemata）的转指（参见沈家煊，1999：5－6）来指称物体，请看下例。

(3) 康复师：他是谁？
　　乐　乐：西游记。
　　康复师：他手上拿了什么？
　　乐　乐：金箍棒。
　　康复师：那他是谁呢？
　　乐　乐：孙悟空。

在该例中，康复师向男孩乐乐展示一张画有孙悟空的图片（例3中的图片所示），然后问他图片上画的是什么。在首次回答这个问题时，乐乐用“西游记”来转指人物。康复师继续引导他，最后乐乐准确地说出了图片中孙悟空的名称。

我们再来看一个用物体发出的声音转指物体的例子，请看例(4)。

(4) 康复师：这是什么？
　　文　文：计算机
　　康复师：这个呢？
　　文　文：叮咚。

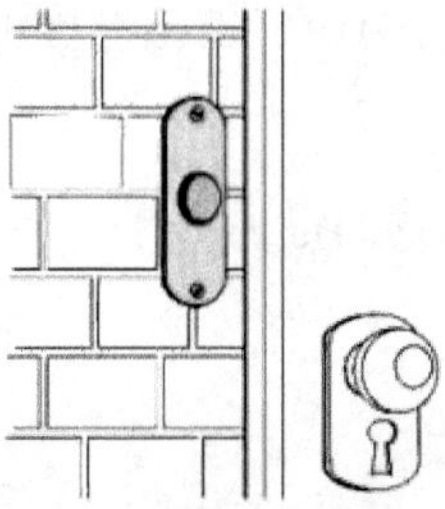

在该例中，康复师指着门铃（例4中的图片所示），问女孩文文“这是什么”，文文用门铃发出的声音来转指该物体。

以上两例表明，自闭症儿童有时会用情景图式中首先被激活的成分来指称所看到的物体。基于这一分析，我们认为自闭症儿童产出的部分指称错误可能是由这一指称策略造成的，如下例：

(5) 康复师：他是谁？
　　乐　乐：熊大熊二。
　　康复师：他是谁？
　　乐　乐：熊大熊二。
　　康复师：他是谁？
　　乐　乐：熊大熊二。
　　……

在该例中,康复师展示了一张近两年来流行的动画片《熊出没》里光头强的图片(例5中的图片所示),然后问乐乐这个人物是谁。康复师多次重复这个问题,男孩一直回答说图片里的人物是"熊大熊二"。由于熊大、熊二和光头强是这部动画片中的三位主要角色,据我们分析,这张图片激活了男孩大脑中有关这部动画片的情景图式,在这个情景图式里,乐乐首先激活的是熊大熊二这两个角色,因而他选择用这两个角色来转指所看到的图片。

现有对自闭症儿童转指现象的研究大多认为自闭症儿童对修辞性语言存在理解障碍(Rundblad & Annaz, 2010; Melogno & Pinto, 2014; Liang et al., 2015),其中梁丹丹(Liang et al., 2015)针对中国高功能自闭症儿童的研究发现,与理解隐喻相比,这类儿童在理解转指方面存在更严重的障碍,究其原因,转指中目标域与源域之间的偶然性关联(accidental relation)和转指的实验语料缺乏触发词(trigger)导致处理这种关联需付出更多的认知努力,因而自闭症儿童在理解转指时存在较大障碍。本文语料则发现中度自闭症儿童能够产出基于情境图式的转指。现有自闭症儿童转指研究的发现以及基于本文语料的发现促使我们思考:1) 就转指现象而言,自闭症儿童在产出和理解方面是否存在不对称现象,如果存在,原因是什么? 2) 就不同类型的转指而言(参见沈家煊,1999),哪些类型更容易产出和理解? 这两个问题值得我们在后续研究中进一步探讨。

我们最后来看一个自闭症儿童使用非关联指称语的例子:

(6) 康复师:那你觉得这个阿姨是做什么工作的?
点　点:他在看望远镜。

在该例中,男孩点点看的是一张一位女歌手在表演的图片(例6中的图片所示),但他把图中的话筒说成是望远镜。这一指称语与指称对象不存在关联。

3.2 指称手势模态

手势是诊断自闭症的重要标准之一(参见 American Psychiatric Association, 2013)。已有自闭症人群的手势研究主要关注3至12岁的儿童。相关研究发现,与正常发展儿童相比,自闭症儿童的手势主要有如下特点:1) 在手势的使用方面,与正常儿童相比,3至12岁的自闭症儿童的手势使用均存在延迟现象,就产出的手势类型而言,自闭症儿童较多使用承担原祈使型功能的指向(proto-imperative pointing),其功能相当于告诉对方"给我这(那)个东西",但在产出及理解承担原宣布型功能的指向(proto-declarative pointing,其功能相当于告诉对方"看,这[那]个东西!")方面存在障碍

(Baron-Cohen,1989);除指向外,自闭症儿童也较少使用具有特定文化意义的手势和表征性手势(representational gesture,如通过手臂上下挥动来表征鸟)。

据我们对本文语料的观察,总体来看,自闭症儿童产出的手势较少,且大部分为指向手势,象似性手势相对较少,放置手势最少[①],这与苏文琪等(So et al., 2015)针对 30 位 6 至 12 周岁说粤语的自闭症儿童的研究基本一致。

下面我们首先来看指向。从形式来看,指向既有大指向也有小指向。从指称对象来看,既有指称现场物体的指向,也有指称非现场物体和一类物体的指向;从功能来看,既有承担补充功能(complementary)的指向,也有承担论元角色的指向。据我们对本文语料的观察,自闭症儿童所使用的指向均为大指向,暂没有发现小指向的例子。请看下例:

(7) 小航:这小狗我见过。

在该例中,男孩小航在指称图片中的小狗。他在使用指称语"这小狗"时同时使用了大指向(例 7 中的圆圈所示)。

在这些大指向例证中,大部分指称对象为现场实体,我们仅在小航的语料中发现了指称非现场人物的大指向。请看下例:

(8) 康复师:那你家里面有没有谁有手表?
　　小　航:有。

① 有关这三种手势类型的详细介绍可参见曾小荣,马博森(2015)。

康复师:谁有?

小　航:就是有。

康复师:哪一个人有? 是小航有,还是爸爸有,还是谁有?

小　航:我和爸爸和爷爷,他们有。

该例的语境是康复师给小航看手表的图片,并引导该男孩延伸话题。当男孩谈到家里的爸爸和爷爷时,他用右手的中指做了一个指向(例8中的圆圈所示)。

从指向的功能来看,本文中的自闭症儿童产出的指向主要承担了补充(complementary)功能(参见 Sowden et al., 2013);仅有个别指向承担了充当小句论元(argument)的功能。我们先来看一个承担补充功能的指向。

(9) 康复师:文文,我们开始上课了,

你看老师这里有卡片和骰子,我们先玩哪个?

文　文:这个(用手指卡片)。

在该例中,女孩文文选择先玩卡片。她在说“这个”的同时,用右手的食指指向放在桌面上的卡片(例9中的圆圈所示)。缺乏这个指向,对方将不能理解文文的所指,因此这个手势承担了补充的功能。

索登等(Sowden et al., 2008,2013)的研究对象为2至3周岁的自闭症幼儿,研究发现这个年龄段儿童已经能够产出补充言语内容的手势(如上例所示),但还不能产出承担论元角色的手势,如指着一本书说“mine”,表达“This book is mine.”的意义。在这个例子中,指向手势相当于是句中的论元。在本文收集的6岁左右中度自闭症儿童语料中,我们发现了个别承担论元角色的手势,请看下例:

(10) 康复师:哪里起的火呀?

小　奕:(很兴奋地)天上。

康复师:天上起火了呀,那他在哪里?

小　奕：天上。

在该例中，小奕一边看着孙悟空图片，一边展开想象。当康复师问孙悟空在哪儿时，他一边指着图片中的孙悟空(例10中的圆圈所示)，一边说“天上”，相当于在说“孙悟空在天上”。在该例的语境中，指向充当了小句论元的角色。

就象似模式而言，总体来看，本文中的自闭症儿童较少产出这种模式，且这种模式主要出现在男孩小航产出的语料中，如表1中的PEP－C评估分数所示，相比其他儿童，小航在PEP－C评估中三个指标的分数均相对较高，尤其是行为标准分(8位儿童行为标准分的平均分为32.8，小航的行为标准分为46)。由于行为标准分由大肌肉、小肌肉和模仿三个副测验的分数合成，因此这可能是相比其他儿童，小航产出象似模式较多的原因。

(11) 小航：我的手机上拼音就是a o e。

在该例中，男孩小航的话题转向了他所学过的拼音，当谈到拼音字母“o”时，他用右手做了一个表征该字母形状的象似模式(例11中的圆圈所示)。除产出表示形状的象似模式外，小航还产出了不少用与物体相关的动作来表征物体的例子，受篇幅所限，我们不再逐一举例进行说明。

下面我们来看一个放置模式的例子：

(12) 康复师:好了,第一个任务完成了,可以撕过去了。
小　航:是什么完成了?
康复师:拼图完成了。
小　航:拼图是这个吧?

在该例中,康复师在完成拼图和看图片说话的任务后,让小航移动贴在墙上的任务标签。小航在移动拼图标签时,用目光注视着康复师,还把左手放在标签上,做了一个放置手势(图12中的圆圈所示),同时询问康复师这个标签是否就是拼图标签。

3.3　指称目光模态

已有研究认为,自闭症人群在使用目光模态方面同样存在障碍。相关研究把自闭症人群使用目光时存在的障碍分为两类:(1) 拜伦·科恩等(Baron-Cohen et al., 1997)的研究发现,在建立一个新词(novel word)和新奇物体(novel object)的映射(mapping)时,正常发展儿童和大部分智障儿童会根据发话人的目光注视去推断新词的指称对象,并把这一策略称为跟随发话人目光策略(the Speaker's Direction of Gaze Strategy,缩写为SDG),这一策略也被称为共同注意力(joint attention)技能(Paulus, 2011),但使用这一策略的自闭症儿童仅占29.4%,大部分自闭症儿童使用的策略为跟随听话人目光策略(the Listener's Direction of Gaze Strategy,缩写为LDG),即在新词和自己所注视的对象之间建立映射。对此,拜伦·科恩等(Baron-Cohen et al., 1997)认为,自闭症儿童对发话人的目光相对不够敏感,不能识别其中指称意图(intention to refer);(2) 另有研究表明,自闭症儿童能够正确跟随发话人的目光,但是他们不能像正常发展儿童一样把注视理解为一种社交线索(social cues)。究其原因,基于眼动跟踪实验的研究发现,自闭症人群缺乏心理理论(the theory of mind),无法自发推测对方的心理状态,因此这种障碍也被形象地称为"心盲注视"(mindblind eyes)(Senju, 2010)。

拜伦·科恩等(Baron-Cohen et al., 1997)关注作为听话人的自闭症儿童的目光策略。与之不同的是，本文研究关注作为发话人（同时也是指称行为产出者）的自闭症儿童的目光策略。根据发话人产出指称行为时目光所投向的对象，我们把目光模态分为三类：1）投向指称对象的目光；2）投向听话人的目光；3）投向他处的目光。

投向指称对象（本文采集语料时所使用的图片）的目光是本文自闭症儿童使用目光模态的常见形式。在本文语境中，这种形式表明自闭症儿童与康复教师的共同注意力焦点是一致的。此外，有时目光模态与指示代词共现，缺乏这个目光模态，康复师在理解自闭症儿童的所指时会遇到困难。如下例：

（13）小航：上次我们看的是<u>这个</u>吗？

在该例中，小航正在看一张孙悟空的图片。他问康复师这张图片上次是否看过。在指称这张图片时，他双手拿着这张图片，同时使用了指示词和目光模态，注视的对象是指示词的指称对象（例 13 中的箭头所示），这一指称对象也是康复师此时想让儿童关注的焦点。此外，缺乏这个目光模态，听话人在理解指称语时会存在障碍。

除把目光投往指称对象外，自闭症儿童在实施指称行为时，常出现把目光投往听话人的情况。从本文语料来看，这种情况常在续谈指称对象时出现。此时自闭症儿童已经识别了指称对象，通过把目光投往听话人，儿童传递了希望得到对方确认指称对象的交际意图，如下例所示。

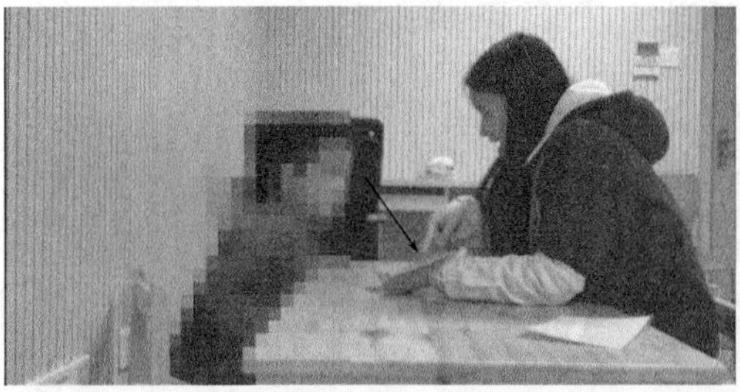

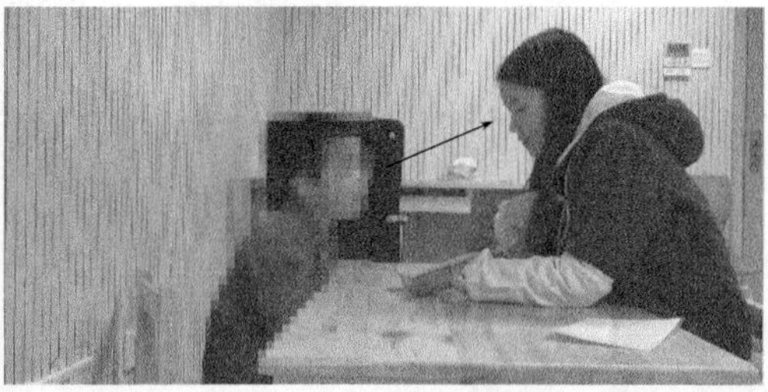

（14）（康复师拿出一张灰太狼的图片）

乐　乐：灰太狼。

康复师:哦,它是灰太狼。它是?(康复师手指着灰太狼,并提高音调)
乐　乐:灰,
(停顿,然后目光由注视图片变为注视康复师,见右上图)
乐　乐:太狼。

在该例中,康复师要求乐乐再次确认看到的图片是不是灰太狼。乐乐在回答时,目光注视着康复师指的图片(例14左图中的箭头所示),说了"灰",停顿片刻后,他的目光由注视图片变为注视康复师(例14右图中的箭头所示),接着又说出了"太狼"。在这一过程中,由于康复师的再次询问,男孩表现出对回答问题的信心不足,因而把目光投向康复师,希望得到康复师的确认。这个目光相当于在询问"我说的是对的吗?",其功能类似于手势中的放置功能。

在实施指称行为时,自闭症儿童把目光投在听话人还能传递非指称的交际意图,如下例:

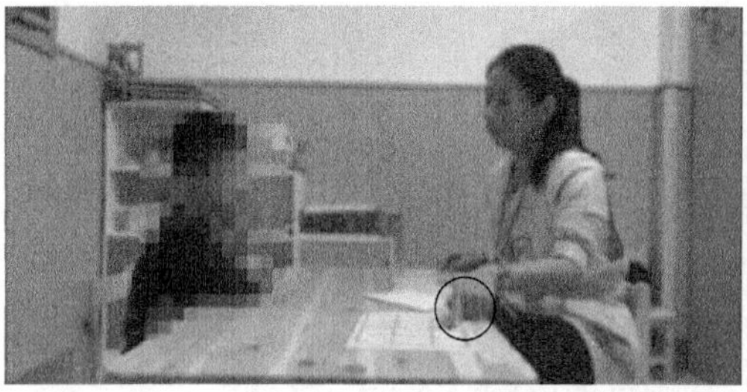
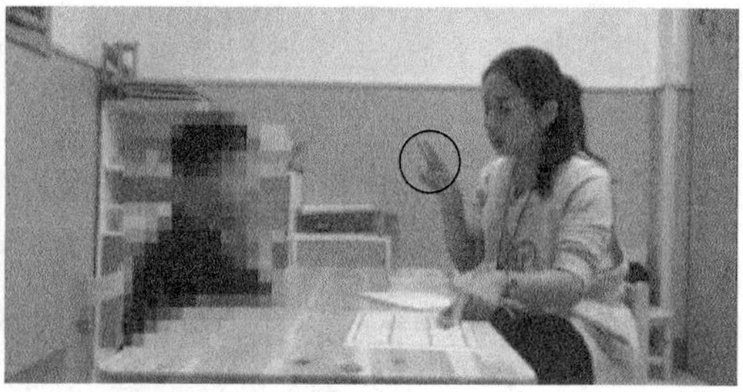

(15) 康复师:你现在只有两颗五角星。(见左上图)
(康复师沉默,看着宁宁,同时伸出两根手指,见右上图)
宁　宁:再动的话,就扣五角星。(见下图)
康复师:你知道的啊。

在该例中,宁宁一直在做各种小动作,与康复师的配合度不高。康复师脸上露出生气的表情,并告诉他只剩两颗奖励的五角星(例15左上图中圆圈所示),随后康复师沉默，并伸出了两个手指（例 15 右上图的圆圈所示）。男孩理解了康复师的含义。在下图中，他在指称“五角星”时，目光投向康复师，没有投向康复师仍在指向的五角星（例 15 下图中的箭头所示），且脸上露出了笑容，表明他希望得到康复师的原谅。

据我们对本文语料的观察，在大多数情况下，自闭症儿童的目光都投往指称对象或是康复师，但有时也会出现指称目光投往他处的情况，这种情况一般出现在续谈现场物体时，表明儿童的注意力发生了转移，如下例：

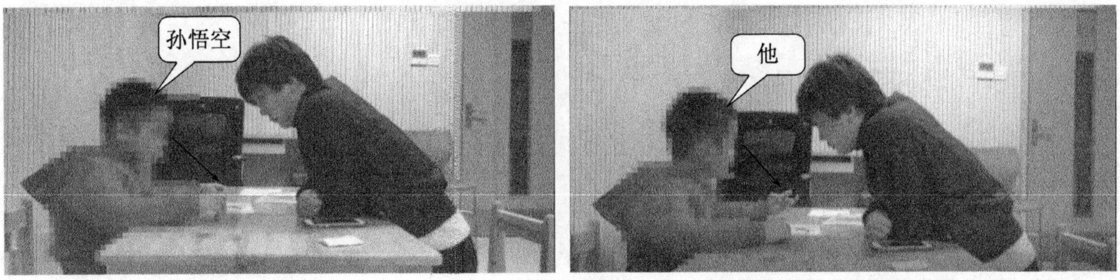

(16) 康复师：这个呢？
乐　乐：孙悟空。（注视图片）
康复师：嗯。
乐　乐：拿金箍棒打妖怪。
康复师：嗯。
乐　乐：拿金箍棒，（停顿）妖怪打他。

该例中乐乐正在谈论孙悟空的图片。左图中，乐乐在说“孙悟空”的同时注视着图片（例 16 左图中的箭头所示）；右图中，当乐乐谈到妖怪打“他”时，他的目光没有投向图片，也没有投向康复师，而是投向了自己左手的手指（例 16 右图中的箭头所示）。

需指出的是，拜伦·科恩等(Baron-Cohen et al., 1997)以及其他现有研究关注的对目光含义的理解，发现自闭症儿童在理解目光模态方面存在障碍。与他们的研究不同，本节关注的是自闭症儿童如何使用或产出目光模态。关于自闭症儿童在目光模态的使用方面究竟是否存在障碍，还需有待后续量化对比研究的进一步验证。

我们在以上 3.1 至 3.3 节分别讨论了自闭症儿童指称交际中常见的三种模态，下面我们结合实例，分析这三种模态如何互动，配合完成指称行为。

3.4　三种模态之间的互动

关于自闭症儿童交际中不同模态的互动，已有研究大多关注语言与手势的形式和意义互动(Sowden et al., 2008, 2013; So et al., 2015 等)，如索登等(Sowden et al., 2008)发现，在自闭症儿童的交际能力发展过程中，两种模态共现的出现时间滞后于正常发展儿童;就意义维度而言,研究发现自闭症儿童产出的与语言共现的手势大多承担补充功能,与正常发展儿童相比较,较少出现承担小句中论元角色的手势(Sowden et al., 2013; So et al., 2015)。

受篇幅所限,本节仅探讨在实施指称行为时,自闭症儿童语料中三种模态之间的共现方式,暂不涉及对三种模态共现时角色关系的讨论(有关模态之间的角色关系的讨论,请参见曾小荣、马博森,2018)。据我们对语料的观察,自闭症儿童在实施指称行为时,三种模态之间的共现方式包括以下四种类型:1) 指称语与手势的互动;2) 指称语与目光的互动;3) 手势与目光的互动;4) 三种模态的互动。下面我们逐一进行分析。

3.4.1 指称语与手势的互动

指称语与手势的互动是本文语料中常见的互动类型,我们以指向为例进行说明,请看下例:

(17) 康复师:有哪些任务?

小　航:拼图、数字、卡片。

在该例中,康复师把当天上课要完成的任务名称做成卡片挂在墙上。她先让小航自己讲讲要完成哪些任务,小航在指称这些任务时,同时使用了指称语和指向手势(例17中的对话气泡和圆圈所示)。

在本文语料中,有时由于自闭症儿童在实施指称行为时缺乏指称语和手势的相互配合,从而导致出现指称交际障碍的情况。如下例:

(18) 康复师：上面有没有奶油？

小　刚：奶油在这里。

康复师：有没有，你看看，有没有奶油？

小　刚：奶油在这里。

康复师：手指指有没有啊？

小　刚：有(见右图)。

在该例中，康复师让小刚指出图片中蛋糕里的奶油。小刚连续说了两次“奶油在这里”，但没有用指向与指称语配合。最后，康复师提示他用“手指指”，小刚才用手指出图片中奶油的位置(例 18 右图中的圆圈所示)。

3.4.2 指称语与目光的互动

指称语与目光的互动在本文的语料中也较为常见，请看下例：

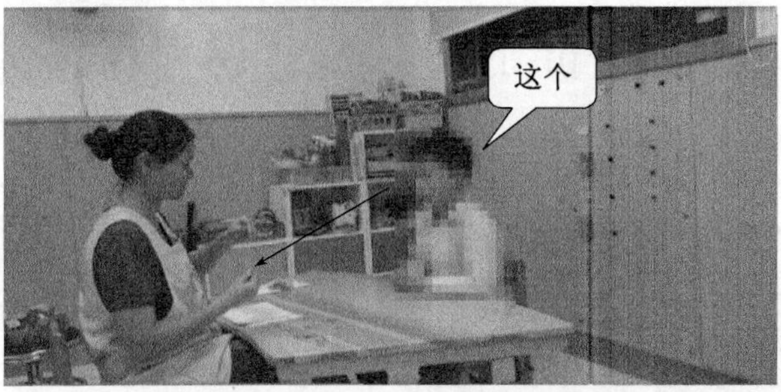

(19) 康复师：好，准备好了吗？

小　航：这个有没有做过？

在该例中，康复师告诉小航马上要开始做看图片说话任务，小航在指称该图片时，一边使用指示指称语(例 19 中的对话气泡所示)，一边注视着康复师手里拿着的图片(例 19 中的箭头所示)，问康复师这张卡片是不是已经看过了。在该例中，这两种模态共同配合完成了这一指称行为。

3.4.3 手势与目光的互动

相比前两种互动方式而言，手势与目光的互动在本文的语料中较少出现。请看下例：

(20) 康复师：那还有什么？

小　奕：这是什么？

康复师：哪个是什么？放在桌面上看。

(小奕用手指指,并注视图片)

康复师:哦,有蜡烛。

在该例中,康复师让男孩小奕说说在蛋糕图片里,除了巧克力以外还有些什么。小奕注视图片(例20中的箭头所示),并用手指着图片里的蜡烛,他用这两种模态完成了指称蜡烛的行为,随后,康复师说出了男孩所指的指称对象。

3.4.4 三种模态的互动

除涉及两种模态的互动外,我们的语料中还出现了三种模态共现,共同配合完成指称行为的例子,请看下例:

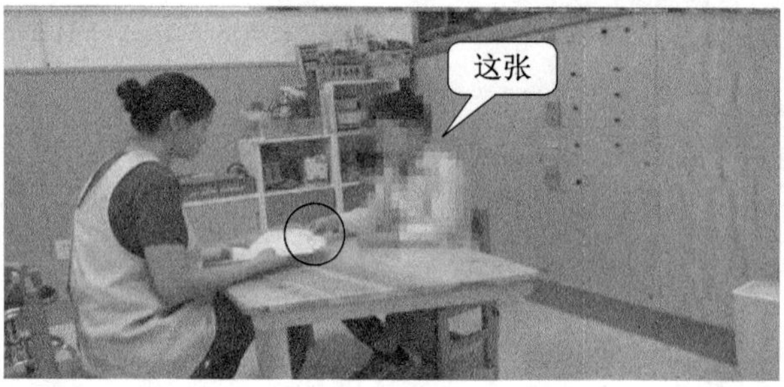

(21) 康复师:还是你选吧,我这里有好多呢,你选吧。

小　航:我选<u>这张</u>。

在该例中,康复师让小航选一张图片。小航在选择图片时,同时使用了三种模态:指称语、手势(放置)以及目光(例21中的对话气泡、圆圈和箭头所示),这三种模态共同配合完成了这个指称行为。

在三种模态共现实施指称行为时,有时会出现因不同模态的所指不一致,造成指称交际障碍的情况,如下例:

(22) 康复师:你刚才表现很棒,在这里表现很棒啊,在这里也要表现很棒。

乐　乐:在<u>这里</u>表现很棒啊?

康复师：对啊，在这里表现很棒啊，在这里也要表现很棒哦。

乐　乐：这里表现很棒？

康复师：还没有。

在该例中，乐乐刚刚完成看图说话任务之前的一个任务，康复师表扬他，说他刚才表现很棒，并鼓励他在看图说话的任务里也要好好表现。乐乐说的第一个"这里"指的是刚刚完成的任务。在谈论后面一个任务时，他的放置手势（例 22 右图中的圆圈所示，男孩的手放在图片上）的所指与目光所指不一致（例 22 右图中的箭头所示），导致产生指称歧义，康复师看到了乐乐的放置手势，以为乐乐说的第二个"这里"是指即将要做的识别图片任务，因此她说"还没有"。

4 结语

本文结合在康复中心收集的中度自闭症儿童视频语料，较为系统地分析了自闭症儿童实施指称行为时指称语、指称手势以及指称目光这三种模态的形式和功能，并简要分析了三种模态如何共现完成指称行为。本文的研究具有以下两方面的理论和实践意义：1）有助于加深我们对自闭症儿童多模态指称行为的认识，同时也有助于我们后续开展量化对比研究，如探究不同类型的自闭症儿童以及自闭症儿童与正常发展儿童在实施指称行为方面的异同；2）本文的分析在一定程度上表明，对自闭症儿童产出的语料要结合语境进行分析，这有助于揭示这类人群交际的细微之处[①]，如我们发现自闭症儿童利用情景图式中首先被激活的成分来指称所看到的物体，如果不结合语境进行具体分析，这种转指可能会被认为是错误使用的指称语。此外，我们发现，在具体交际语境中，自闭症儿童目光的类型和功能均较为丰富。这些基于语料的观察引发我们进一步思考：1）如何客观理解自闭症人群的"交际障碍"？对"障碍"的定义是否需进行批判

① 有关这方面的研究，可参见 O'Reilly et al. (2017)的论文集。

性思考？2）基于本文对转指现象以及目光模态的初步观察，我们发现自闭症儿童在交际中的产出能力和理解能力或许是不对称的。对上述这两个问题的思考有助于我们进一步加深对自闭症人群交际能力的理解，也有助于针对这一人群干预训练的研究。

此外，本文的研究存在如下局限：1）由于本文的语料采集于自闭症儿童完成看图说话这一交际任务，交际任务类型较为单一，且儿童均为中度自闭症儿童，这两个因素或许导致对三种模态及互动现象的观察不够全面。在后续研究中，我们将针对不同类型的自闭症儿童，设计多个不同类型的交际任务采集语料，以期能更加全面地观察这一人群的指称交际行为；2）本文对自闭症儿童指称交际及其存在障碍的描述仍基于对个案的描述及观察，尚没有进行基于数据的量化对比分析；3）由于篇幅限制，本文互动分析暂没有讨论三种模式互动时的角色关系，这一块内容有待于我们专文讨论。在后续研究中，我们将对这三个方面加以改进，力求更加全面、系统和客观地研究汉语自闭症儿童的指称交际行为。

参考文献

[1] American Psychiatric Association. 2013. *Diagnostic and Statistical Manual of Mental Disorders* (5th ed.)[M]. Arlington, VA: American Psychiatric Publishing.

[2] Arnold, J. E., Bennetto, L. & J. J. Diehl. 2009. Reference production in young speakers with and without autism: Effects of discourse status and processing constraints [J]. *Cognition*, 110: 131 - 46.

[3] Baron-Cohen, S. 1989. Perceptual role taking and protodeclarative pointing in autism [J]. *British Journal of Mental Psychology*, 7: 113 - 127.

[4] Baron-Cohen, S., Baldwin, D. A. & M. Crawson. 1997. Do children with autism use the speaker's direction of gaze strategy to crack the code of language? [J] *Child Development*, 68(1): 48 - 57.

[5] Dahlgren, S. & D. A. Sandberg. 2008. Referential communication in children with Autism Spectrum Disorder [J]. *Autism*, 12(4): 335 - 48.

[6] Liang, D., Zheng, Q. & Z. Jia. 2015. Metaphor and metonymy comprehension in Chinese-speaking children with high-functioning autism [J]. *Research in Autism Spectrum Disorders*, (10): 51 - 58.

[7] Melogno, S. & M. A. Pinto. 2014. Enhancing metaphor and metonymy comprehension in children with high-functioning Autism Spectrum Disorder [J]. *Psychology*, (5): 1375 - 1383.

[8] Nelson, R. J. 1992. *Naming and Reference* [M]. London/New York: Routledge.

[9] Norbury, C. F. & V. M. Bishop. 2003. Narrative skills of children with communication impairments [J]. *International Journal of Language and Communication Disorders*, 38(3):

287 - 313.

[10] O'Reilly, M. , Lester, J. N. & T. Muskett. (Eds.). 2017. *A Practical Guide to Social Interaction Research in Autism Spectrum Disorders* [C]. London: Palgrave Macmillan.

[11] Paulus, M. 2011. How infants relate looker and object: Evidence for a perceptual learning account of gaze following in infancy [J]. *Developmental Science*, 14: 1301 - 1310.

[12] Rumpf, A. L. , Kamp-Becker, I. , Becker, K. & C. Kauschke. 2012. Narrative competence and internal state language of children with Asperger Syndrome and ADHD [J]. *Research in Developmental Disabilities*, (5): 1395 - 1407.

[13] Rundblad, G. & D. Annaz. 2010. The atypical development of metaphor and metonymy comprehension in children with autism [J]. *Autism*, 14: 29 - 46.

[14] Senju, A. , Southgate, V. & Y. Miura. 2010. Absence of spontaneous action anticipation by false belief attribution in children with Autism Spectrum Disorder [J]. *Development and Psychopathology*, 22(2): 353 - 360.

[15] So, W. C. , Wong, M. , Lui, M. & V. Yip. 2015. The development of co-speech gesture and its semantic integration with speech in 6 to 12-year-old children with Autism Spectrum Disorders [J]. *Autism*, (8): 956 - 968.

[16] Sowden, H. , Perkins, M. & J. Clegg. 2008. The co-development of speech and gesture in children with autism [J]. *Clinical Linguistics & Phonetics*, 22: 804 - 813.

[17] Sowden, H. , Clegg, J. & M. Perkins. 2013. The development of co-speech gesture in the communication of children with Autism Spectrum Disorders [J]. *Clinical Linguistics & Phonetics*, 27(12): 922 - 939.

[18] Tramontana, J. & V. E. Stimbert. 1970. Some techniques of behavior modification with an autistic child [J]. *Psychological Reports*, 27: 198.

[19] Wicklund, M. D. 2012. Use of Referring Expressions by autistic children in spontaneous conversations: Does impaired metarepresentational ability affect reference production? [D] Unpublished doctoral dissertation, The University of Minnesota, Minneapolis and Saint Paul, MN.

[20] Yang, S. K. 2008. Narrative Abilities in Bilingual Children with Autism [D]. Unpublished master thesis, The University of British Columbia, Vancouver, BC.

[21] 沈家煊,1999. 转指与转喻[J]. 当代语言学,(1):3 - 15.

[22] 曾小荣,马博森,2015. 物体指称行为中的涉手模式分析[J]. 当代语言学,(3):331 - 347.

[23] 曾小荣,马博森,2018. 物体指称行为中涉手模式和指称语的互动分析[J]. 外国语,(1):61 - 75.

汉语自闭症儿童和正常发展儿童情境会话中的话题开启比较分析*

杭州师范大学　陈冠杏　江西农业大学　陈泽源**

摘　要:日常互动交际中,AS患者的各种“怪异”现象无法仅从句法表达和理解两方面得到解释。本研究从会话分析的角度探讨了游戏情境、点心情境和下课情境中,AS学生和普通学生各自在会话话题开启方面的不同表现。研究发现:相较于普通学生,(1) AS学生开启话题的次数更高,而回应话题的次数更低;(2) 他们常出现重复开启话题、开启后状况怪异、喜欢开启自己感兴趣的话题等现象;(3) 他们有时能立即且适当地掌握话题回应,但整体表现较差。

关键词:亚斯伯格症;情境会话;话题开启

Title: A Comparative Study of Topic Initiation in Situational Conversation between Autistic Children and Typically Developing Peers

Abstract: In daily social interaction, people with Asperger syndrome (AS) are regularly found to behave in an atypical way, which is inexplicable merely at the level of syntactic production and comprehension. Using as data the naturally occurring conversations in such three different situations as playing games and having snacks inside the classroom as well as inter-class activities outside the classroom, this paper examines from the perspective of Conversation Analysis how AS children and their typically-developing (TD) peers each initiate topics in their talks. Our study reveals

* 本文系国家社会科学基金重点项目“汉语自闭症儿童和正常儿童的多模态指称策略对比研究”(项目编号:17AY009)的部分研究成果。

** **作者简介**:陈冠杏,杭州师范大学讲师,研究方向:自闭症儿童课程与教学、融合教育、教育与心理评估。电子邮箱:chenguanxing1969@163. com。陈泽源,江西农业大学副教授,研究方向:话语分析。电子邮箱:chenzy2007@jxau. edu. cn。

that compared with TD ones, firstly, the AS children demonstrate much higher frequency of topic initiation but lower frequency of topic response; secondly, they sometimes re-initiate topics, behave in unusual ways and prefer to initiate topics of their own interests; thirdly, they can respond to topics at times, promptly and appropriately, which on the whole is at a lower level than that of TD ones.

Key Words: Asperger syndrome; situational conversation; topic initiation

1 导 言

由美国精神学会发布的《精神障碍诊断和统计手册》第5版(Diagnostic and Statistical Manual of Mental Disorders-fifth edition, DSM－5)(American Psychiatric Association, 2013)将以往典型的自闭症障碍(Autistic Disorder, AD)、亚斯伯格障碍(Asperger Syndrome, AS)和未特定的广泛性发育障碍(pervasive developmental disorder not otherwise specified, PDD－NOS)统称为"自闭症谱系障碍"(Autistic Spectrum Disorders, ASD)。这三种障碍同时具备两组一体(社会性交流与行为/兴趣)的缺陷,症状的严重程度及出现的年龄因人而异。其中,自闭症障碍还表现为感知觉敏感或迟钝等状况。福姆博内(Fombonne, 2005)与沃尔克马尔等(Volkmar et al., 2005)将高功能自闭症(High Functioning Autism, HFA)与AS列为ASD的轻症;柯林等(Klin et al., 2005)认为AS是HFA的延伸,障碍程度介于HFA和一般人之间。

对于ASD儿童的特质,学界早期特别注重社会认知发展,较少关注沟通交流问题(ibid.)。自1980年代以来,随着研究的不断深入推进,人们越来越清楚地认识和理解ASD患者的语言特质,如仿说、不断问问题、喃喃自语、隐喻式语言等及其沟通功能(Lord & McGee, 2001: 47)。进入20世纪90年代中期以后,学界更加清楚地认识到,自闭症儿童的语言障碍不在语音上而在语用上。ASD研究焦点亦从语言的形式和内容转向语言沟通的目的和功能等语用问题。

AS患者的智商多在70或75以上,也具有会话沟通能力。因此,仅从语言表达和理解两方面来解释AS患者的沟通就无法充分说明和归因自然情境中的各种"怪异"现象,因为他们的沟通问题不在于会不会说话,而是能不能在自然情境中说出适当的话语,以及通过言谈互动他们能获得什么社会动力。这就是所谓的言语行为的功能性。若从沟通的角度来看,会话话题不仅能揭示语言沟通的内容与意图或功能,也能检验与沟通问题相关的语言表达和理解及社交技能。从话语交际的角度来看,话题是指会话序列中言语交际的核心内容或主要行为(Have, 1999)。关于会话的话题管理或建构,许多研究者都做过一定的论述。例如,贝德罗思安(Bedrosian, 1993: 39 - 42)认为,一个会话的话题框架包含以下三大要素:话题开启(topic initiation)、话题维持(topic maintenance)、话题改变或中断(topic changes or disruptions)。其中,话题开启涉及主题事件(subject matter)、参与者导向(participant orientation)、交际意图(communicative intent)和结果(outcome)四个次要素。所谓话题开启①,是指会话者基于沟通的意图,并假定会话对方已经具备谈论此话题的相关信息或知识背景,开始有目的地介绍话题。因此,话题开启的时间点可能出现在一段会话的不同节点。

本文结合语言和社会因素,试图从会话话题入手,通过考察AS学生日常会话中的话题开启情况来窥探他们的言语沟通与社交技巧等问题,侧重从质性的角度探讨他们与普通学生的社交互动情况。

2 AS会话研究概述

AS学生的语言沟通问题主要表现在语用层面。一般社会情境下,他们只能理解简单的表面信息,无法同时处理肢体、声音、口头言语等混合复杂的信息,特定情境中还会说出不符合当前情境的话语,等等(Myles & Simpson, 2002)。而且,会话时AS学生通常是喋喋不休地说着自己有兴趣的话题,无法或很少顾及会话对方的想法或意图,对方也很难打断他们的话语(Hutchby & Drew, 1995)。他们开启与维持会话的能力不佳,往往突然就结束话题,也缺乏肢体语言和面部表情等(Tager-Flusberg, 1995; Capps et al., 2000)。鲁宾和列侬(Rubin & Lennon, 2004)也证实,由于对会话情境缺乏足够的敏感度或者难以融入会话对方感兴趣的话题,AS学生在话题的开启与维持上都出现很大的障碍;相对地,会话对方往往觉得很难跟随AS学生所引导的话题继续谈话,因为后者没能提供充足的背景信息,有时还对信息发表离奇的评论。此外,AS患者不善于向对方提出要求,往往造成会话的中断或失败(Marans et al., 2005)。在开放的环境下,AS学生的沟通更偏向于被动回应,自发性的会话频率更低(Loveland & Tunali-Kotoski, 2005; Scott et al., 2000; Tager-Flusberg et al., 2005)。即使有些AS学生在会话表现上较为主动,但多为赘言,在开启话题时偏向单方主动,无法体会对方的观点,也让对方很少有机会去转换话题或整合话题(Dobbinson et al., 1998; Rubin & Lennon, 2004)。

实证研究方面,李秀真(2005)使用量化和质性两种方法探讨了9名学前AS儿童

① 话题的开启不一定仅限于话语,也可能由行为或表情引起。

话轮转换的语用特征，其中的量化分析发现，在话轮类型次数与话轮的连续性等 8 个要素方面，AS 儿童与普通儿童之间没有显著差异；在质性分析方面，AS 儿童主题变化更少，且出现了重复主题的现象等。陈冠杏与张正芬(2005)从个人叙事能力着手，发现 ASD(含 AS)学生的语言沟通问题不在于语言的形式，而在语言的内容和使用部分。虽然从学生们的图片叙事中可以了解 AS 学生语言和(社会)认知的问题，但由于这种叙事活动缺乏自发性和社交互动性，因此并不能充分地展示 AS 学生人际互动中的语言语用特征。贝伦-哈尔恩和哈尔恩(Bellon-Harn & Harn, 2006)考察了 2 名 12～13 岁 AS 青少年在游戏、制作学校海报以及与成人交谈三种情境中的会话，发现 AS 学生与对照组学生在话轮的平均词语数量、会话合作原则、音调问题以及会话类型方面存在明显差异。

此外，贝里尼和郝普福(Bellini & Hopf, 2007)依据《自闭症社交技能要求》(Autism Social Skills Profile)考察了 AS 的心理计量特征，帕特日思娅等(Patricia et al., 2008)分析了 AS 的社交技能干预问题，佩恩特尔和皮特逊(Paynter & Peterson, 2010)则以语言和心智理论发展为研究主题。近几年 AS 研究的主题更加细化，比如，费利佩等(Filipe et al., 2014)以 AS 非典型性重音和语调模式为研究主题；哈尔等(Hare et al., 2015)考察了 AS 情感(焦虑)的实时评价问题；巴多恩等(Badone et al., 2016)则基于一名年轻的 AS 患者的个人叙述，探讨自闭症的心智理论、移情和隐喻思维能力等问题。

然而，相关的研究大多仍局限于 AS 患者会话的概括现象(Dobbinson et al., 1998)。例如，AS 学生会话时轮流的次数少是已知的事实，但所谓"轮流少"的表现情形如何？AS 学生自发性会话话题表征具体如何？这些问题都值得也需要更深入的调查研究。除此，这些研究虽然呈现了会话方面的质性特征，但就话题研究而言，都没有探究话题开启的原因及其他更细微的过程。本研究一方面采用 CHILDES 语言分析软件，另一方面运用质性分析手段，期望更细致地呈现 AS 学生会话话题的开启状况。

3 界说与语料

3.1 关于研究对象和会话情景的界定

AS 学生是在人际互动与行为/兴趣两个方面呈现障碍，症状表现较轻的 ASD 患者。依据研究目的，本文的研究对象界定为就读于一年级普通班，其症状经过医院医生诊断，并经相关权威机构鉴定为 AS 患者的学生。这些学生具有使用短句(S. +V. +O.)以上的口语表达能力且韦氏儿童智力量表(Wechsler Intelligence Scale for Children,

简称WISC)全智商在90以上,皮博迪图片词汇测验(Peabody Picture Vocabulary Test,简称PPVT)百分等级在50以上。

会话情境指的是物理环境与环境中的活动,包括游戏情境、点心情境与学校下课情境。游戏情境与点心情境为研究者分别通过游戏与点心的设计,由一名AS学生、一名对照组学生和两名普通学生,在学校教室自发性地进行活动的情形;下课情境是指研究者在学校的下课时间分别收集AS学生、对照组学生与同学在校园中自然互动的情形。但无论是哪种情境,研究者均不参与互动。

本研究所谓的"会话"是指在游戏情境、点心情境与下课情境中,AS学生与同学间有意义的口语互动,排除AS学生与老师的会话。除了常见的会话情形,AS学生通过仿说(echolalia)、脚本语言(scripted language)来达到沟通、互动目的的情形也算作一种会话的形式。

3.2 语料的采集与构成

依照3.1中所界定的标准,我们先找到了4名AS学生,并分别征得学生家长、学校行政、班主任及任课教师的同意。在此基础上,研究者请班主任和任课教师依据AS学生的瑞文氏彩色推理测验(Raven's Color Progressive Matrices,简称CPM)成绩,并在征得学生家长同意的前提下推荐4名对照组学生,要求CPM分数与AS学生在上下15%之内,同时PPTV和儿童口语理解测验成绩与AS学生最为接近,且相互间未曾发生矛盾冲突。这些会话参与者的基本信息可用表1表示(为了保护谈话者的隐私,本文所出现的姓名一律为化名)。

表1 会话参与者的基本信息

研究对象	姓名	性别	年龄	WISC全智商	CPM		PPVT		儿童口语理解测验	
					原始分数	百分等级	原始分数	百分等级	原始分数	百分等级
AS组学生	小文	男	6;8	105	32	92	91	98	64	90.9
	小睿	男	7;2	119	32	92	69	63	49	68.2
	小晏	男	7;2	110	34	98	75	71	46	61.8
	小林	男	6;10	112	34	98	76	79	32	21.8
对照组学生	小石	男	6;8		30	87	76	79	49	68.2
	小斯	女	7;1		32	92	81	84	54	73.6
	小莹	女	7;6		35	99	103	99	68	93
	小新	男	7;0		30	87	61	55	37	31.8

AS和对照组学生确定后，研究者选择特教系的一间实验室，使用数码录音机和摄像机进行录音、摄像，并做观察记录。至于下课情境，则分别由AS学生和对照组学生带着录音笔记录他们的语音，没有摄像，但研究者一直跟随观察记录。研究活动期间，小林每次点心情境的时间长度比其他学生在游戏情境与点心情境的时间更短，总时长为50分32秒，研究者将此作为每位AS学生在各个情境总时长的基准，即都限制在50分钟左右。因此，游戏情境中用于分析的语料总时长为201分49秒，点心情境为196分16秒，下课情境中AS学生的语料时长为188分45秒，对照组学生则为185分32秒，总计12小时52分22秒。

4 情境会话中话题开启模式及其对比分析

在不同社交情境中，话题开启的基本分布模式是什么？又呈现什么样的等级关系？在此基础上，本节侧重量化比较语料中AS学生和普通学生这两类人在话题开启分布模式上的异同之处。

4.1 与话题开启相关的四个要素

我们认为，与话题开启直接相关的要素主要有下面四个：

1）话题开启者：是指会话过程中谁第一个开启（次）话题①，这与话题回应者相对应。

2）开启目的：指的是会话者开启某一话题的内在动机是什么。

3）开启后对方的回应：指的是话题开启后第一个回应者是如何回应的。

4）开启后状况：是指话题成功开启后的会话呈现什么状况。

下面分别加以说明：

1）话题开启者可分为：① AS学生；② 对照组学生；③ 参与会话的同班其他普通学生（两名）。

2）开启目的可分为：① 表达个人愿望或想法；② 表达信念；③ 表达情绪；④ 陈述知识；⑤ 与他人互动；⑥ 规范行为；⑦ 陈述事件；⑧ 陈述目前状况或看法；⑨ 请求协助。

3）开启后对方的回应可分为：① 回应符合话题：即时回应和延宕回应；② 回应不符合话题：即时回应和延宕回应；③ 无回应。其中，即时回应和延宕回应分别包括话题掌握弱和话题掌握恰当两种情况。

---

① 会话话题有主次之分，所谓主话题是指一段会话中可以凝聚成一个主要概念的话题；在同一个主话题下，依据话题内容的差异可进一步分为二至数个次话题。

4) 开启后状况可分为:① 重复开启;② 开启失败;③ 话题开启后状况怪异;④ 开启自己有兴趣的话题。

4.2 话题开启的不同模式

为了获得用于量化分析的数据,我们依照 4.1 对话题开启的不同要素所做的说明制定标注方案(受本文篇幅所限,我们不在此介绍标注方案),然后借助 CHILDES 语料编码与分析系统及 CLAN 软件处理语料。处理结果如表 2 所示。

表 2 游戏、点心及下课情境中话题开启的数据汇总

话题开启状况				游戏情景				点心情境				下课情境			
				AS组		对照组		AS组		对照组		AS组		对照组	
				频数	频率	频数	频率	频数	频率	频数	频率	频数	频率	频数	频率
开启频数和频率				99	63.06	58	36.94	96	59.63	65	40.37	55	59.14	38	40.86
开启目的	表达愿望			23	14.65	2	1.27	28	17.39	4	2.48	11	11.83	2	2.15
开启目的	表达信念			1	0.64	0	0	5	3.11	0	0	0	0	0	0
开启目的	表达情绪			5	3.18	1	0.64	4	2.48	0	0	2	2.15	0	0
开启目的	陈述知识			9	5.73	1	0.64	15	9.32	2	1.24	1	1.08	0	0
开启目的	规范行为			3	1.91	2	1.27	2	1.24	4	2.48	0	0	0	0
开启目的	陈述目前状况或看法			33	21.02	30	19.11	25	15.53	29	18.01	24	25.81	17	18.28
开启目的	与人互动			25	15.92	22	14.01	17	10.56	20	12.42	17	18.28	19	20.43
开启目的	陈述事件			0	0	0	0	0	0	3	1.86	0	0	0	0
开启目的	请求协助			0	0	0	0	0	0	3	1.86	0	0	0	0
开启目的	小计			99	63.06	58	36.94	96	59.63	65	40.37	55	59.14	38	40.86
回应频数和频率				51	45.95	60	54.05	46	41.44	65	58.56	37	48.05	40	51.95
对方开启后的回应	回应符合话题	立即回应	话题掌握弱	4	3.6	0	0	3	2.7	3	2.7	1	1.3	0	0
对方开启后的回应	回应符合话题	立即回应	话题掌握恰当	36	32.43	58	52.25	42	37.84	62	55.86	35	45.45	40	51.95
对方开启后的回应	回应符合话题	延宕回应	话题掌握弱	1	0.9	0	0	0	0	0	0	0	0	0	0
对方开启后的回应	回应符合话题	延宕回应	话题掌握恰当	0	0	0	0	0	0	0	0	0	0	0	0
对方开启后的回应	对方无回应			10	9	2	1.8	0	0	0	0	0	0	0	0

（续表）

话题开启状况			游戏情景				点心情境				下课情境			
			AS组		对照组		AS组		对照组		AS组		对照组	
			频数	频率	频数	频率	频数	频率	频数	频率	频数	频率	频数	频率
	回应不符合话题	立即回应	0	0	0	0	1	0.9	0	0	0	0	0	0
		延宕回应	0	0	0	0	0	0	0	0	0	0	0	0
	小计		51	45.95	60	54.05	46	41.44	65	58.56	37	48.05	40	51.95
话题开启后状况	开启后失败		11	84.62	2	15.38	13	92.86	1	7.14	6	100	0	0
	重复开启		10	90.9	1	9.09	3	100	0	0	6	100	0	0
	开启后情境怪异		8	100	0	0	13	100	0	0	0	0	0	0
	开启自己有兴趣的话题		19	100	0	0	22	100	0	0	1	100	0	0
	小计		48	94.12	3	5.88	51	98.08	1	1.92	13	100	0	0

4.2.1 AS学生和对照组学生在游戏情境的比较分析

在游戏情境中，与对照组学生相比较，AS学生开启话题和话题开启失败的次数更高，但作为第二会话者回应话题的次数更低。AS学生的话题开启目的多与“陈述目前状况或想法”“表达个人愿望或想法”“与人互动”有关，对照组学生的话题开启目的则集中于“陈述目前状况或想法”和“与人互动”。在话题回应状况方面，AS学生“不回应”的情形约占回应次数的五分之一；会出现“话题开启失败”“重复开启”“开启后状况怪异”及“开启自己感兴趣的话题”等现象。

质性分析发现，AS学生“话题开启失败”的原因有二：一为AS学生自己玩着游戏，没有参与跟其他同学的互动，所以一旦开启话题，其他同学不知道AS学生在对他们说话，或因无法理解AS学生的沟通意图，而不知如何回应；二为AS学生的行为与先前情境反差太大，导致其他同学无法理解其话语或行为的意义。

虽然“表达情绪”出现次数不高，但往往会影响会话者的互动情况。由语料可知，表达情绪多由玩具分配状况所引起，而玩具分配与表达个人愿望或想法有关，可见情绪与愿望互为因果关系。

4.2.2 AS学生和对照组学生在点心情境的比较分析

在点心情境中，与对照组学生相比较，AS学生开启话题的次数更高，作为第二会话者回应话题的次数更低，话题开启失败和重复开启话题的次数也更高。而且，AS学生会出现话题开启怪异、开启自己感兴趣的话题等现象，而对照组学生没有这种现象。

AS学生话题开启失败的原因可归纳为三个因素：一为AS学生对情境的理解不

当,无法在适当时机开启话题;二为AS学生说出或做出与先前话题、情境反差太大的行为,让其他同学无法理解他话语或行为的意义;三为刻意的因素,即对照组学生刻意忽视AS学生的话语,因为他们考虑了自己的实际需求。下面举例(1)说明第一个因素:

(1) 1 *CH1:哈哈哈哈!
2 %com: RCH1突然大笑。
3 *CH2:你干嘛大笑?
4 *CCH:有什么好笑的?
5 *CH1:好好笑哟!
6 *CCH:有没有耳塞呀?
7 *ACH:你知道什么是负龙捷的吗?
8 %com: 无人回应
9 *ACH:你知道什么是负龙捷龙吗?
10 %com:ACH再度开启话题。

在此例中,学生们先前在谈论有关恐龙的话题,接着开玩笑聊天,后来RCH1大笑,其他同学继续开玩笑聊着。当同学们仍沉浸在欢笑气氛中,ACH(AS学生)在第7行就试着开启自己感兴趣的有关恐龙的话题。由于上一个话题尚未完全结束,AS学生的新话题开启并不在适当的时间点,所以没有同学回应他。这种情况反映了AS学生的话题开启失败的原因在于对情境的理解和把握不当。

话题开启目的涉及开启者的动机。AS学生开启话题的目的主要有四方面,依据频次高低排列分别为:表达个人愿望或想法、陈述目前的状况或看法、与人互动以及知识的陈述,陈述事件和请求协助两个要素出现的频次皆为零。对照组学生的话题开启目的主要有:陈述目前的状况或看法以及与人互动两个要素,而表达信念和表达情绪两个要素的频次皆为零。不同的是,对照组学生还有"请求协助"与"陈述事件"这两个目的。此外,因为感知觉方面的特质,AS学生对味道很敏感,甚至在饮食上也比较奇特。从欣赏的角度看,会觉得他们的饮食方式有一定的创意,但普通学生并不见得欣赏和认可,如例(2)所示。

(2) 1 *CH1: 又不是倒在那里。
2 %com: RCH1看见小俊将王子面倒在杯子里,而杯子里有果汁,因
3 此叫着说。
4 *CCH: 不是倒在那里面啦!
5 %com: 小斯也提醒着说。

6 *CH1： 那是要倒这个的欸。
7 %com： RCH1 指着饮料说。
8 *ACH： 没办法了啊！
9 *CCH： 你要变成那个，那个喔！泡面！
10 *ACH：面。
11 *CH1：茶啦！
12 %com： RCH1 不可思议地看着小斯，摇摇头，小斯眼睛看着小俊，
13 然后确定地对 RCH1 猛点头。
14 %com： 小俊低着头撕开他的泡面，RCH2 试着打开饮料罐。
15 *ACH：你也可以吃王子茶。
16 *CH1：我要吃面。

例(2)显示，ACH(AS 学生)小俊喜欢将点心泡在饮料里吃，且几次活动中都因这样的吃法沾沾自喜。虽然有同学觉得他这种吃法很特别，想要尝试一下，但结果都表明普通学生难以接受他这种奇特的吃法。

AS 学生个人愿望或想法的产生动机都与点心有关，由对点心的欲望，延伸为情绪与信念问题，表明愿望、信念与情绪三者常常构成事件发生的因果关系。

4.2.3 AS 学生和对照组学生在下课情境的比较分析

在下课情境中，就话题开启次数而言，AS 学生比对照组学生多得多，回应次数较对照组学生更少；回应时，AS 学生九成以上能恰当地掌握话题，但话题回应能力更弱，话题开启失败后会选择重复开始，也会开启自己有兴趣的话题。

AS 学生话题开启目的集中于“陈述目前状况或想法”、“与人互动”和“表达个人愿望”等，对照组学生话题开启目的在于“陈述目前状况或想法”和“与人互动”两个要素。从量的统计来看，“与人互动”是 AS 学生开启话题的重要动机，表面似乎在于满足互动的需求，但从质性分析发现互动目的在于满足自己愿望。为了满足自己的愿望，AS 学生与同学下课互动，出现一厢情愿、热心过度、过度主动的现象，如例(3)所示。

(3) 1 %com： 小俊从资料室出来到教室去找资料室的学生。
2 *ACH：123，321，我，我，陈奕宏！陈奕宏！
3 *RCH：我在这里！
4 *ACH：咦～要去上课了啦！
5 *RCH：好哇！
6 *ACH：走，我怕你脚受伤，我扶你去啦！
7 %com： 下一节课陈奕宏要去资料室上课，之前他脚受伤了，

8　　　　小俊主动到教室去接他上课。
9 %com：其实陈奕宏的脚已经好了,但小俊还不知道。
10 * RCH:什么时候上课? 现在吗?
11 * ACH:对!
12 * RCH:等一下!
13 * ACH:你要让我扶吧?
14 * RCH:我好了呀!
15 * ACH:我怕你这样子,我怕你那个! 我怕你脚还是有刺! 对呀!
16 * RCH:谁叫你来的?
17 * ACH:欸?
18 * RCH:没人? 没人吗?
19 * ACH:因为,因为,我～
20 %com：小俊不知该如何回答
21 %com：二人往资料室走去
22 * ACH:呜～呜～
23 %com：陈奕宏又跑回教室
24 %com：静默 17 秒
25 %com：小俊回到教室门口
26 * ACH:奕宏,好了没呀? 奕宏好了没? 陈奕宏!
27 %com：陈奕宏进教室后迟迟不出来。
28 * com：上课铃响
29 * ACH:奕宏,上课了!
30 * RCH:你是谁啊?
31 %com：教室换了别的班同学上课,其中一位学生问。
32 * ACH:我是他朋友,他认识我!
33 %com：小俊生气地说。
34 %com：陈奕宏终于出来了。
35 * ACH:欸,来了,我扶你下去,我怕你的脚还是那个。
36　　　　慢慢走,我怕你滑到!
37 * RCH:别担心,我不会滑倒啦!
38 %com：静默 14 秒

例(3)中,小俊(ACH,AS 学生)想到教室(一)有一位同学(RCH,普通学生)脚受伤,行动不便,就主动去接那位同学到教室(二)上课。不料那位同学告诉小俊他的脚伤已好，不需要帮助，但小俊仍执意要扶他去上课。刚开始时，那位同学表面假装会和他一起到教室(二)去，走着走着就往后跑回教室(一)，明显表现出不接受小俊热心的行为。然而，小俊还不理解对方行为的意义，跟着返回到教室(一)，并在门口等待。同学不愿出来，他还是无法理解这样的行为意图，仍继续叫唤，引起其他同学侧目。最后因为上课时间到了，该同学无奈走出教室(一)，小俊仍要扶他。由于感知对方沟通意图的能力弱，加上语言理解差，AS 学生无法理解对方的拒绝，依然自认为是“良性的”互动，坚持用自己的互动方式与意愿要求对方，造成他人不舒服的感觉。这表明，AS 学生社交技巧生硬，这无形中妨碍了他们与他人的正常交际。巴恩希尔(Barnhill, 2007)也证实，AS 学生的语用障碍延续至成年，具体表现为不懂社交礼节，也不会解读非言语提示或对交际信息仅作字面解读。

4.2.4 AS 学生和对照组学生在三种情境的综合比较分析

由上表 2 可知，AS 学生在三个情境中的话题开启次数都高于话题回应次数，其话题开启目的主要集中于“陈述目前状况或想法”、“与人互动”及“表达个人愿望或想法”；在对方开启后的回应方面，AS 学生 70%以上的情况下能立即掌握话题，分别为 36/51、42/46、35/37；在话题开启后的状况方面，AS 学生在各个情境中都有话题开启失败的现象，且有重复开启的状况，喜欢开启自己感兴趣的话题，尤其在游戏情境和点心情境，会出现话题开启后情境怪异的现象，显示这些行为为 AS 学生所独有。所谓“话题开启后状况怪异”现象，是指话题虽然被成功开启，但开启后的情景很奇怪或让情境中的其他人不舒服，如令人觉得被强迫、被威胁或尴尬，或者开启者以哭的方式要求回应，抑或由于回应者所回应的话语意思让人无法理解等，如例(4)所示。

(4) 1 *ACH：我们一起玩，我也要玩啦！
2 %com：其他同学没有回应他，但是身体却往旁边靠，表示拒绝他。
3 *ACH：你们不让我玩，那回教室后我也不要和你们玩。
4 %com：一位学生(CH1)做了一个无奈的表情。
5 *CH1：好啦！好啦！

在例(4)中，ACH(AS 学生)开启话题后，其他学生虽然没有口头回应他，但他们的肢体动作已经做了回应，而在 AS 学生的再次要求下，他们虽然答应让他加入，但回答显得很无奈。

其次，在三个情境中，对照组学生开启话题和回应话题的次数相近，话题开启目的主要在于“陈述目前状况或想法”和“与人互动”，90%以上的情形中能立即掌握话题回应，分别为 58/60、62/65、40/40；虽然在游戏和点心情境中均出现话题开启失败，或重复开启话题的现象，但次数都非常低，也没出现“喜欢开启自己感兴趣的话题”或“开启后情境怪异”的现象。

相较而言,在三种情境中来看,AS学生的话题开启次数高于对照组学生,而回应次数则低于对照组学生。AS学生话题开启的次数多这一现象与该群体兴趣狭窄、话题局限有关,他们企图通过开启话题来取得会话的掌控权,这个发现与贝伦-哈尔恩和哈尔恩(Bellon-Harn & Harn, 2006)以及李秀真(2005)的结论相一致。还有一点需要注意的是,AS学生与同学会话时,在初始阶段彼此的互动不多,往往借由频繁地开启话题来取得会话的掌控权。这一发现与贝伦-哈尔恩和哈尔恩(Bellon-Harn & Harn, 2006)的发现相同。综合三篇研究发现可知,不论发展年龄如何,AS学生与同学会话时都会积极去开启话题,以争取话题的掌控权。此外,贝伦-哈尔恩和哈尔恩(ibid.)也指出,与成人会话互动时,AS学生主动取得话题控制权的行为降低。整体上,从这两组学生开启与回应话题的比率来看,AS学生表现的差异比较显著,尤其在下课情境所表现的差异最大。由此可知,在不同情境下,对照组学生开启话题与回应话题的情形比较稳定,受情境的影响较小,而AS学生的稳定性更低,尤其在下课情境,表明后者受情境的影响较大。

两组学生开启话题的目的主要都在于“陈述目前状况或看法”和“与人互动”,而AS学生还有“表达个人愿望”这一目的,且出现频率远高于对照组学生,显示出“满足自我欲望”是AS学生与他人互动的重要动机。这一现象也可归因于AS学生较强烈的自我心理,或较弱的利他行为。而且,AS学生在会话时眼神注视异常,说话时往往自顾自地说着自己的意见或想法,所以话语的回应很边缘,无法感受对方的情绪,会话的参与断断续续,对于自己喜欢的话题说得很多,话语过于冗长;对于不感兴趣的话题,参与量很少,无法臆测对方的沟通意图。

再者,AS学生话题开启失败的情形高于对照组学生,且失败话题的开启目的多数在于“与人互动”和“陈述目前状况或看法”;话题开启失败后,AS学生还会再次开启相同的话题,尤其是他们自己感兴趣的话题,而对照组学生并非如此;重复开启话题的目的也主要是“与人互动”和“陈述目前状况或看法”,显示出AS学生对同一话题较高的坚持度。相对而言,普通学生更加注重情境的实时变化,也会注意遵守会话时的礼貌原则等语用问题,因此,当发现他人同时在开启话题就会不由自主地立刻停下来,停、看、听之后再决定是否再开启话题;而AS学生则不如此,由于对情境的觉察较弱及较高的坚持度,他们会持续开启话题,也往往因此促成话题成功开启,如例(5)所示。

(5) 1 *CH1:这个。
2 *CCH:我的奶茶。
3 *CH2:你。
4 *ACH:你们三个知道,你们三个知道最后到达的是谁吗?

(5 %com：四个人一起开启话题，只有小晏坚持下去，于是他话题开启成功。)

6 *CCH：他！

7 *CH1：我。

例(5)中，在第1～4行，四个学生一起开启话题，但是ACH(小晏)坚定地尝试开启话题，又没有停下来，所以话题开启成功。有时，因为AS学生一直持续地说着他感兴趣的话题，随着会话的不断推进，一旦别人注意到他这个话题，并也产生兴趣时，就会促使该话题成功开启，如例(6)所示。

(6) 1 *ACH：你看，救生艇机器人。

2 %com：小俊一边堆积木一边喃喃自语，但是没有人回应他。

3 *ACH：他只要他，他，他。

4 *CH1：你在叠东西，对不对？

6 *CCH：对！

7 *CH1：我就把它震垮。

8 *ACH：好啊，震垮，重一点。

9 ……

10 *ACH：好了，做好发明机了！好，我做好了，这个可以震动一下。

11 %com：小俊说完没有人回应他，他又继续对大家说："好，我做好了，

12 这个……"，直到RCH1朝他看去，他才看着RCH1。

13 *ACH：你可以这样可以震动。

14 *CH1：我知道，你这个可以震动！

15 *CCH：做完才可以！

在例(6)这段会话之初，在第1～4行，ACH(小俊)说他要将积木排成救生艇机器人，但其他同学不理会他，所以他放弃自己要说的话，在第8行，他加入其他同学的话题，然后中间隔了很长一段时间，到了第10行，他又绕回到自己的救生艇机器人这个话题，当旁边同学回应时，这个话题就被开启。因此，话题开启时是否得到回应才是话题成功开启的关键。

此外，在会话中，AS学生感兴趣的话题一旦被开启，即使话题后来被迁移到别的话题，他还是会试着将话题转回到原话题，整个会话就表现为AS学生不断进出于他感兴趣的话题和其他话题之间，彼此穿插着，如例(7)所示。

(7) 1 *ACH：啊，黑色素，黑色素不见就变白了呀。
2 *CCH：啊，黑色素不会变白，啊，黑色素不会变黑了呀。
3 *CH2：对呀，说得好呀！
4 *ACH：那，那。
5 *CH2：你这统统给我吃唷。
6 *CH1：好呀！
7 *CH2：好好吃！
8 *ACH：那你们知不知道，那你们，
9 那你们喜不喜欢头发里没有黑色素？
10 *CH2：我喜欢呀，因为我喜欢头发里变橘色的呀。

由例(7)可知，只要ACH(AS学生)想要开启话题，即使当时的情景不合适，他也会想办法开启自己喜欢的话题。这表明，AS学生的兴趣狭窄，话题局限，只喜欢谈论自己感兴趣的话题。这同时也说明，说话动机对AS学生的会话开启有很大的影响。

然而，在以上三种情境中有些现象的次数为零或次数很低，这样的结果无法说明不同情境下没有这种现象，或这样的现象不足以引人注意，而可能是因为情境因素无法促成某些行为显现出来。

5 结论与建议

本研究通过会话分析方法，探讨了四名AS学生和同学在游戏情境、点心情境和下课情境话题开启方面的不同情形。总体上看，AS学生话题开启次数偏高，回应次数偏低，有重复开启、开启后状况怪异、开启自己感兴趣的话题等现象；他们有时能立即且适当地掌握话题回应，但整体表现不如对照组学生。具体而言，较之对照组，AS学生开启话题的目的在于“陈述目前状况或看法”和“表述个人愿望”，表明他们在与人交际时仅从“自我需要”出发，并未顾及他人的沟通需要。

对于AS学生社交技能不佳、问题解决能力较弱的情况，特殊教育教师可以模仿游戏情境和点心情境等活动设计进行会话教学，以增加AS学生的语言表达和理解能力以及解决问题和自我管理等能力。也可以通过角色扮演的方式给学生提供对话的脚本，引导他们流畅地朗诵故事角色的对话，然后组织他们重新演练一次，训练学生自我观察、自我规范和自我监控等能力。

还有一点需要说明的是，由于本研究仅是针对话语部分的分析，没有考察他们的表情、行为、语调等，因此无法确知AS学生对他人情绪觉察或感知的方法，但这些都可能成为今后相关实证研究的重要主题。

参考文献

[1] American Psychiatric Association, 2013. *Diagnostic and Statistical Manual of Mental Disorders* (5th ed.) [M]. Arlington VA: American Psychiatric Association.

[2] Badone, E., Nocholas, D., Roberts, W. & P. Kien. 2016. Asperger's Syndrome, subjectivity and the senses [J]. *Cult Med Psychiatry*, 40: 475 - 506.

[3] Barnhill, G. P. 2007. Outcomes in adults with Asperger Syndrome [J]. *Focus on Autism and Other Developmental Disabilities*, 22(2): 116 - 126.

[4] Bedrosian, J. L. 1993. Making minds meet: Assessment of conversational topic in adults with mild to moderate mental retardation [J]. *Topics in Language Disorders*, 13(3): 36 - 46.

[5] Bellini, S. & A. Hopf. 2007. The development of the autism social skills profile: A preliminary analysis of psychometric properties [J]. *Journal of Autism and Developmental Disorders*, 22 (2): 80 - 87.

[6] Bellon-Harn, M. L. & W. E. Harn. 2006. Profiles of social communicative competence in middle school [J]. *Children Language Teaching and Therapy*, 22(1): 1 - 26.

[7] Capps, L., Losh, M. & C. Thurber. 2000. "The frog ate the bug and made his mouth sad": Narrative competence in children with autism [J]. *Journal of Abnormal Child Psychology*, 28 (2): 193 - 204.

[8] Dobbinson, S., Perkins, M. & J. Boucher. 1998. Structural patterns in conversations with a woman who has autism [J]. *The Journal of Communication Disorders*, 31: 113 - 134.

[9] Filipe, M. G., Frota, S., Castro, S. L. & S. G. Vicente. 2014. Atypical prosody in Asperger Syndrome: Perceptional and acoustic measurements [J]. *Journal of Autism and Developmental Disorders*, 44: 1972 - 1981.

[10] Fombonne, E. 2005. Epidemiological studies of pervasive developmental disorders [A]. In F. R. Volkmar, R. Paul, A. Klin & D. Cohen (Eds.). *Handbook of Autism and Pervasive Developmental Disorders* [C]. New York: Wiley, 42 - 49.

[11] Hare, D. J., Wood, C., Wastell, S. & P. Skirrow. 2015. Anxiety in Asperger's Syndrome: Assessment in real time [J]. *Autism*, 19(5): 542 - 552.

[12] Have, P. 1999. *Doing Conversation Analysis: A Practical Guide* [M]. London: Sage.

[13] Hutchby, I. & P. Drew. 1995. Conversation analysis [A]. In J. Verschueren, J. Ostman & J. Blommaert (Eds.). *Handbook of Pragmatics: Manual* [C]. Amsterdam: John Benjamins, 182 - 190.

[14] Klin, A., McPartland, J. & F. R. Volkmar. 2005. Asperger Syndrome [A]. In F. R. Volkmar, R. Paul, A. Klin & D. Cohen (Eds.). *Handbook of Autism and Pervasive*

Developmental Disorders [C]. New York: Wiley, 88 - 125.

[15] Lord, D. & J. P. McGee. 2001. *Educating Children with Autism* [M]. Washington, D. C.: National Academy Press.

[16] Loveland, K. A. & B. Tunali-Kotoski. 2005. The school-age child with an autistic spectrum disorder [A]. In F. R. Volkmar, R. Paul, A. Klin & D. Cohen (Eds.). *Handbook of Autism and Pervasive Developmental Disorders* [C]. New York: Wiley, 247 - 287.

[17] Marans, W. D., Rubin, E. & A. Laurent. 2005. Addressing social communication skills in individuals with High-Functioning Autism and Asperger Syndrome: Critical priorities in educational programming [A]. In F. R. Volkmar, R. Paul, A. Klin & D. Cohen (Eds.). *Handbook of Autism and Pervasive Developmental Disorders* [C]. New York: Wiley, 977 - 1002.

[18] Myles, B. S. & R. L. Simpson. 2002. Asperger Syndrome: An overview of characteristics [J]. *Focus on Autism and Other Development Disabilities*, 17(3): 132 - 137.

[19] Patricia, A. R., Deborah, C. B. & J. M. Michael. 2008. Social skills interventions for children with Asperger Syndrome or High-Functioning Autism: A review and recommendations [J]. *Journal of Autism and Development Disorders*, 38(2): 353 - 361.

[20] Paynter, J. & C. Peterson. 2010. Language and ToM development in Autism versus Asperger Syndrome: Contrasting influences of syntactic versus lexical/semantic maturity [J]. *Research in Autism Spectrum Disorders*, 4(3): 377 - 385.

[21] Rubin, E. & L. Lennon. 2004. Challenges in social communication in Asperger Syndrome and High-Functioning Autism [J]. *Focus on Autism and Other Development Disabilities*, 24(4): 271 - 285.

[22] Scott, J., Clark, C. & M. P. Brady. 2000. *Students with Autism: Characteristics and Instructional Programming for Special Educators* [M]. San Diego: Singular Publishing.

[23] Tager-Flusberg, H. 1995. "Once upon a rabbit": Stories narrated by autistic children [J]. *British Journal of Developmental Psychology*, 13: 45 - 59.

[24] Tager-Flusberg, H., Paul, R. & C. Lord. 2005. Language and communication in autism [A]. In F. R. Volkmar, R. Paul, A. Klin & D. Cohen (Eds.). *Handbook of Autism and Pervasive Developmental Disorders* [C]. New York: Wiley, 335 - 364.

[25] Volkmar, F. R., Paul, R., Klin, A. & D. Cohen. (Eds.). 2005. *Handbook of Autism and Pervasive Developmental Disorders* [C]. New York: Wiley.

[26] 陈冠杏,张正芬,2005.小学低年级高功能自闭症学生叙事研究[J].特殊教育与复健医学学报,(13):209 - 235.

[27] 李秀真,2005.学前亚斯伯格症儿童话轮转换的语用特质研究[D].中国台北:台湾师范大学.

汉语自闭症儿童与正常发展儿童叙事话语中的多模态指称行为分析*

浙江大学　程燕华　马博森**

摘　要:尽管多模态指称行为是社会交际的重要组成部分,但学界对学龄自闭症儿童在这方面的表现所知甚少。本研究以无字绘本为交际任务,以生命角色的指称行为为研究内容,对比自闭症儿童与正常儿童实施这一行为时的言语与手势模态特征以及模态之间的互动关系。分析结果表明,自闭症儿童在引入阶段过度使用了指向手势来强化指称语已明确的故事角色;对续谈中较多发生的指称歧义现象未借助手势模态进行消除,语义补充类型的指称手势较为鲜见。研究表明自闭症儿童在利用手势来促进交际效果方面仍落后于正常儿童。

关键词:自闭症谱系障碍;指称语;指称手势;指称行为

Title: A Multimodal Analysis of Referential Behaviour in Narratives of Chinese Children with ASD and Typically Developing Children

Abstract: Despite the significance of multimodal referential behaviour in social communication, little is known about the way in which school-aged children with ASD perform such behaviour. This study examines autistic children's referential ability in terms of linguistic expression and gesture use in spoken narratives. Our analysis of children's narrative production shows that children with autism produce more gesture-speech combinations with deictic gestures when introducing story characters. These gestures are frequently used to identify referents that are also specified in speech; only

---

* 本研究是国家社科基金重点项目"汉语自闭症儿童和正常儿童的多模态指称策略对比研究"(项目编号:17AYY009)的阶段性研究成果。

** **作者简介**:程燕华,在读博士生,研究方向:多模态话语分析。邮箱地址:nicekathy@sina.cn。马博森,教授,博导,研究方向:话语分析、功能语言学等。邮箱地址:mabosen@126.com。

a few help to clarify initially underspecified referents and supplementary gestures are rare and almost absent in children with autism. Findings suggest that children with ASD do not make use of the facilitating communicative effects of gesture in the same way as typically developing children.

Key Words: Autism Spectrum Disorders; referential expression; referential gesture; referential act

1 引 言

自闭症谱系障碍(Autism Spectrum Disorder,简称 ASD)是一种先天的神经发育性障碍,其典型特征主要表现为社会沟通和社会交往的缺陷及刻板、固执和僵化的行为(American Psychiatric Association, 2013)。指称(reference)是社会交际和沟通的重要技巧之一,涉及说话者、表达形式、听话者和所指对象四者之间的互动关系(Gundel & Hedberg, 2008),需要说话者整合认知、语言以及语用技能,才能产出恰当的指称形式(Clark & Bangerter, 2004; Davies et al., 2016)。作为人们日常社会交往的重要组成部分,自闭症儿童的指称行为正逐渐受到语言学界和特殊教育学界的关注。从研究方法看,现有的研究大多采用对比分析法,有些探讨自闭症儿童与正常儿童在指称语方面使用的异同(Tager-Flusberg, 1995; Dahlgren & Sandberg, 2008; Arnold et al., 2009; Wicklund, 2012;刘晓欣,2014;Novogrodsky & Edelson, 2016);有些探讨自闭症儿童、存在其他障碍的儿童和正常儿童多组之间在使用指称语方面的异同(Norbury & Bishop, 2003; Colozzo et al., 2015)。从研究语料看,这些研究或通过交际双方共同完成指称交际任务(如 Dahlgren & Sandberg, 2008)采集语料,或采集实验对象叙说任务中的语料(如 Arnold et al., 2009),或收集自然会话的语料(如 Wicklund, 2012)。从研究结果来看,自闭症儿童个体的指称能力表现不一:有研究认为他们的指称能力存在一定程度的受损,如运用定指语引入故事角色的比例高,指称错误及模糊代词出现的频率高;也有部分研究认为他们的指称能力与正常儿童未存在显著差异(如 Kuijiper et al., 2017)。

上述研究具有一定的借鉴意义,但也存在如下几方面的不足:第一,与针对英语自闭症儿童指称能力的研究相比,汉语自闭症儿童的指称研究较少,且关注的研究对象主要是学龄前儿童或较大龄的青少年学生,学龄儿童的研究相对匮乏;第二,指称行为是一种多模态行为,涉及指称语、手势和注视等多种模态,现有的国内外研究主要关注自闭症儿童指称语的使用能力，暂未发现有研究系统地讨论指称行为中其他模态的使用情况以及各模态的互动关系。鉴于以上考虑，本研究以多模态指称策略为切入点，通过讲述无字绘本的交际任务收集多模态指称行为的语料，对比分析自闭症儿童与正常儿童在言语模态和手势模态使用方面的异同。研究之所以选择叙说作为交际任务主要基于以下两点考虑：(1) 就发展障碍儿童而言，相对于通过交际双方共同完成的指称交际任务和事先毫无准备的自然会话，故事叙说的诱发任务更容易获得理想的语言样本(Botting, 2002；梁丹丹，2017)；(2) 叙说是一项复杂的认知活动，不仅要选择合适的词语表达概念，组织适当的句子表达判断，还需要关注听者的需求和已有经验。因此，叙说过程能充分锻炼讲述者的语言、认知和社会性(张放放、周兢，2006；Norbury et al.，2014)。同时，叙说也是讲述者面部表情、手势、姿势以及声调等多种模态的综合表现，这些模态都具有丰富的意义。因此，本研究的目的在于了解学龄自闭症儿童无字绘本的叙说能力，进而探究他们在指称各类故事角色时所使用的指称语策略和指称手势策略以及这两种模态之间的互动关系。

2 研究方法

2.1 研究对象

研究者先在浙江省杭州市一所招收自闭症儿童的早期教育机构和一所特殊学校收集自闭症儿童的语料，请机构和学校帮忙筛选具有口语表达能力、行动较为配合的自闭症被试，最后选出 9 名自闭症儿童。该 9 名自闭症儿童均有医院开具的诊断证明，智力发育为轻度迟缓，语言能力相对较好，且母语为普通话，不存在方言或者发音障碍问题，他们在干预机构和特殊学校均接受语言的康复训练，但是还没有接受过叙说类的干预课程。

研究者接着在杭州某县级市普通小学收集 16 名普通儿童的资料，依据他们在《皮博迪图片词汇测验修订版》(PPVT－R)的分数，匹配了 9 名与自闭症儿童语言能力相仿的普通儿童。

2.2 研究工具

2.2.1 《皮博迪图片词汇测验修订版》(PPVT－R)

《皮博迪图片词汇测验》(PPVT)主要通过测验儿童的听觉词汇能力，借以反映受测者的语言能力和一般智力状况。它是美国智能缺陷协会(AAMD)推荐的常用智能测试方法之一，花时少，测验简便，评分客观快速，信度、效度高，可根据被试的年龄转换成相应的语词能力(w-ability)量表分、智龄、智商和百分位。本研究选用华东师范大学桑标和缪小春修订的 PPVT－R(桑标、廖小春,1990)作为两组被试儿童能力匹配的标准。以下是两组被试儿童基本能力的比较。

表1　两组被试儿童的基本情况

儿童类型	儿童姓名	性别	生理年龄	PPVT－R原始分	儿童类型	儿童姓名	性别	生理年龄	PPVT－R原始分
自闭症儿童组	小凯	男	6;5	66	正常儿童组	硕硕	男	6;7	109
	小雨	男	6;11	70		小志	男	6;9	71
	然然	男	7;9	68		向向	男	6;11	78
	烨烨	男	7;6	84		恩恩	男	6;11	93
	乐乐	女	9;9	83		成成	男	7;0	80
	小宇	男	9;7	91		俊俊	男	7;0	96
	冬冬	男	9;7	74		元元	男	7;1	80
	天天	男	11;7	104		伊伊	男	7;1	93
	汤汤	男	11;10	80		浩浩	男	7;3	82
平均值			8;9	81	平均值			6;9	87

根据表1可见,自闭症儿童组的年龄范围在6岁5个月到11岁10个月之间,平均年龄为8岁9个月;正常儿童组的年龄范围在6岁7个月到7岁3个月之间,平均年龄为6岁9个月。自闭症儿童组的平均生理年龄比正常儿童组大24个月,组间年龄范围的差距也比较大。就PPTV－R的原始得分而言,自闭症组的平均分值为81,正常儿童组为87,两组儿童组间差距不大,我们认为这两组儿童在语言理解和图片认知上的能力相当,可以进行匹配和比较。

2.2.2　黑白无字绘本

本研究选取黑白无字绘本《狼来了》(安托尼·吉约佩,2011)作为叙说任务,该无字绘本故事角色鲜明,情节起伏,能吸引儿童的注意力,激发儿童讲述的主动性。《狼来了》共17幅画,描述了一段小男孩在下雪天走进森林的经历,涉及三个主要故事角色:小男孩、狼和猫头鹰。以下是每幅图片的内容概述。

第一幅:一个小男孩向森林走去。

第二幅:小男孩在雪地里走,留下一串脚印。

第三幅:他走进了森林。

第四幅:树枝上有一只狼。

第五幅:狼跟着小男孩进入了森林。

第六幅:小男孩伸出双手捧雪。

第七幅:树林中出现了一只猫头鹰。

第八幅:小男孩继续向森林走去。

第九幅:狼追着小男孩。

第十幅:狼露出了尖尖的牙齿。

第十一幅:小男孩回头看见了狼。

第十二幅:狼向小男孩扑去。

第十三幅:一棵大树倒了,狼向男小孩扑去。

第十四幅:猫头鹰飞走了

第十五幅:大树倒了,狼救了小男孩。

第十六幅:狼和小男孩互相拥抱。

第十七幅:雪地里留下一串脚印。

2.3 研究实施

研究实施之前,研究者向学生的单训老师和家长介绍了研究目的、研究方法和实验材料,并承诺对学生的个人信息严格保密,9 名自闭症儿童与 9 名正常儿童均征得了家长和老师的同意。

为了更好地诱发理想的语言样本,本研究选取被试儿童所在学校的个训教室进行,并请所在班级的老师参与引导,整个过程采用佳能数码摄像机进行拍摄。老师和学生分别坐在桌子的两边,待学生放松心情后,老师向让学生解释:“这是一本没有字的图画书,你仔细看每一幅图画,然后把故事讲给老师听,好不好?”确认被试理解指示语后,引导学生边看绘本边叙说,研究者打开数码摄像机进行拍摄。

讲述过程中尽量让被试学生自由翻页,但有些学生翻书动作幅度太大或翻书速度过快,老师会帮助学生翻书,保证其尽可能完成每一幅图片的讲述;儿童如果出现时间的停顿,老师会采用鼓励性的话语,如“然后呢”“继续”;如儿童仍有明显的讲述困难,无法继续叙说时,老师指向书中的主要情节进行提示,如“看看这里发生了什么?”待被试将绘本都讲完之后,向其进一步确认“讲完了吗?”得到被试的肯定回答后,研究者关闭录像设备,结束实验任务。每一位被试学生均在 10 分钟内完成了叙说任务。

2.4 语料的处理

在加工处理录像语料时,我们先利用格式转化软件 Format Factory 将数码摄像机所采集的 MOV 格式录像转化为 MP3 格式,对录音语料全部进行人工转录和校对。本文统计的语料量不包括被试儿童自我刺激的重复性语言(如,对不对啊)以及与叙说内容不相关的话语。然后我们利用标注软件 ELAN(EUDICO Linguistic Annotator)对语料中的多模态指称行为进行标注,ELAN 是多模态研究常用的辅助软件,免费开源,功能强大,可实现不同层级的分层标注。在本语料中,我们一共设定了四个层级:指称语层、指称手势层、指称功能层和模态互动层。以下是对标注方案的简要说明:

第一层为指称语层,是指两组儿童引入和续谈故事角色时所使用的指称词语。具体包含三种形式:名词短语(NP)、代词(Pr)和零形式(Ze)。

第二层为指称手势层,是指两组儿童叙说中所使用的与指称词语共现的手势。参照麦克尼尔(McNeill, 1992)对手势的鉴定和分类,我们主要考察了指向某个故事角色的手部动作(Pointing),描绘或表征某一故事角色的象似性手势(Iconic gestures)。

就第三层而言,指称功能可分为引入功能(Introducing)和续谈功能(Tracking),其中续谈功能又可进一步划分为指称的维持功能(Maintaining)和指称的转换功能(Shifting):指称的维持是指叙说者围绕一个故事角色多次展开,前后两个指称对象之间无其他故事角色出现;如叙说者对已引入故事角色的再次激活,根据故事情节更新和丰富了故事角色的内容,则定义为转换功能(Wong & Johnston 2004; Serratrice 2007; Colozzo & Whitely, 2014)。

最后,基于手势模态与言语模态所表达的语义内容,我们将两组儿童的模态互动情况分为强化、消歧和补充关系(Özçalişkan & Goldin-Meadow 2005, 2009; So et al., 2015)。具体地讲,语义强化(reinforcing)指的是手势模式提供了与指称语相同的语义内容;语义消歧(disambiguating)是指手势模态消除了代词指称语的歧义现象;补充关系(supplementary)表现为手势模态增加了语义内容,如充当小句的论元(argument)。

我们将标注层与标注方案关联后,在该层标注时,软件会自动提供相关联的标注符号,可便于标注时从中选择,无需逐个手动输入(见下图)。在所有标注工作完成后,可在选定的视频库中(如本文的自闭症儿童组和正常儿童组)针对不同的模态进行检索和统计。

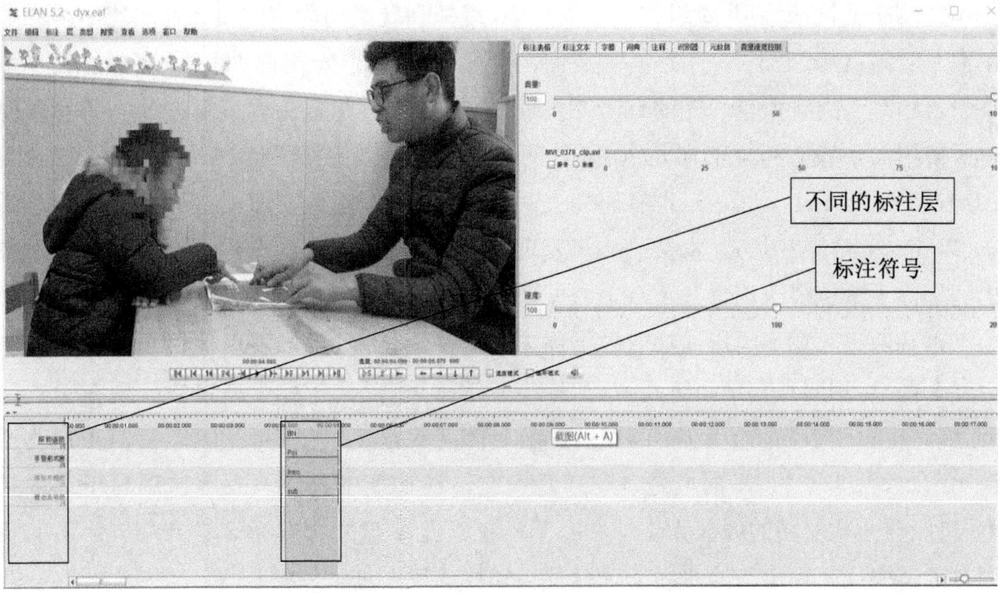

图 1　ELAN 软件中的分层标注

3　数据分析与讨论

3.1　两组儿童指称策略的使用概况

在本语料中，两组儿童或使用指称语的言语模态，或使用“指称语”结合“指称手势”的多模态策略。我们先就两组儿童在叙说中的各类指称策略做一统计，具体情况见表 2。需要说明的是，由于自闭症儿童组与正常儿童组所产出的话语量不同，为了使两者具有可比性，我们对指称策略在两类不同语料中出现的频数均做了归一化处理。此外，为了比较的直观起见，我们还对归一化后所得到的百分比进行了加权处理，加权值为 10。

表 2　两组儿童叙说中指称策略的使用概况

指称功能		指称形式	自闭症儿童组		正常儿童组	
			频数	百分比	频数	百分比
引入功能		指称语	15	7.4%	33	16.4%
		指称语＋指称手势	27	13.6%	7	3.4%
续谈功能	维持功能	指称语	73	37%	86	42.9%
		指称语＋指称手势	11	4.9%	4	2%
	转换功能	指称语	74	37.7%	53	29%
		指称语＋指称手势	18	9.3%	5	2.5%

整体来看,自闭症儿童组在指称的引入、维持和转换功能中的模态互动比例均高于正常儿童组,也就是说,自闭症儿童更倾向于使用"指称语+指称手势"的多模态指称策略引入和续谈故事角色。先前有研究发现,学龄自闭症儿童在故事复述的去情境叙说中所使用的手势比例与正常儿童相当,两组儿童无显著差异(de Marchena & Eigsti, 2010;Morett et al., 2016),也有研究表明自闭症儿童比正常儿童使用了更多的手势模态(Wong & So, 2018)。本文进一步发现,自闭症儿童在边看绘本边叙说的情境中产出的指称手势也多于正常儿童。

再看两组儿童不同指称功能中指称策略的使用情况,我们发现他们既存在共同点也存在差异,相同点在于两组儿童"指称语+指称手势"的指称策略主要体现在引入功能上,其使用频数均高于维持和转换功能:自闭症儿童使用27次,占13.6%,正常儿童使用7次,占3.4%。不同点是自闭症儿童在转换功能中的模态互动比例高于正常儿童:自闭症儿童使用的频数为18,占9.3%,正常儿童组的频数为5,占2.5%。下面我们对语料中这两种模态的使用情况以及互动特征逐一进行分析。

3.2 两组儿童指称语的使用情况

我们将指称语分为名词短语、代词和零形式,其中名词短语包含光杆名词、专有名词、"数量词+名词"和"指示词+名词"。就光杆名词的功能而言,特定的句法位置会影响光杆名词的定指和非定指倾向,一般出现在存现动词"有"和其他存现动词后的光杆名词有非定指倾向(Givon, 1983; Chen, 2004)。

表3是两组儿童叙说中指称语使用情况的具体统计结果,以下数据均进行了归一化和加权处理,不再做另行说明:

表3 两组儿童叙说中指称语的使用概况

指称功能		指称形式		自闭症儿童组		正常儿童组	
				频数	百分比	频数	百分比
引入功能		名词短语	定指	6	3.1%	15	7.3%
			非定指	9	4.3%	18	9%
续谈功能	维持功能	名词短语	定指	33	16.7%	18	9%
			非定指	5	2.4%	3	1.7%
		代词		23	11.7%	46	23.2%
		零形式		12	6.2%	18	9%
	转换功能	名词短语	定指	43	21.6%	43	21.5%
			非定指	7	3.7%	3	1.7%
		代词		17	8.5%	5	2.3%
		零形式		10	4.9%	2	1.1%

我们先看指称的引入功能。由表3可见，自闭症儿童组与正常儿童组均倾向于使用“名词短语”的指称策略引入故事角色，未出现“代词”或“零形式”的指称歧义现象；就名词短语的“定指”与“非定指”而言，两组儿童使用“非定指”比例均略高于“定指”形式，但差异不显著，定指与非定指的比例分别为3.1%与4.3%，7.3%与9%。这一研究结果与我们所设定的叙说情境有关，由于本研究是在个训老师与被试儿童都能看见故事书的情境下收集的语料，老师与学生双方具有了一定的共享知识。在类似的叙说情境下，叙说者会基于双方的共享知识采用名词短语的定指形式引入故事角色，定指与非定指的差异也不明显(Mäkinen et al.，2014)。因此，从这一阶段来看，两组儿童的指称能力无显著差异，学龄自闭症儿童能够根据情境选择合适的指称语引入故事角色。

两组儿童的差异主要体现在续谈阶段：自闭症儿童倾向于使用名词短语的定指形式实施指称的维持功能(16.7%)，而正常儿童使用代词的比例更显著(23.2%)；在转换功能中，两组儿童定指形式的使用比例较高，分别为21.6%和21.5%，但自闭症儿童使用非定指形式的比例(17.1%)明显高于正常儿童(5.1%)。在故事的叙说中，虽然维持和转换都属于续谈功能，但两者在叙说中所采用的策略应该有所不同。斯珀伯和威尔逊(Sperber & Wilson，2002)的关联理论认为，人们遵循最少的认知加工和信息处理程序，以获取最佳交际效果。请看以下一例：

(1) 向向：有一个人在一片树林里，ta走着走着，ø就到了一片雪地里，后来ta又进入一片树林。

在该例中，正常儿童向向在续谈“一个人”时，考虑到故事角色间隔短，且中间没有其他竞争性角色，采用了可及性较高的零形式指称语和代词指称语，减少了自己的语言加工量，也有利于减轻听话人信息解码的工作量，提高了交际效率。而在自闭症儿童的指称策略中，有较多的指称维持功能是通过名词短语的定指形式来实现的，比如例(2)：

(2) 乐乐：有一个小朋友去树上回家了，这个小朋友走回去了，第二天小朋友要回家了。

在该例语境中，从故事角色的引入到故事角色的维持，自闭症儿童乐乐始终采用了名词短语的指称策略“这个小朋友”和“小朋友”。由于这三个短句之间无其他潜在的竞争角色，叙说者只需采用代词“他”或零形式指称语即可将信息传达准确，相反，过多地使用了名词短语，会造成信息的冗余，形成了一种“怪异的措辞”。

而在转换功能中，故事角色两次提及的间隔距离较长，且中间会有一个或多个指称竞争对象，叙说者就需要采用定指名词短语再次激活之前建立的指称对象；一味地采用

“代词”或“零形式”的指称语就容易产生歧义现象,造成交际信息传递失败。自闭症儿童的叙说中就产生了大量指称歧义现象,例如:

(3) 小凯:马上雪要停了,狼就被不淋湿了,ta 回家了,还有人,树木已经倒了,ø 就危险了,ta 想要进去。

在该例中,自闭症儿童小凯在转换指称对象“狼”、“人”和“树”时,仍采用了代词“ta”和零形式的指称策略,造成听话人无法判断确切的指称对象。

由上分析,我们认为自闭症儿童在续谈阶段的指称能力受损较为严重。与正常儿童相比,自闭症儿童无法根据续谈中两种不同的语境来选择相应的指称策略,他们或过度使用了名词短语的定指形式来维持故事角色,或使用代词或零形式实施转换功能,指称模糊的频率高,这一结论也与先前的研究结果较为一致(刘晓欣,2014;Novogrodsky & Edelson, 2016; Arnold et al., 2009)。

3.3 两组儿童“指称语+指称手势”的使用情况

对于“指称语+指称手势”的多模态指称策略,我们统计了不同指称功能中各类指称策略的使用情况以及两种模态的互动关系。具体结果如表4所示:

表4 两组儿童叙说中“指称语”+“指称手势”的使用概况

指称功能		指称形式	模态互动关系	自闭症儿童组		正常儿童组	
				频数	百分比	频数	百分比
引入功能		名词短语+指向手势	强化关系	25	12.5%	3	1.7%
		代词+指向手势	语义消歧	0	0	2	1.1%
		名词短语+象似手势	强化关系	2	1.2%	2	1.1%
续谈功能	维持功能	名词短语+指向手势	强化关系	6	3%	2	1.1%
		代词+指向手势	强化关系	4	1.9%	2	1.1%
		名词短语+象似手势	强化关系	1	0.6%	0	0
	转换功能	名词短语+指向手势	强化关系	15	7.4%	3	1.7%
		代词+指向手势	语义消歧	2	1.2%	2	1.1%
		零形式+象似手势	补充关系	1	0.6%	0	0

由表4可见,两组儿童的指称手势主要体现为指向性手势,象似性手势次之,暂未发现节拍性手势和象征性手势。自闭症儿童的主要指称策略表现为“名词短语+指向手势”,引入和转换功能中所占的比例较高,分别为12.5%和7.4%;正常儿童组的指称策略也以“名词短语+指向手势”为主,但与其他指称策略的差异不显著。就模态互动

情况而言，自闭症儿童绝大部分的手势模态是用来强化言语表达（26.6%），仅有1.2%的指称手势实施了语义消歧的功能，0.6%实施了语义补充功能；相比之下，正常儿童组也以语义强化类型的指称手势为主，但与语义消歧类型的差异不大，两者分别占6.7%和2.2%。下面我们结合具体实例来逐一分析两种模态的使用情况及互动关系。

我们先来看指称手势强化言语表达的指称行为。这类语境中，手势模态所表征的信息与言语模态的信息相重合，未增加任何新的语义内容。

(4) 乐乐：有一只大灰狼，大灰狼跟着小朋友回家了。

该例语境中，自闭症儿童乐乐引入“狼”这个动物角色时，在手臂姿势保持不变的情况下，用左手的食指小幅度地指着图片上的“狼”，同时，她也使用了“数量词＋光杆名词”的指称语“一只大灰狼”。借鉴埃菲尔德（Enfield et al.，2007）对指向的进一步分类，我们发现本语料中的指向均为小指向，即动作幅度较小，不带动整个手臂的参与，两组儿童均会使用这种较为“经济”的小指向模式。除此之外，自闭症儿童通常还会使用光杆名词结合小指向的手势来引入故事角色。以下仅举一例加以说明。

(5) 老师:看这里发生了什么?

小凯:狼来了,狼马上就要来了。

在该例中,自闭症儿童小凯使用了光杆名词“狼”和小指向的手势来引入故事角色。与例(4)一样,这里的指向手势也传达了与指称语相同的语义信息。再来看一例正常儿童基于故事角色的部分特征来实施的转指行为(沈家煊,1999)。

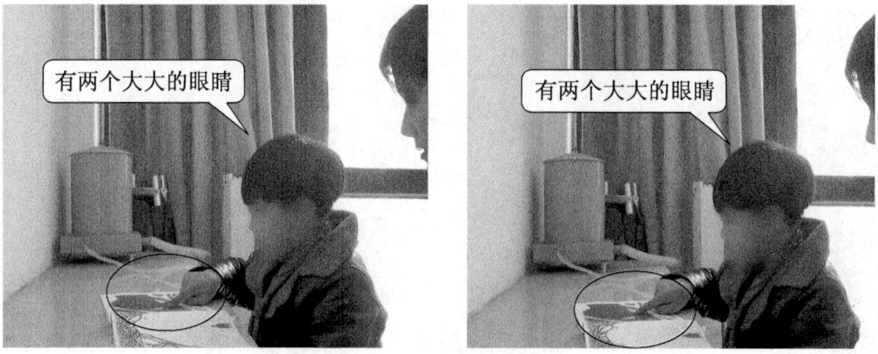

(6) 俊俊:ta看到那里的森林,森林那里,有两个大大的眼睛,ta看到了就说:是狼!

在该语境中,正常儿童俊俊在引入“狼”的故事角色时,先激活了这个故事角色的显著特征“两个大大的眼睛”,同时结合指向手势:俊俊的右手食指从图片中的狼的一个眼睛迅速滑向另一个眼睛。我们从视频中截取了2帧图像来说明这个过程。

除了指向性手势外,两组儿童还会使用象似手势来表征指称对象。以下仅列举一例加以说明。

(7) 老师:看看这里有什么啊?

烨烨:看到了人。

在该例中,自闭症儿童烨烨在续谈人物角色时,使用了光杆名词“人”和描绘性手势，他用左手食指沿着图画书中的人物轮廓“画”出了这个人，以此来表征人物角色。肯登(Kendon，2004：160)按手势的动作形式将象似性手势分为模型手势、动作手势和描绘手势。小宇的动作模式即属于描绘手势，我们从视频中截取了 3 桢图像来说明这个过程。

从诺里斯(Norris，2011)模态高低等级关系来看，以上这些指称手势均从属于指称语，信息冗余度较高，并非属于实施指称行为所必需的指称策略。但从交流性的功能来看，这些手势通过传达与指称语相同的信息，强化了语义内容，吸引了听话者的注意力。布鲁纳(Bruner，1981)在交际意图分类学中将这类手势划分为联合注意(joint attention，JA)手势。在本语料中，我们发现学龄自闭症儿童使用联合注意力的手势频率明显高于正常儿童组，而先前的研究发现，婴幼儿及学龄前的自闭症儿童在利用手势达到联合注意目的方面显示出明显的弱势(Watson et al.，2013)。因此，本研究的这一结论还有待于后续用更大的样本进行检验。

再来看手势模态消除言语歧义的例子。在该情况下，指称语通常为代词，指称手势指明了指称对象，手势的信息冗余度最低。请看以下一例：

(8) 小凯：雪，下雪了，这个终于抓到 ta 了。

在该例语境中，自闭症儿童小凯在续谈“狼”的故事角色时，使用了指示代词“这”，同时用右手食指指向图片上的“狼”。由上图可见，绘本的图片中出现了“狼”和“人”这两个故事角色，如果仅借助于“这”和“ta”这两个代词指称语，听话者无法判断具体的指称对象。因此，这里的指向手势消除了指称语所产生的歧义现象，理清了小句的语义内容：这个狼终于抓到人了。再看另一例语义消歧的指称行为。

(9) 小宇:猫头鹰在叫,然后 ta 就出来了。

在该例语境中,自闭症儿童小宇从故事角色"猫头鹰"转换到"小男孩"的故事角色时,运用了人称代词"ta",同时用左手食指指向图片中的"小男孩"。缺乏这个指向性手势,听话者很可能将"ta"的语义内容解读为:"ta"是对故事角色"猫头鹰"的续谈。因此,这个手势动作也充当了消除指称语歧义的作用。

然而,自闭症儿童在叙说中出现了 16%的非定指现象,借助手势明确指称对象的指称行为仅有以上两例,其余的指称歧义均未使用手势进行消除。相比之下,正常儿童组的多模态指称策略所占比例不高(6.7%),却也有 2.2%的指称行为消除了语义歧义现象。以下仅举一例加以说明:

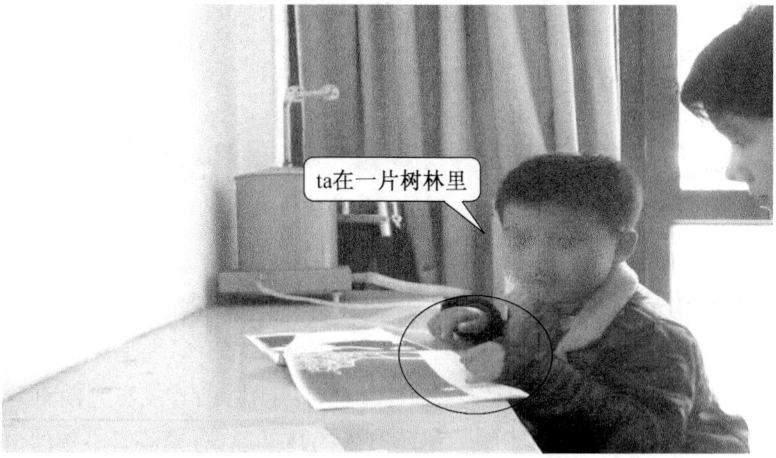

(10) 浩浩:ta 在走路,他走到了一个地方。

该例语境中,正常儿童浩浩在引入"小朋友"这个故事角色时,使用了代词指称语

“ta”,同时左手小指指向图片中的故事角色。这个手势消除了引入阶段代词指称语的指称模糊现象,使听者较为直观地明确了故事角色。

最后,我们来看语义补充类型的指称手势。本语料库中,使用指称手势补充语义信息的指称行为仅有一例,具体表现为自闭症儿童所使用的“零形式”指称语和象似手势的多模态指称策略。请看示例:

(11) 烨烨:这不是狼,这是小白。

老师:哦,那他们在干嘛啊?

烨烨:在抱抱。

该例语境是自闭症儿童烨烨在实施指称的转换功能时所使用的象似手势:他用右手手指在图画书上圈出了“男孩”和“狼”两个故事角色。这个手势属于象似模式中的描绘动作,我们从视频中截取了 3 帧图像来说明这个过程。该手势通过充当小句论元的角色,将小句所表达的语义内容补充为“男孩和狼在抱抱”。从听话者的角度来看,缺乏这个描绘性手势,就很难确认指称对象,因此这个手势对话语的理解是不可或缺的。

4 结　论

本文以无字绘本为交际任务,以生命角色的指称行为为研究对象,重点关注被试儿童实施这一行为所使用的指称语及指称手势,比较了自闭症儿童与其语言能力相仿的正常儿童实施指称行为的异同。

本文通过对比分析发现:(1) 就指称语而言,两组儿童在引入阶段均倾向于使用名词短语的不定指形式,主要差异体现在故事角色的续谈中:自闭症儿童多使用名词短语维持故事角色,代词和零形式的指称语转换故事角色,容易引发听话者的理解困难;正常儿童多使用代词形式维持故事角色,名词短语的定指形式转换角色,歧义现象较少。(2) 在指称策略的互动方面,自闭症儿童组的模态互动比例高于正常儿童,尤其是在故事角色的引入阶段,自闭症儿童更倾向于用指向手势强调指称语已明确的故事角色;但续谈中较多的语义歧义现象仍未通过指称手势消除;相比之下,正常儿童组的各类指称手势差异不显著,语义消歧类型的手势略高于自闭症儿童。本研究丰富了口头叙说中多模态言语行为领域的研究,有助于加深我们对自闭症儿童多模态指称行为的认识,也有助于为这一人群实行干预训练提供一定的借鉴作用。本文同时存在如下局限:(1)由于本文采集的语料是基于自闭症儿童在情境故事叙说的交际任务,交际类型和情境较为单一,在后续研究中,我们设计多个不同类型的交际任务采集语料,如故事复述的去情境叙说、与同伴游戏情境下的会话叙说,以期能更加全面地观察这一人群的指称交际行为;(2)本文主要关注了实施指称行为所借助的指称语和指称手势,在后续的研究中可以逐步将指称语的韵律特征、注视模式纳入讨论范围,以进一步加深我们对指称行为的认识。

参考文献

[1] American Psychiatric Association. 2013. *Diagnostic and Statistical Manual of Mental Disorders* (5th ed.)[M]. Arlington VA: American Psychiatric Association.

[2] Arnold, J. E., Bennetto, L. & J. J. Diehl. 2009. Reference production in young speakers with and without autism: Effects of discourse status and processing constraints [J]. *Cognition*, 110: 131 - 146.

[3] Botting, N. 2002. Narrative as a tool for the assessment of linguistic and pragmatic impairments [J]. *Child Language Teaching and Therapy*, 18(1): 1 - 2.

[4] Bruner, J. S. 1981. The social context of language acquisition [J]. *Language & Communication*, 1: 155 - 178.

[5] Chen, P. 2004. Identifiability and definiteness in Chinese [J]. *Linguistics*, 42(6): 1129 - 1184.

[6] Clark, H. H. &A. Bangerter. 2004. Changing ideas about reference[A]. In I. A. Noveck & D. Sperber (Eds.). *Experimental Pragmatics* [C]. Basingstoke, UK: Palgrave, 25 - 49.

[7] Colozzo, P. & C. Whitely. 2014. Keeping track of characters: Factors affecting referential adequacy in children's narratives [J]. *First Language*, 34(2): 155 - 177.

[8] Colozzo, P., Heather, M. & P. Mirenda. 2015. Narrative production in children with Autism Spectrum Disorder and specific language impairment [J]. *Canadian Journal of Speech-Language Pathology and Audiology*, 39(4): 316 - 332.

[9] Dahlgren, S. & A. D. Sandberg. 2008. Referential communication in children with Autism Spectrum Disorder [J]. *Autism*, 12(4): 335 - 348.

[10] Davies, C., Andrés-Roqueta, C. & C. F. Norbury. 2016. Referring expressions and structural language abilities in children with specific language impairment: A pragmatic tolerance account [J]. *Journal of Experimental Child Psychology*, 144: 98 - 113.

[11] de Marchena, A. & I. M. Eigsti. 2010. Conversational gestures in Autism Spectrum

Disorders: Asynchrony but not decreased frequency [J]. *Autism Research*, 3(6): 311 - 322.

[12] Enfield, N. J., Sotaro, K. & J. P. de Ruiter. 2007. Primary and secondary pragmatic functions of pointing gestures [J]. *Journal of Pragmatics*, 39(10): 1722 - 1741.

[13] Givon, T. 1983. *Topic Continuity in Discourse Analysis: A quantitative Cross-linguistic Study* [M]. Amsterdam: John Benjamins Publishing Company.

[14] Gundel, J. K. & N. Hedberg. 2008. *Reference: Interdisciplinary Perspective* [M]. Oxford: Oxford University Press.

[15] Kendon, A. 2004. *Gesture: Visible Action as Utterance* [M]. Cambridge: Cambridge University Press.

[16] Kuijper, S. J., Hartman, C. A., Bogaerds-Hazenberg, S. T. & P. Hendriks. 2017. Narrative production in children with Autism Spectrum Disorder (ASD) and children with Attention-Deficit/Hyperactivity Disorder (ADHD): Similarities and differences [J]. *Journal of Abnormal Psychology*, 126(1): 63 - 75.

[17] Mäkinen, L., Loukusa, S., Leinonen, E., Moilanen, I., Ebeling, H. & S. Kunnari. 2014. Characteristics of narrative language in Autism Spectrum Disorder: Evidence from the Finnish [J]. *Research in Autism Spectrum Disorders*, 8 (8): 987 - 996.

[18] McNeill, D. 1992. *Hand and Mind: What Gestures Reveal about Thought* [M]. Chicago/London: The University of Chicago Press.

[19] Morett L. M., O'Hearn, K., Luna, B. & A. S. Ghuman. 2016. Altered gesture and speech production in ASD detract from in-person communicative quality [J]. *Journal of Autism and developmental disorders*, 46(3): 998 - 1012.

[20] Norbury, C. F., Gemmell, T. & R. Paul. 2014. Pragmatics abilities in narrative production: A cross-disorder comparison [J]. *Journal of child language*, 41(3): 485 - 510.

[21] Norbury, C. F. & V. M. Bishop. 2003. Narrative skills of children with communication impairments [J]. *International Journal of Language and Communication Disorders*, 38(3): 287 - 313.

[22] Norris, S. 2011. Three hierarchical positions of deictic gesture in relation to spoken language: A multimodal interaction analysis [J]. *Visual Communication*, 10 (2): 129 - 147.

[23] Novogrodsky, R. & L. R. Edelson. 2016. Ambiguous pronoun use in narratives of children with Autism Spectrum Disorders [J]. *Child Language Teaching and Therapy*, 32 (2): 241 - 252.

[24] Özçalişkan, S. & S. Goldin-Meadow. 2005. Gesture is at the cutting edge of early language development [J]. *Cognition*, 96: 101 - 113.

[25] Özçalişkan, S. & S. Goldin-Meadow. 2009. When gesture-speech combinations do and do not index linguistic change [J]. *Language and Cognitive Process*, 24(2): 190 - 215.

[26] Serratrice, L. 2007. Referential cohesion in the narratives of bilingual English-Italian children and monolingual peers [J]. *Journal of Pragmatics*, 39: 1058 - 1087.

[27] So, W. C., Wong, M., Lui, M. & V. Yip. 2015. The development of co-speech gesture and its semantic integration with speech in 6- to 12-year-old children with Autism Spectrum Disorders [J]. *Autism*, 8: 956 - 968.

[28] Sperber, D. & D. Wilson. 2002. Pragmatics, modularity and mind-reading [J]. *Mind & Language*, 17: 3 - 23.

[29] Tager-Flusberg, H. 1995. "Once upon a ribbit": Stories narrated by autistic children [J]. *British Journal of Developmental Psychology*, 13: 45 - 59.

[30] Watson, L. R., Crais, E. R., Baranek, G. T., Dykstra J. R. & K. P. Wilson. 2013. Communicative gesture use in infants with and without autism: A retrospective home video study [J]. *American Journal of Speech-Language Pathology*, 22 (1): 25 - 39.

[31] Wicklund, M. D. 2012. Use of referring expressions by autistic children in spontaneous conversations: Does impaired metarepresentational ability affect reference production? [D] Unpublished doctoral dissertation, The University of Minnesota, Minneapolis and Saint Paul, MN.

[32] Wong, A. M. Y. & J. R. Johnston. 2004. The development of discourse referencing in Cantonese speaking children [J]. *Journal of Child Language*, 31: 633 - 660.

[33] Wong, M. K. & W. C. So. 2018. Absence of delay in spontaneous use of gestures in spoken narratives among children with Autism Spectrum Disorders [J]. *Research in Developmental Disabilities*, 72(1): 128 - 139.

[34] 安托尼·吉约佩,2011. 狼来了[M]. 南昌:二十一世纪出版社.

[35] 梁丹丹,2017. 儿童语言障碍引论[M]. 北京:商务印书馆.

[36] 刘晓欣,2014. 汉语自闭症儿童叙述任务中指称能力研究[D]. 硕士论文,南京:南京师范大学.

[37] 桑标,缪小春,1990. 皮博迪图片词汇测验修订版(PPVT - R)上海市区试用常模的修订[J]. 心理科学,(5):22 - 27.

[38] 沈家煊,1999. 转指与转喻[J]. 中国语文,(1):3 - 15.

[39] 张放放,周兢,2006. 儿童叙事能力发展研究综述[J]. 幼儿教育(教育科学版),(6):47 - 52.

自闭症人群媒介话语建构特征分析*

福建农林大学　林美珍　浙江大学/浙江大学城市学院　马博森**

摘　要:新闻媒体在促进人们如何看待自闭症人群①的相关议题上扮演着重要角色。本研究以国内主流报刊媒体2000—2017年以来有关自闭症人群议题报道为研究对象,从报道数量、话语主题、话语主体和话语基调四个方面考察自闭症人群报道中的话语建构特征,并剖析其存在问题和影响因素。研究结果表明,相关报道数量呈直线上升,且呈现"节日化"报道趋向;话语主题内容较真实、丰富,侧重于慈善、公益组织的爱心助残主题报道;涉及话语主体较为广泛,通过政府和专家学者的话语主体选择,体现了主流媒体的可信度和权威性;话语基调以正面、中立报道为主,罕见负面和偏见报道,且未出现"污名化"报道现象。

关键词:自闭症人群;媒介话语;话语建构

Title: An Analysis of the Construction Features of Media Discourse in Autistic People

Abstract: News media plays an important role in promoting people's views on issues related to people with autism. Based on the reports of autistic people in Chinese mainstream newspapers from 2000 to 2017, this study examines the discourse construction features of autistic people in terms of the number of reports, the themes of discourse, the priorities of discourse and the tones of discourse, and it also explores

---

* 本文系国家社科重点项目"汉语自闭症儿童和正常儿童的多模态指称策略对比研究"(项目编号:17AYY009)以及福建农林大学科技创新基金项目"自闭症人群媒介话语建构特征研究"(项目编号:CXZX2016260)的研究成果之一。

** **作者简介**:林美珍,讲师,研究方向:系统功能语言学、话语分析。邮箱:mzhlin@163.com。马博森,教授,博导,研究方向:话语分析、功能语言学等。邮箱:mabosen@126.com。

① 据肯尼等人(Kenny et al., 2016)的研究数据统计表明,有近61%的自闭症患者倾向于社会大众称其为自闭症人群(autistic people),故本研究采用这一提法。

some problems and influencing factors. The findings show that the number of reports has risen linearly and has shown a trend of "festivalization"; the themes of discourse are more realistic and richer, focusing on charity organizations' love reports; the priorities of discourse are more extensive in scope, showing the credibility and authority of Chinese mainstream newspapers by taking the authority and experts as the main sources of discourse; the tones of discourse are mainly positive and neutral, with rare negative and biased reports, and there is no "stigma" phenomenon in the reports.

Key Words: autistic people; media discourse; discourse construction

1 引 言

自闭症谱系障碍(Autism Spectrum Disorder,以下简称自闭症),是一种起源于儿童早期、以社会交往和沟通障碍、兴趣范围狭窄以及重复刻板行为为主要临床特征的神经发育障碍(American Psychiatric Association, 2013)。该障碍病因不明且缺乏特效治疗。致使近二三十年来自闭症罹患人数不断攀升。据2015及2017发布的《中国自闭症教育康复行业发展状况报告》中的数据统计,目前国内0~14岁自闭症儿童已高达200余万,并以每年近20万的速度增长。作为当下社会关注的热点公共健康议题,自闭症人群经媒体报道直接或间接地影响着社会大众对其认知、评价和话语建构。相关研究(如Jones & Harwood, 2009;Holton et al., 2014;Tang & Bie, 2016)表明,媒介在呈现自闭症人群议题时常采用标签化的处理方式,以提高新闻的生产速度以及满足社会大众对戏剧性、冲突性新闻事件的追求,从而极大地影响了自闭症人群的社会形象及生存环境。因此,如何正确、有效地传播和建构自闭症人群媒介话语,讲好自闭症人群故事,成为舆论界和学界广泛关注且具有重要理论和现实意义的课题。

通过考察美国科学情报所的网络数据库科学网(Web of Science)和中国期刊网相关研究论文发现,国内外针对自闭症人群媒介话语研究风毛麟角;且研究多采用新闻传播学的理论与方法,以静态的传统纸质媒体(如报纸、杂志、平面广告)报道、动态的电视、广播乃至社交媒体的新闻报道为语料,重点探究自闭症人群话语的媒介表征、媒介框架变迁以及在此基础上建构的媒介形象等。具体而言,其研究重点有三个:一、基于麻疹、风疹、腮腺炎三联疫苗(Measles, Mumps and Rubella,简称MMR)事件的医学新闻报道的媒介表征和框架变迁研究(如O'Dell & Brownlow, 2005; Smith et al.,

2008；Colson，2010；Clarke，2008,2011；Holton et al.，2012;Jang et al.，2017)。二、基于框架理论视角下的自闭症人群媒介形象建构研究(如 Jones & Harwood，2009；McKeever，2012；Waltze，2012；金恒，2012；Holton，2013；Sawchuk & Clarke，2015；Muhamad & Yang，2017;李莹,2017)。三、基于归因理论、社会学习理论以及社会文化理论等视角,探究自闭症议题报道对受众认知和态度影响的实验研究(如 Farrell，2014；Orta，2016；Brewer et al.，2017)。总体上而言,相关研究数量少,且研究语料和方法较单一,多停留于新闻传播学领域,较少涉及其他学科如语言学、话语分析等领域的研究;且偏重微观层面语言分析,对自闭症人群媒介话语建构中受到的话语权力制约因素关注少;加之,研究对象多以西方语境下的自闭症人群话语语料分析为主,缺乏中国语境下的自闭症人群话语语料分析。因此,针对自闭症人群媒介话语建构的跨学科、多维度、多视角研究仍存在诸多研究空间。鉴于此,本研究以国内主流报刊媒体 2000—2017 年以来有关自闭症人群议题报道为研究对象,采用传播学和话语分析相结合的跨学科视角,通过定性和定量两个方面考察近 18 年来国内主流报刊媒体在自闭症人群议题报道中的话语建构特征,揭示媒介话语选择背后的制约因素及存在的问题,旨在为国内媒体重新审视和调整对自闭症人群的报道提出一些改进建议。

2 数据来源与研究方法

本研究数据来源于中国学术期刊网络出版总库(CNKI)重要报纸全文数据库。该数据库是我国第一个以重要报纸刊载的学术性、资料性文献为收录对象的连续动态更新的报纸全文数据库。收录范围包含中央级各类报纸,各省、自治区、直辖市和其他地市级城市党报,以及面向全国公开发行的具有一定影响力的特色重要行业性报纸。至 2017 年度共收录各级党报及特色行业报等重要报纸 500 余种。鉴于该数据库在各高校校园网中容易搜索,具有易得性、完整性的特点。加之,报纸具有贴近生活、发行量大、舆论引导力强等特质,是社会大众获取自闭症人群相关信息的重要渠道,故以“自闭症”或“孤独症”为关键词,对数据库中 2000—2017 年度文章的标题和正文进行检索,共获得检索文献 1453 篇,时间跨度从 2000 年 6 月 15 日至 2017 年 12 月 31 日。通过人工逐篇审阅,手工剔除重复、不相关报道,最终确定 1086 篇文献为本研究有效研究对象。

本研究采用定量和定性相结合的研究方法。通过借鉴麦基弗(McKeever,2012)、别碧洁和唐璐(Bie & Tang，2015)等人针对自闭症人群媒介话语研究的分类标准,并结合本文研究目的,从报道数量、话语主题、话语主体和话语基调等对语料进行人工标注,统计其出现的频率和分布状况等;同时依据量化统计结果,对比、剖析和提炼自闭症人群话语的总体分布特征和规律，并在此基础上总结其媒介话语建构特征。

3 结果与讨论

3.1 报道数量

近 18 年间国内主流报刊媒体涉及自闭症人群的报道数量分布情况如图 1 所示：

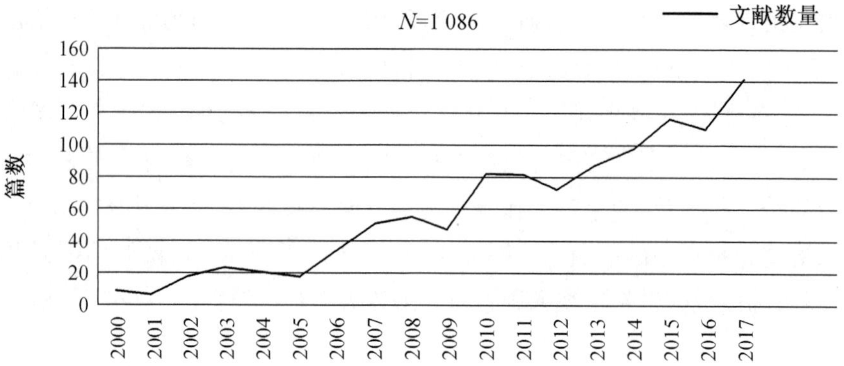

图 1　自闭症人群媒介话语报道数量分布情况(2000—2017)

图 1 显示，针对自闭症人群的报道总体上呈波浪形上升趋势，并伴有周期性上下波动，且各年份呈现不稳定分布态势。从 2000—2009 年近 10 年间，相关报道数量较为平稳，共出现 287 篇报道，但自 2010 年 6 月 18 日电影《海洋天堂》上映后，自闭症人群开始更多进入社会大众和媒体的视野，相关报道数量呈直线上升态势，共出现 799 篇报道，相当于过去 10 年的三倍，且在 2015—2017 年间出现高峰，报道数量均超过 100 篇。其中 2017 年出现井喷式增长，报道数量最多，共出现 142 篇报道。这可能源于"十九大"提出"办好特殊教育，尤其是为自闭症儿童提供更多服务和全方位帮扶"政策以及落实和贯彻《第二期特殊教育提升计划(2017—2020 年)》中针对自闭症儿童教育、康复服务和保障体系的各项任务建设的要求，使得自闭症人群的议题引发政府、社会大众以及媒体的广泛关注，其中媒体在此起着重要的导向和推力作用。

通过对语料进一步分析表明，国内主流报刊媒体针对自闭症人群议题的报道数量呈现"节日化"报道趋向。即每年 4 月 2 日的"世界自闭症日"、5 月 17 日的"助残日"以及 6 月 1 日的儿童节等，相关报道数量会出现明显增长态势。本研究的语料显示，2008—2017 年度"世界自闭症日"前后一周报道(即 3 月 26 日—4 月 9 日)共有 94 篇相关报道，仅每年 4 月 2 日的"世界自闭症日"当日就有 13 篇报道。与同年度其他报道时间点相比较，呈现较为明显的增长趋势，其中 2017 年高达 15 篇。这也进一步验证了

Bie & Tang(2015)的研究结果,即媒体在对自闭症人群报道时常会出现"节日化"报道现象。对语料进一步分析还发现,"世界自闭症日"前后一周,媒体更多将视角聚焦于政府部门以及社会大众爱心帮扶自闭症人群、自闭症儿童医疗、诊断及科技进展、自闭症儿童家属的困境诉求、自闭症儿童融合教育以及大龄自闭症患者养护和就业问题等。

3.2 自闭症人群媒介话语特征分析

3.2.1 话语主题

研究国内主流报刊媒体有关自闭症人群的报道发现,相关报道的议题内容主要围绕以下几个方面展开:自闭症慈善及公益活动(N=447,41.1%)、自闭症医学及科技进展研究(N=328,30.2%)、自闭症患者及家长心路历程(N=144,13.3%)、自闭症政策法规及权益保障(N=105,9.7%)以及自闭症影视及文学作品(N=25,2.3%)等主题。其中自闭症慈善及公益活动是报道重点,而自闭症影视及文学作品中涉及的自闭症形象报道最少。这可能源于研究的语料为党报,倾向于更多积极正面报道,而影视及文学作品中涉及的自闭症形象往往刻板。限于篇幅,下文仅讨论前三个主题。表1记录了统计结果。

表1 自闭症话语主题分布情况(2000—2017)

话语主题	篇数	所占百分比(%)
自闭症慈善及公益活动	447	41.1
自闭症医学及科技进展研究	328	30.2
自闭症患者及家长心路历程	144	13.3
自闭症政策法规及权益保障	105	9.7
自闭症影视及文学作品	25	2.3
其他	37	3.4
总计	1086	100

从表1可以看出,自闭症慈善及公益活动是自闭症人群报道的焦点,几乎占据了近18年整体报道的半数,媒体更多以爱心助残的姿态,呼吁全社会共同关爱、包容、支持自闭症人群,因为"对弱势群体的包容度,支持度是衡量一个社会文明程度的标准之一"(五彩鹿自闭症研究院,2017),同时也体现了"新闻应该与社会共同认定的社会规范、价值观和态度"相一致的观点(van Dijk, 1988)。相关爱心助残报道如,2017年8月30日—2017年9月13日持续近半月的微信平台发起的"一元购画"慈善公益活动。通过社交媒体,迅速凝聚了公众的爱心,仅用7个小时就为自闭症儿童筹集善款1500万元。媒体对此持续关注并全方位深入报道,短短半月就发文25篇,引发了社会大众对自闭症人群的认知、关切和同情。如前文所言,自闭症人群是社会弱势群体的一部分,需要

全社会的关注和帮扶,故基于社会身份与角色,媒体在针对相关报道时常以见证者、思想者的面貌出现,对相关慈善及公益组织或机构、爱心人士、志愿者等活动持续关注和报道,在弘扬社会正义,促进社会和谐等方面履行其自身的社会责任。但究其原因,主要还是源于国内媒体注重新闻的宣导功能,其新闻价值取向上更强调正面引导,因此,新闻报道往往按照社会建构的"意义框架"选择和展示"根植于社会文化传统中的主张、形象和假设"(陈静,2015)。换言之,即秉承弘扬社会主义主旋律的报道方针,在宣传口径上与主流意识形态的立场保持一致,倾向于报道好人好事或感人事迹,但从某种程度上说,也导致相关报道不够全面深入,缺乏客观公正,过分凸显新闻的宣导功能,而忽视自闭症人群整体的生存状态和实际困难。同时,媒体在相关报道时"并未触及自闭症人群生存背后的社会保障和利益冲突问题,存在报喜不报忧的现象"(金恒,2012),这也影响和弱化了自闭症人群的话语权,进而导致该群体进一步被边缘化,也不利于自闭症人群及其家庭被社会所理解、认知、包容和帮扶。

表1也显示,针对自闭症医学及科技研究进展主题报道位列第二,其主题涉及面较广,除了普及自闭症相关知识的报道外(如林小春,2016),还向社会大众介绍如何辨识自闭症病症(如唐凤,2015)、介绍自闭症干预疗法(如乔颖,2011),以及自闭症最新医学及科技进展(如徐羽宏,2017)等主题,这对于社会大众科学认知自闭症,消除针对自闭症的认知错误和偏见起着促进作用。作为被列为世界十大医学难题之首的自闭症,由于病因不明,无药物可治愈,且伴随终身的发育障碍,是人类需要攻克的科学难题。但媒体对其认知有限,导致认知误区频频出现的报道(如桂涛,2016;马朝虎,2015;吴益君,2013;李记,2012;杨绍福,2006)。进一步的语料统计分析表明,将自闭症错误的认知为心理疾病并将其简单地贴标签的报道共出现51次,尤其是2000—2009年近10年出现高达32篇报道,即便是2010—2017年仍出现19篇报道。鉴于自闭症属于公共医疗健康议题,其题材的特殊性也要求媒体人应具备相关的医学知识,不做不符合自闭症科学规律的报道,"因为自闭症报道的科学性直接影响着公众对自闭症的态度和行为"(金恒,2012)。

语料分析还发现,针对自闭症患者及家长心路历程的报道也是媒体关注的对象,这可能源于我国目前针对自闭症人群的社会保障体系尚不健全,在自闭症康复人力、机构等资源严重不足且供需失衡的情况下,大多数自闭症患者家长都需要承受或背负巨大的压力和责任,开始艰辛养育和自救之路。这也是导致相关报道数量多的原因之一。同时,"作为在承担自闭症患者养育任务中,母亲占据大部分的责任,且也是诸多压力事件及恶劣环境下最直接的冲击者"(Meadan et al., 2010),故媒体在议程设置上加大力度展示自闭症患者母亲不寻常的心路历程,常常能引起大众的心理共鸣。这虽可以扩大社会大众对自闭症患者及家长的怜悯和同情,从而引发关切和帮扶,但实际上并不能完全反映这类人群的真实生存状态和面貌。

3.2.2 话语主体

媒体报道中话语主体的选择在某种程度上折射出媒体报道的预设立场和倾向性，即“能够反映构建新闻的视角选择和报道背后的权力意识等”（王贵斌、张建中，2004）。本研究发现，针对自闭症人群报道中话语主体的选择主要分为专家、政府、机构以及自闭症患者及家长。表2记录了统计结果。

表2 自闭症话语主体分布情况（2000—2017）

话语主体	篇数	所占百分比（%）
专家	377	29.8
政府	307	24.2
机构	237	18.7
患者及家长	144	11.4
其他	201	15.9
总计	1266	100

注：由于同一篇报道可能出现不止一种话语选择，故话语主体出现频次（N＝1266）与原始统计数据（N＝1086）不等。

从表2可以看出，媒体针对自闭症人群报道大多以专家学者（N＝377，29.8%）和政府或官方的话语（N＝307，24.2%）为话语主体，其目的在于增强报道的重要性、可信度和权威性。媒体通过多方引证、多角度呈现，坚持客观、公正、不介入等原则，以纯新闻事实报道为主，少加评论，在报道诸如“2012年9月和2014年12月深圳和珠海家长联名上书劝退自闭症儿童入学事件”“2016年11月航空公司拒绝自闭症少年登机事件”和“2017年3月自闭症少年雷文锋托养之死”等敏感性、冲突性的负面、消极新闻时，大量引用官方权威性的话语或其他可靠的信息来源，平衡采用多方话语主体，显示了报道的客观与公正，如：“一名不愿意透露姓名的普通学校校长说”“此次联席会议的共识认为”“当地自闭症互助协会的会长就愤慨表示”“新丰县县长表示”“当地政府在通报中曾表示”，等等。这既凸显了主流报刊媒体的权威性地位，又化解了利益矛盾冲突。由此可见，“媒介话语绝不是客观地反映现实，而是对社会现实的一种带有意识形态的倾向性的建构”（刘立华，2013）。

表2统计数据还显示，以自闭症慈善、公益机构或组织（N＝237，18.7%）为话语主体出现的频次也较高。据《中国自闭症人士服务现状调查（华南地区）》报告指出，“我国自闭症服务行业整体上处于起步阶段，康复机构以民办为主，且多为自闭症患者家长创办，虽存在机构服务不规范、不专业等诸多问题”（深圳市自闭症研究会，2013），但媒体为了追求新闻价值和迎合主流意识形态心理，往往采取偏好的立场选择和叙事模式传

递社会关爱主题。加之,近年来社会组织每年均会发起慈善、公益活动,例如,壹基金的“海洋天堂计划”腾讯“99公益日”水立方和广州塔的“点亮蓝灯”活动,呼吁全社会更多地救助这个规模日益扩大的弱势群体,消除对其错误认知和歧视,从而为自闭症人群营造更加和谐包容的生存空间。同时,少数知名企业也倾向于借助慈善、公益活动提升企业品牌形象(如邱燕娜,2016),因此自闭症慈善、公益机构或组织作为话语主体出现的频次也较高。

此外,自闭症患者及家长(N=144,11.4%)作为话语主体出现的频次最低。其原因有二:其一,可能源于本研究的语料主要来源于中央级或地市级党报,媒体倾向于凸显官方、专家学者等身份的权威性和重要性,以及契合主流报刊媒体的舆论导向和媒体责任的要求所致;其二,可能源于媒体往往“只关注那些具有轰动社会效应的个案,而忽略或忽视了该群体中更具普遍性的人群”(李明文,2013)。如上所述,自闭症人群属于社会弱势群体,其生存状态往往能反映出社会转型期的一些社会问题和矛盾,而大众媒体作为社会舆论放大器,“从本质上说不是一种中立的懂常识的或者理性的社会事件协调者,而是帮助重构预先制定的意识形态”(van Dijk, 1988),故在报道中必须坚持主流意识形态的报道方针,努力协调不同的利益主体,调和社会的各种矛盾。当触及诸如弱势群体这个社会敏感问题时,媒体如果不能恰当地把握好报道的度,有可能造成社会负面影响。因此,自闭症患者及家长很少能得到媒体的主动关注,尤其涉及冲突性事件时,媒体常常采用不确切或模糊不明的信源,以规避话语责任,如:“据当地村民介绍”“相关专家指出”“据媒体报道”“有新闻称”“相关报道也谈到”,等等。

3.2.3 话语基调

一般而言,媒体报道语义倾向性即报道基调可以分为正面、中性和负面。本研究界定,当媒体报道对议题内容呈现出赞美、肯定、同情、鼓励和关怀的语气和态度时,话语基调为正面;当报道对议题内容持消极、批评、否定的态度时,话语基调为负面;如果在同一篇报道中,语气无明显倾向或正面和负面两种态度均有出现时,话语基调界定为中性。表3记录了统计结果。

表3 自闭症话语基调分布情况(2000—2017)

话语基调	篇数	所占百分比(%)
正面	570	52.5
中性	453	41.7
负面	63	5.8
总计	1086	100

从表3的统计结果可以看出,主流报刊媒体在凸显其权威地位和肩负引导和教育大众的社会责任背景下,本着实事求是的态度,较为全面、客观地报道自闭症人群议题,

其中正面报道居多，共出现570篇，所占比例高达52.5%；其次为中性报道，共出现453篇，占总比率的41.7%；而负面报道最少，仅出现63篇，约占总比率的5.8%。对语料进一步的分析显示，正面报道基调的主题主要集中在政府部门、民意代表、社会慈善、公益组织或团体对自闭症人群的关怀和帮扶等，话语基调上偏向正面和积极（如顾磊，2015；白伟，2011）；中性报道基调的主题主要涉及自闭症医学、科技研究进展、自闭症政策法规及权益保障探讨以及自闭症影视、文学作品提及的自闭症形象等。值得注意的是，即使在面对不公平待遇的维权行动中，媒体的报道语气也较委婉、温和。例如，在2016年自闭症少年被航空公司拒绝登机事件的报道中，媒体在标题措辞和语气的选择上更加注重互动和协商，如："航空公司可以拒绝自闭症少年登机吗""航空公司合理拒载与歧视无关""如何兼顾航空安全与特殊旅客权益"，这些标题词汇和语气既表达了媒体与社会大众之间的互动和协商，也迎合了其阅读兴趣和心理需求；而在负面报道基调的主题涉及极少，且主要是引用国外通讯社或媒体报道有关自闭症患者持枪杀人的犯罪事件的讨论和对自闭症患者的态度和评价（如武雅学，2013；金煜，2013；余晓葵，2012）。究其原因，这可能源于自闭症人群属于社会弱势群体，而"弱势群体问题是一个很敏感的政治话题"（李明文，2013），因此，一般情况下，这类群体很少能得到媒体的主动关注。即便有，其真实的生存状态多数也会被选择的新闻遮蔽了。语料分析还发现，媒体报道负面新闻时还倾向采用猎奇、煽情的标题报道（如齐亚凤，2015；金镒，2010），刻意强化新闻事实，缺乏人文关怀，将自闭症患者的生存状态和命运变成了媒体的"卖点"，"媒体把他们作为'卖点'的传播效果的关心，永远超过了对他们生存状态和命运的关注"（李明文，2013），这易造成社会大众产生认知建构偏差，而忽视或忽略其话语表达和利益诉求，从而间接地加剧了自闭症人群的"边缘化"态势，也不利于社会大众正确认知和评价自闭症人群。因此，媒体作为信息的传播者，也是人文精神的体现者、倡导者，在自闭症人群报道中，媒体尤其要重视人文关怀，真诚地理解和关注自闭症人群，以正面、价值中立的报道基调而不是用猎奇或煽情的报道方式来处理这类新闻事件。

4 结论及启示

新闻媒体在促进人们如何看待自闭症人群的相关议题上扮演着重要角色（Orta，2016）。社会大众通过媒体获得自闭症相关信息，形成对自闭症人群的理解、认知和评价，并以此影响其对自闭症人群的态度和行为。本研究以国内主流报刊媒体近18年以来有关自闭症人群议题报道为研究对象，从报道数量、话语主题、话语主体和话语基调四个方面考察自闭症人群报道中的话语建构特征，并剖析其存在问题和影响因素。研究结果表明，相关报道数量呈直线上升，且呈现"节日化"报道趋向；话语主题内容较真实、丰富,侧重于慈善、公益组织的爱心助残主题报道;涉及话语主体较为广泛,通过政府和专家学者的话语主体选择,体现了主流媒体的可信度和权威性;话语基调以正面、中立报道为主,罕见负面和偏见报道,且未出现"污名化"报道现象。但本研究也发现报道中存在以下不足之处:

首先,从报道数量上看,尽管媒体针对自闭症议题报道数量呈上升态势,但与自闭症罹患率的逐年上升趋势相比,媒体报道数量和比重还有待增加。因此,在新闻报道中,媒体应主动为自闭症人群"留出更多的版面、频道和时间,以保证他们在媒体上的常规出席和显著度,营造和谐的媒介生态环境"(李明文,2013),不因其弱势地位而使其话语权力和话语空间被忽略或忽视。同时,媒体应努力维护自闭症人群的话语权,完善其利益表达机制,积极为自闭症人群的利益表达提供话语机会和渠道。

其次,从话语主题上看,报道主题涉及面较广,但报道内容不够全面深入,存在新闻同质化报道倾向。少数报道内容过分凸显新闻宣导功能,强调新闻价值,存在报喜不报忧的现象,而忽视自闭症人群的真实生存状态和实际的困难诉求。因此,在新闻报道中,媒体应尽可能地还原自闭症人群日常生活经验,关注他们的真实生存状态和困难诉求,用全面的、综合的、辩证的眼光看待这类人群,加大对其的报道力度和深度,以呼吁和动员社会力量更多地支持和帮助自闭症人群。

再次,从话语主体上看,媒体往往倾向于把专家学者、政府或官方的话语作为话语主体,其目的在于增强报道的重要性、可信度和权威性,但主要反映的是专家或官方的态度和声音,这虽可以实现较高的新闻价值,但从某种程度上讲,也易弱化自闭症人群的话语权。因此,在新闻报道中,媒体应避免简单地依赖专家或官方的态度和立场来诠释和定义新闻事件,应承担其引导受众的责任,注重官方和专家态度以及民间态度的平衡,同时在报道中应融入多方声音,回应目标受众的关切,尽可能不要回避社会敏感问题,避免将自身的价值强加于自闭症人群,以免给其造成不利的影响。

最后,从话语基调上看,报道基调较客观、公正、中立,但在报道中由于缺乏科学性和严谨性,通过强调和渲染自闭症患者的身份和故事,夸大其特殊才能,易使社会大众形成对其"天才化"的固定的或模式化的印象,而忽视大多数自闭症患者存在智力低下这一客观事实。此外,报道中也存在标签化现象,如新闻标题中频频出现"雨人""星星的孩子""孤独天使""星之子""星爸星妈"等带有标签化的词汇。尽管"刻板印象并非仅以负面的媒体存在,正面的刻板印象因不会造成对象贬低和情感伤害,更容易为人所忽略"(陈静,2015)。因此,媒体应坚持新闻报道的理性和人文性,抛却传统医学上的残疾观点,从神经多样性、文化多样性等视角,尊重和认同自闭症人群的文化和社会身份(Brownlow & O'Dell, 2006; Davidson, 2008; Jaarsma & Welin, 2012; MacLeod et al., 2013; Cooper et al., 2017),承认"自闭症是一种特殊的生存状态"(徐云,2018),积极建构自闭症人群媒介形象,避免新闻生产中采用贴标签的简单化操作使这类人群在主流群体中受到歧视和不公正对待。

本文对中国主流报刊媒体中的自闭症人群议题进行了详细分析，但也存在一定的局限性。未来研究在语料的选择方面还可以更加多元化，可以聚焦于非主流、都市类或地方媒体，因为这类媒体贴近百姓生活，且倾向于采用戏剧性、冲突性新闻事件为报道切入点来呈现自闭症人群形象。值得一提的是，在新媒体语境下，考察传统媒体与社交媒体在自闭症人群媒介话语建构中的特征和差异，并探究影响社会大众认知的媒介原因，也应是未来研究关注的焦点。以往的研究也表明对自闭症人群负面或缺乏公正、善意的报道，有可能会加深大众对自闭症人群的偏见和歧视(Farrell, 2014; Orta, 2016)，因此对这种态度的测量也应通过实验控制法来研究。同时对于媒介呈现自闭症人群话语是否存在建构偏差，也可以通过问卷调查和结合不同领域类专业人士的深度访谈，以提出可供借鉴和参考的改进办法。

参考文献

[1] American Psychiatric Association. 2013. *Diagnostic and Statistical Manual of Mental Disorders* (5th ed.) [M]. Arlington VA: American Psychiatric Association.

[2] Bie, B. & L. Tang. 2015. Representation of autism in leading newspapers in China: A content analysis [J]. *Health Communication*, 30: 884 - 893.

[3] Brewer, N., Zoanetti, J. & L. Y. Robyn. 2017. The influence of media suggestions about links between criminality and Autism Spectrum Disorder [J]. *Autism*, 21(1): 117 - 121.

[4] Brownlow, C. & L. O'Dell. 2006. Constructing an autistic identity: AS voices online [J]. *Mental Retardation*, 44(5): 315 - 321.

[5] Clarke, C. E. 2008. A question of balance: The autism-vaccine controversy in the British and American elite press [J]. *Science Communication*, 30(1): 77 - 107.

[6] Clarke, C. E. 2011. A case of conflicting norms? Mobilizing and accountability information in newspaper coverage of the autism-vaccine controversy [J]. *Public Understanding of Science*, 20 (5): 609 - 626.

[7] Colson, S. A. 2010. Framing autism causes and prevalence: A content analysis of television evening news coverage—1994 through April 2010 [D]. Unpublished master thesis, Georgia State University, Atlanta, GA.

[8] Cooper, K., Laura, G. E. & A. Russell. 2017. Social identity, self-esteem, and mental health in autism [J]. *European Journal of Social Psychology*, 47: 844 - 854.

[9] Davidson, J. 2008. Autistic culture online: Virtual communication and cultural expression on the spectrum [J]. *Social and Cultural Geography*, 9(7): 791 - 806.

[10] Farrell, L. C. 2014. A dual examination of content and effects: News media representations of Autism Spectrum Disorder and the effects of attributions on community members' supportive or

discriminatory feelings, behavioral intentions, and behaviors toward the disability [D]. Unpublished doctoral dissertation, North Dakota State University, Fargo, ND.

[11] Holton, A. E. 2013. What's wrong with Max? Parenthood and the portrayal of Autism Spectrum Disorders [J]. *Journal of Communication Inquiry*, 37(1): 45 - 63.

[12] Holton, A. E., Farrell, L. C. & L. J. Fudge. 2014. A threatening space?: Stigmatization and the framing of autism in the news [J]. *Communication Studies*, 65(2): 189 - 207.

[13] Holton, A., Weberling, B., Clarke, C. E. & M. J. Smith. 2012. The blame frame: Media attribution of culpability about the MMR-Autism Vaccination Scare [J]. *Health Communication*, 27: 690 - 701.

[14] Jaarsma, P. & S. Welin. 2012. Autism as a natural human variation: Reflection on the claims of the neurodiversity movement [J]. *Health Care Analysis*, 20: 20 - 30.

[15] Jang, S. M., Park, J. Y. & H. Lee. 2017. Round-trip agenda setting: Tracking the intermedia process over time in the ice bucket challenge [J]. *Journalism*, 18(10): 1292 - 1308.

[16] Jones, S. C. & V. Harwood. 2009. Representations of autism in Australian print media [J]. *Disability & Society*, 24(1): 5 - 18.

[17] Kenny, L., Hattersley, C., Molins, B., Buckley, C., Povey, C. & E. Pellicano. 2016. Which terms should be used to describe autism? Perspectives from the UK autism community [J]. *Autism*, 20: 442 - 462.

[18] MacLeod, A., Lewis, A. & C. Robertson. 2013. 'Why should I be like bloody rain man?!' Navigating the autistic identity [J]. *British Journal of Special Education*, 40(1): 41 - 49.

[19] McKeever, W. B. 2012. News framing of autism: Understanding media advocacy and the combating autism act [J]. *Science Communication*, 35(2): 213 - 240.

[20] Meadan, H., Halle, J. W. & A. T. Ebata. 2010. Families with children who has Autism Spectrum Disorders stress and support [J]. *Exceptional Children*, 1: 7 - 36.

[21] Muhamad, J. W. & F. Yang. 2017. Framing autism: A content analysis of five major news frames in U. S.-based newspapers [J]. *Journal of Health Communication*, 22: 190 - 197.

[22] O'Dell, L. & C. Brownlow. 2005. Media reports of links between MMR and autism: A discourse analysis [J]. *British Journal of Learning Disability*, 33: 194 - 199.

[23] Orta, S. 2016. Affecting teen attitudes through positive media portrayals of teens with Autism Spectrum Disorder [D]. Unpublished doctoral dissertation, Walden University, Minneapolis, MN.

[24] Sawchuk, D. & J. Clarke. 2015. Representations of autism and Autism Spectrum Disorder (ASD) in the North American Roman Catholic print media, 1990 - 2013 [J]. *Journal of Disability & Religion*, 19: 146 - 167.

[25] Smith, M. J., Ellenberg, S. S., Bell, L. M. & D. M. Rubin. 2008. Media coverage of the Measles-Mumps-Rubella vaccine and autism controversy and its relationship to MMR immunisation rates in the United States [J]. *Pediatrics*, 121: 836 - 843.

[26] Tang, L. & B. Bie. 2016. The stigma of autism in China: An analysis of newspaper portrayals of autism between 2003 and 2012 [J]. *Health Communication*, 31(4): 445 - 452.
[27] van Dijk, T. A. 1988. *News as Discourse* [M]. Hillsdale, NJ: Lawrence Erlbaum Associates.
[28] Waltz, M. 2012. Images and narratives of autism within charity discourse [J]. *Disability & Society*, 27(2): 219 - 233.
[29] 白伟,2011. 爱,让"星儿"回归[N]. 太原日报,[2011 - 08 - 17].
[30] 陈静,2015. 媒介偏见:新闻组织行为表象与政治原动力下的机制呈现[M]. 杭州:浙江大学出版社.
[31] 顾磊,2015. 让爱照亮"星星的孩子"[N]. 人民政协报,[2015 - 05 - 19].
[32] 金恒,2012. 健康传播视野下大众媒体自闭症报道的议题呈现——以《新民晚报》为例[D]. 上海:复旦大学.
[33] 金镒,2010. 遗弃,道德法理难容[N]. 哈尔滨日报,[2010 - 03 - 07].
[34] 金煜,2013. 自闭症不一定引发暴力倾向[N]. 民主与法制时报,[2013 - 01 - 07].
[35] 桂涛,2016. "脱欧"英国会否患上"自闭症"[N]. 经济参考报,[2016 - 10 - 11].
[36] 李记,2012. "段郎"之无奈佐证官员自闭症普遍存在[N]. 中国商报,[2012 - 07 - 13].
[37] 李明文,2013. 和谐社会语境下的弱势群体报道研究[M]. 武汉:武汉理工大学出版社.
[38] 李莹,2017. 中国大陆与台湾地区自闭症患者媒介形象研究——以《羊城晚报》、《联合晚报》为例[D]. 长春:吉林大学.
[39] 林小春,2016. 自闭症可能不只是大脑疾病[N]. 消费日报,[2016 - 06 - 13].
[40] 刘立华,2013. 媒介话语研究的历时变迁[J]. 当代传播,(1):27 - 29.
[41] 马朝虎,2015. 出身论下的电影自闭症[N]. 深圳商报,[2015 - 06 - 18].
[42] 乔颖,2011. 大象治疗师,可瞬间点燃自闭儿童情感[N]. 新华每日电讯,[2011 - 05 - 17].
[43] 齐亚凤,2015. "暴力"精神病,被上帝扭曲的"笔误"[N]. 北京科技报,[2015 - 05 - 18].
[44] 邱燕娜,2016. SAP:多元与包容更能激发创新[N]. 中国计算机报,[2016 - 04 - 11].
[45] 深圳市自闭症研究会,2013. 中国自闭症人士服务现状调查(华南地区)[M]. 北京:华夏出版社.
[46] 唐凤,2015. 嗅觉差异可辨孤独症[N]. 大众卫生报,[2015 - 07 - 09].
[47] 王贵斌,张建中,2004. 媒介、社会真实与新闻文化的建构[J]. 当代传播,(1):30 - 31.
[48] 五彩鹿自闭症研究院,2017. 中国自闭症教育康复行业发展状况报告Ⅱ[M]. 北京:北京师范大学出版社.
[49] 武雅学,2013. 他们为什么将枪口对准孩子[N]. 健康报,[2013 - 01 - 09].
[50] 吴益君,2013. 秋季谨防"老年孤独症"[N]. 上海中医药报,[2013 - 10 - 18].
[51] 徐羽宏,2017. 小果蝇身藏大密码:自闭症有救了[N]. 科技日报,[2017 - 04 - 17].
[52] 徐云,2018. 自闭症是一种特殊的生存状态[N]. 消费日报,[2018 - 01 - 08].
[53] 杨绍福,2006. 高校"近亲繁殖"与学术自闭症[N]. 光明日报,[2006 - 10 - 11].
[54] 余晓葵,2012. 亚当・兰扎作案动机谜团待解[N]. 光明日报,[2012 - 12 - 18].

网络交际空间中的身份建构研究

主持人语

主持人　袁周敏

随着信息技术的普及与升级，人类的交往方式与沟通方式发生了全方位的变化，互联网进一步促进了一种超越现实空间的网络空间的形成。网络作为未来社会的神经系统，使得人类在娱乐、物质、文化、健康等各个层面的活动悄然发生变化，给社会业态和社会伦理带来前所未有的冲击。随之而来的问题是，基于现实空间交往实践的理论能否解释网络交际空间的人类行为呢？这显然是整个人类社会面临并正在探索的问题。本组文章基于网络交际空间中的身份建构话题而管窥蠡测、投砾引珠。网络语料分别来自淘宝网络销售、QQ/微信学术群以及中央和南京气象台微博。何荷、袁周敏以网络销售交际为考察对象，选取淘宝商品“宝贝详情”的文字描述，考察店主地域、年龄和性别社会身份的话语实践方式以及建构特点。刘君红基于学术虚拟社区（QQ和微信群）的冲突话语为语料，发现学术虚拟社区冲突话语生成机制主要表现为真实/伪造、权威/违法、公知/小众三类身份关系，并在话语冲突的形成和消解过程中形成双方身份从虚拟网络空间延展到现实社会身份的互构。张亚丽、景晓平针对“南京气象”和“中央气象台”新浪微博所发布的天气预报，探讨两者建议言语行为特征及其建构的语用身份的异同。希望上述研究能进一步推动身份建构研究。

隐藏或凸显：电子商务语境中店主宏观社会身份的建构情况研究*

西南大学　何　荷　南京邮电大学　袁周敏**

摘　要：随着电子商务的普及率越来越高，网络销售交际已逐渐成为一种重要的日常交际。尤斯（Yus，2011）认为，在真实世界中，宏观的社会既得品质，如种族、性别、国籍等与话语的关联最为显著，但在虚拟世界中则变得最为微弱。受该观点启发，本研究吸收学界将身份看作一种语用资源的观点，基于第一手语料，考察了淘宝商品描述中店主建构的宏观社会身份，其话语实践方式以及建构特点。结果显示，店主在宏观社会层面为自己建构了地域、年龄和性别身份。其中，地域身份通过直接界定和方言的使用建构，年龄和性别身份的话语实践均体现为直接界定和称呼语的使用。此外，研究还发现，店主宏观层面的身份建构具有低建构率、分裂化、地域局限性和产品依赖性等特点。

关键词：电子商务语境；宏观社会身份；身份建构

Title: Concealing or Highlighting: A Study on the Construction of Shop Owners' Macro Social Identities in E-commerce Context

Abstract: With the popularization of e-commerce, online shopping contact has been gradually evolving as a widespread social interaction in recent years. Yus (2011) holds that the macro-social aspects of discursive identity (including race, gender, nationality, etc.), the most notable dimensions in the physical world, undergo a process of minimization in the virtual world. In light of this, and on the basis of the view that identity is one of the pragmatic resources, this study sets out to investigate

---

* 本文为基金项目“中央高校基本科研业务费专项资金资助”（项目编号：SWU1709637）的阶段性成果。

** **作者简介**：何荷，博士，讲师，研究方向：语用学、话语分析。电子邮箱：hhselma@hotmail.com。袁周敏，博士，教授，研究方向：语用学、话语分析。电子邮箱：yuanzhoumin@163.com。

the macro-social identities that Taobao shop owners construct in the merchandise descriptions, as well as their linguistic realizations and characteristics. The findings show that regional, gender and age identities are constructed through direct naming, using specific address terms and dialects. In addition, the results also reveal low frequency, fragmentation, regional limitation and merchandise reliance of identity construction.

Key Words: e-commerce context; macro-social identity; identity construction

1 引 言

当下,电子商务的普及率越来越高,网络销售交际已逐渐成为一种重要的日常交际。除了网络商家的商业技巧、所售商品质量、信誉等因素外,商家如何在缺乏实物接触的网络背景之下,在商品描述语这种单向非实时交际中呈现自我也许是决定销售成功与否的因素之一。网络作为虚拟空间,是一种区别于真实世界的特殊语境,而网店商品描述这种销售性虚拟交际又区别于其他即时虚拟交际。由于摆脱了真实世界中的诸多束缚(如面对面接触的公开性、实时反馈的压力等),网络店主可以轻松地利用话语建构(甚至虚构)最利于自己的身份,而这在现实中未必可以实现。与现实中的身份不同,虚拟身份并不完全是生理、出身及社会环境的产物,而是一种易于操纵的非实体存在(Cherny, 1995; Davis, 1997),其构建对话语依赖性更强。处于网络语境中,网络身份在一定程度上区别于现实世界中的身份建构,这不仅体现在建构策略方面,同时也表现在所呈现的身份层级的选择上。尤斯(Yus, 2011)认为,在真实世界中,宏观的社会既得品质,如种族、性别、国籍等与话语的关联最为显著,但在虚拟世界中则变得最为微弱。

然而,现有网络语用学,乃至语言学其他范畴的关注重点多为交际双方均在场的、互动更明显的论坛、(微)博客及电子邮件互动(如 Mummery & Rodan, 2013; West, 2013),鲜有考察传统网页媒介的,特别是电子商务交际的研究。在有限的相关研究中,大多研究惯从单一语言现象入手,分析交际者的身份建构。因此,本研究从语用身份角度切入,吸纳学界将身份看作一种语用资源的观点,分析淘宝网上的商品描述,考察交际者在宏观层面的身份建构情况。

2　作为语用资源的身份及身份建构

语言与身份的关系一直是身份研究的热点(Llamas & Watt，2010)。学界越来越认同身份通过话语建构这一观点(如 De Fina et al.，2006；陈新仁等，2013；袁周敏、陈新仁，2013；何荷、陈新仁，2015；袁周敏，2016)。人们关于语言及语言使用的选择不仅反映并且塑造了他们的身份(Joseph，2010：9)。陈新仁(2013)指出，语用身份是特定社会身份在语言交际中的实际体现、运用甚至虚构，并进一步将其定义为在语境中语言使用者有意或无意选择的自我、对方及他者身份。

通过话语建构的身份可以看作是一种语用资源，帮助交际者完成特定的交际目的。这一观点早在 1959 年戈夫曼(Goffman)对面子(face)的讨论中便初见雏形。戈夫曼(Goffman，1959)提到，正面的自我形象非常重要，因为在与他人的交际中人们使用印象管理(impression management)来实现他们的个人目标。在随后的研究中，这种将形象或者说身份与个人交际目标联系起来的观点获得了进一步的发展。例如，不少研究者(如 Antaki & Widdicombe，1998)指出交际者的身份会影响交际的推进。特雷西(Tracy，2002)及特雷西和罗伯斯(Tracy & Robles，2013)认为，交际者会更改身份以适应当前需求。同样，格拉德和罗若(Grad & Rojo，2008)以及霍尔(Hall，1996)提到身份不是人们“拥有”或“是”的东西，而是人们“使用”、“做”以及“声称”的资源。陈新仁(2004:44)认为，交际过程中交际者为了满足特定的交际需要，会做出各种语用努力，表现为对各类语用资源的调用。说话人的身份可被作为语用资源的一部分来促成交际需要的实现(陈新仁，2013，2014，2018)。特定交际事件中，交际者可根据不同交际需求，提取满足该目的的身份，而这种身份的选择又体现在不同话语的使用上，以期获得不同的交际效果。

本研究认为，在特定交际中，并不存在完全稳定的话语身份维度，不同维度的身份只是变化的程度不同而已。当然，需要强调的是，本研究探讨的稳定或是可变都是基于交际而言的，而非针对其他社会行为。例如，个体选择改变国籍、改变性别、通过整容都方式改变种族、年龄等特征的情况不属于本研究分析的范畴。很多分析模式之所以区分身份的稳定程度，是因为在建立框架时仅考虑了真实世界中交际者的身份建构。涉及交际者宏观社会特质的身份类别被认定为是稳定的，很大程度上是因为该维度的身份在真实世界中是可见或者至少是可闻的。在面对面交际中，交际对象往往在交际者开口前已经通过观察等方式对包括其性别、种族、年龄等在内的基本身份特征有了初步认识。这种可见性或者可闻性导致交际者宏观层面的社会身份难以屏蔽，总是获得凸显，也导致众多的身份分析模式不得不将其视为稳定、不可变的。然而，当我们将视线转向网络交际,特别是基于文本的网络交际时,这种稳定便不复存在了。在基于文本的网络交际中,交际双方隐匿于网络之后,一切身份特征都变为未知,不再有所谓的既定身份。换言之,这种未知性打破了交际者原有的生理束缚,为其身份建构提供了无数可能。

3 语料与研究问题

本研究从淘宝化妆护肤品、衣服(包括男装和女装)、日用百货、手机数码及充值服务店铺中共收集商品描述180篇,分析"宝贝详情"页面下除商品照片、其他商品链接以外的文字或以文字为主的与商品或店铺相关的描述,包括文字、微语言特征(如非标准标点符号的使用、表情及颜文字)及文字颜色、字体、字号等多模态信息。店内对其他商品的推介则不属于本研究关注的内容。根据特雷西和罗伯斯(Tracy & Robles, 2013)的定义,社会宏观身份指的是性别、种族、国籍和地域特征等。换句话说,社会宏观身份是类别固定的基本特征的集合。因此,本研究考察的是店主是否在商品描述中体现了这些宏观层面的身份特征。如果是,则进一步分析店主体现了其中的哪些特征。根据约瑟夫(Joseph, 2009)的观点,身份既可通过话语内容建构,也可通过话语形式建构。因此,本研究通过通读语料的方式,依次检索每一类商品描述中与宏观层面的身份特征相关的话语形式和内容,记录其提示了哪一个层面的宏观社会身份(例如性别身份),在该层面具体建构的类别是什么(例如女性)。随后,统计宏观社会身份的建构次数、建构相应身份的话语,并通过对比不同层面宏观社会身份的建构情况(例如对比性别和国籍构建的频率)的方式描述店主宏观社会身份的建构特点。简而言之,本研究尝试回答以下问题:

1) 网店店主是否在商品描述中建构了宏观社会身份?如果是,建构了哪些身份?
2) 网店店主宏观社会身份的话语建构策略有哪些?
3) 店主宏观社会身份的建构具有什么特点?

4 研究发现

4.1 店主建构的宏观社会身份类型

通过分析语料,本研究发现,淘宝店主在商品描述中建构的宏观社会身份主要包括地域、年龄和性别身份三种。需要特别说明的是,店主在商品描述中通过话语为自己在宏观层面建构的身份类型并非只有以上三种。语用身份是交际者通过话语有意或无意建构的，但其中有意建构的身份更能体现店主的策略性，更能获得交际对象的关注，是店主调配的交际资源，而无意建构的身份则更像是一种默认状态，通常情况下不会引起交际对象注意。在谈到宏观社会身份的稳定性时，特雷西和罗伯斯(Tracy & Robles, 2013)指出，尽管宏观社会身份本身不会随着情景的变化而变，但其内涵却会随着时间和情景的变化而变，这是因为人们是通过与具有不同宏观身份的交际对象的交往来确立其特定宏观身份的意义的。例如，一名中国交际者在与同为中国人或其他国家的交际对象交谈时，其国籍身份的含义或者说重要性并不相同。回到本研究中，淘宝店主在绝大多数情况下都是使用汉语介绍商品，该行为本身为他们建构了中国人的国籍身份。但由于其默认目标交际对象同样也是中国人，使用汉语并不是店主的有意行为，通常情况下该宏观身份并未获得凸显，也不会引起交际对象的注意。因此，该宏观身份并非本节讨论对象。本节关注的是更能体现店主交际意图的身份类型，也就是作为交际资源供店主调用的地域、年龄和性别身份。

1) 地域身份

地域身份，顾名思义，指的是商品描述中体现店主籍贯或生活所在地特征的身份。试看以下两例。

(1) 我住在北京，我是老崇文，我有北京血，我有南城范儿。

(2) 而且吧，咱们广东离香港那么近，去香港和串门一样，去过香港的姐妹们都应该知道卓悦的小票长啥样吧，小票真不真，我只想“呵呵”一下了。

语料中店主建构自己地域身份的情况可分为两种，一是凸显自己的籍贯所在地，二是明确自己现在的生活所在地。前者如例(1)所示，店主通过排比的方式不断强调自己的“北京血”；而后者则如例(2)所示，告知了顾客自己的生活所在地。该例中店主表明自己住在广东意在表明自己经常往来香港，对于其他某些店铺提供商品正品的证据，即在香港的采购小票的内幕十分清楚。正是店主话语建构的居住广东的地域身份及借此暗示的来往香港的便捷性使其对涉及香港的内容具有发言权，对相关问题的判断具有可信度。这样一来，网页浏览者，即潜在买家便可能怀疑其他商家所售商品的真伪，而更倾向于在该店购买商品。与之类似，例(1)中店主首先明确了自己居住在北京。不仅如此，店主随后还指出自己不仅生活在北京，还是土生土长的北京人，是“老崇文”、有“北京血”和“南城范儿”，意在获得同为北京人的顾客的好感。

2) 年龄身份

年龄身份指的是商品描述中体现店主年龄或年龄阶段特征的身份。试看以下两例。

(3) 她的衣服小虫是每款都钟爱的,大牌感的线条,以及讲究的面料,实穿性,这些是我们30～40岁女人穿衣的标准。

(4) 可以满足95%以上的用户对于内存的需求,现在是WiFi时代了,除了爸妈及叔叔阿姨,还有谁没事下个连续剧在内存里面,都是用优酷客户端、腾讯客户端在线看美剧、电影了……

店主往往不会在淘宝商品描述中点明自己的具体年龄,而是为自己建构属于特定年龄阶段的身份。例如例(3)中,店主在评价自己销售的商品时指出该商品正好符合自己的审美。不仅如此,店主还特意点明自己正处于"30～40岁"阶段,其目的在于唤起该商品所针对群体,即"30～40岁"女性的共鸣。与该例稍有不同,例(4)中店主并未明确道出自己的年龄或所处年龄阶段,而是通过排除的方式暗示自己的年纪。该例中,店主建议大多数顾客购买64G内存的手机,因为只要不在手机内存放电视剧电影这样的大文件,该内存足够大家的日常使用,并指出只有"爸妈及叔叔阿姨"才会有上述行为。店主很可能预设了只有老年人或者部分中年人才会习惯将剧集下载至手机中观看,而店主称这类人群为"爸妈及叔叔阿姨",间接地为自己建构了中青年的年龄身份。

3) 性别身份

性别身份指的是店主通过话语向顾客展示自己性别特征的身份。试看以下两例。

(5) duff追求的不是浓妆惊艳,我所向往的状态就是长泽雅美的感觉,我想做个干净、素颜、清爽的女子。

(6) 这个棒子共两个颜色:PINK、PEACH,肌肤偏白的亲们推荐PINK,涂出来有点银白偏粉的效果;偏黄或比较暗的姑娘选PEACH更好看,是柔柔的金色,棒子的质地很滑很滑很滑,如果亲是个跟姐一样粗手粗脚的女汉子,用的时候建议用海绵沾着高光轻拍上去,切记少量多次!

以上两例展示的均是化妆护肤品店主为自己建构女性身份的情况。例(5)中,店主指出自己追求的是做一个素颜看起来清爽的"女子"。与之类似,例(6)中,店主称自己为"女汉子",借此直接建构了自己的女性身份。不仅如此,该例中店主的自称语"姐"同样向网页浏览者展示了自己的性别身份。

4.2 店主宏观社会身份的话语实践方式

1) 地域身份

通过分析语料,本研究发现店主地域身份最明显的话语实践方式包括两种:直接界定和方言的使用。

a. 直接界定

直接界定指的是店主直接表明自己的籍贯或者生活所在地的方式。如例(1)和(2)中，店主就直接点明了自己的“北京”和“广东”身份。

b. 方言的使用

本研究还发现有时店主会通过使用特定方言来为自己建构地域身份。如例(7)所示。

(7) 人品合格，“有六儿”！

与例(1)不同的是，例(7)中店主并未直接点明自己北京的籍贯身份，而是通过非常有代表性的北方方言短语“有六儿”来为自己建构该地域身份。具有相同籍贯或者生活在该地域的网页浏览者看到该方言时不仅理解店主表达的意思，还可以感知到店主想为自己建构的北京身份。店主通过此举便可在无形中达到与特定顾客套近乎的效果。

2) 年龄身份的话语实践方式

通过分析语料，本研究发现店主年龄身份最明显的话语实践方式包括两种：直接界定和称呼语的使用。

a. 直接界定

直接界定指的是店主直接言明自己年龄或者所处年龄阶段的方式。如例(3)及(8)所示。

(8) 版型没得说了，修身款，我们年轻人最爱，更重要的是不会臃肿，外观感觉与普通牛仔裤没有区别，穿起来都比较精神、有型，一般来说，在秋冬季节是可以随意搭配的！

例(3)和(8)中，两位店主都直接表明了自己所处的年龄阶段，即“30～40 岁”和“年轻人”，让顾客大概了解店主的年龄，得知店主在描述或评价商品时的标准和出发点，以便判断其观点是否具有参考价值。

b. 称呼语的使用

除直接提及年龄或年龄阶段的方式外，店主使用的称呼语同样可以帮其建构特定的年龄身份，具体可参见例(4)和(9)。

(9) 面对这样的小伙子，“妈妈桑”只想说一句话：“千万别涨价，赶紧囤货吧，小伙伴！”

例(9)中店主销售的是功效为提拉紧致的面膜,其目标客户显然不是青春期的少女,而是已经开始追求抗衰老功效的30岁左右或者更年长的女性顾客。店主在商品描述中首先开玩笑似地将目标客户群体戏称为"妈妈桑",随后又用同样的称呼语自称,建构了自己的年龄和性别身份。由于"妈妈桑"一词本来有贬义色彩,这样的自称一来可以表明自己并无恶意,且和顾客具有相同的年龄特征,属于同一群体,拉近彼此距离;二来表明因为自己处于该年龄段,对该商品同样有需求,所以作为受众对商品效果更有发言权,提高自己推荐话语的可信度。

3) 性别身份的话语实践方式

本研究中,店主性别身份最突出的话语实践方式包括直接界定和称呼语的使用。

a. 直接界定

直接界定指的是店主描述或介绍自己时直接提及自己的性别。如例(5)和(6)所示。在这两例中,店主或是表示自己想做一个清爽的"女子",或是将自己描述成为"女汉子",直接表露了自己的性别。

b. 称呼语的使用

店主某些自称语的选择同样可以为其建构特定的性别身份。在例(6)中,店主在指导特定顾客群体,即与自己具有相同"女汉子"属性的顾客使用商品时,用"姐"自称,表明了自己的性别。又如例(9)中店主用"妈妈桑"自称,在建构自己年龄身份的同时也建构了女性的性别身份。

还需特别指明的是,这里讨论的三种宏观社会身份的话语实践方式是最为突出的,最能体现店主建构意图的。实际上,店主其他的话语形式也有可能助其建构特定的宏观社会身份。例如店主对特定词语、短语的使用可能被交际对象解读为与特定年龄、性别或地域挂钩。例如使用粗俗语的更有可能为男性。但这些话语形式或内容与身份之间的关系并不如本节讨论的几种话语策略与身份间的关系那样紧密直接,或者说绝对。因此本节并未详细展开讨论。

4.3 店主宏观身份的建构特点

关于店主在宏观层面身份的建构特点,本研究首先考虑几类身份的建构频率,具体如表1所示:

表1 淘宝店主宏观社会身份的建构频率

宏观身份类型	地域身份	性别身份	年龄身份
建构店主数(百分比)	7(11.67%)	4(6.67%)	4(6.67%)
建构描述数(百分比)	12(6.67%)	4(2.22%)	4(2.22%)
建构次数	19	8	5

从表 1 可以看出，11.67％的店主选择建构了地域身份，6.67％的店主选择建构了性别身份和年龄身份。若以商品描述为单位，7 位店主仅在 6.67％的描述中建构了地域身份，4 位店主仅在 2.22％的商品描述中建构了性别身份和年龄身份。通过以上数据不难发现，店主在淘宝商品描述中凸显宏观层面的身份并非常态。这主要体现在两方面：首先，从建构类别上看，店主在商品描述中比较明确建构的，或者说凸显的社会身份仅三类；其次，从建构频率上看，即便是建构频率最高的地域身份也仅有 11.67％的店主在 6.67％的商品描述中建构，而性别身份和年龄身份仅出现在了 2.22％的描述中。以上数据说明在淘宝商品描述中，店主的宏观社会身份建构频率较低，可选择的余地较大。该特点与真实世界中的情况存在较大差异。众所周知，人们在真实世界中交往时，宏观社会身份的重要性不言而喻。交际者的长相、肤色，谈话时的口音、语调等无一不建构着其宏观身份。可以说与其他维度的身份相比，交际者的宏观社会身份是最显而易见的，也是最难隐藏的。然而在电子商务语境中，店主仅在极少数的商品描述中建构了该维度身份。

除低建构率以外，淘宝商品描述中店主宏观社会身份建构的另一特征是分裂化。该结果与尤斯（Yus，2011）的发现一致，他指出，网络这种全球化的交际方式稀释了（dilute）宏观社会层面的身份话语表征，使得该层级身份被最小化（minimization）和碎片化（fragmentation）。在本研究语料中，店主除了在两篇商品描述中通过称呼语“妈妈桑”的使用，以及“我们 30～40 岁女人”中“30～40 岁”和“女人”的连用同时建构了性别和年龄身份，其他时候均只在宏观身份维度凸显了一方面的特征。在传统面对面交际中，交际对象往往可根据视觉和听觉认识对交际者宏观身份维度不同方面的特征形成整体印象。我们很难在面对面交际中选择只展示国籍或种族身份，而不展示年龄和性别身份，这在网络虚拟交际中却很容易办到。

除以上讨论的频率方面的特点外，本研究发现店主建构的宏观社会身份还有以下特点：建构地域身份的 7 名店主中，1 名建构的是北京身份，2 名建构的是南京身份，4 名建构的是广东身份。也就是说，尽管在淘宝开店经营的店主来自全国各地，但在本研究所收集语料中明确涉及的地域均为国内在经济、文化和政治领域较为重要的省份或城市。此外，地域身份的建构还有一较为明显的特点，在所有 7 名建构地域身份的店主中只有 1 名经营范围为化妆护肤品，其余 6 名销售的均为电子数码类商品。这就意味着尽管从整体上看地域身份的建构频率较低，却有 60％的数码电子类店主选择建构了该身份。该数据说明尽管地域身份的总建构率较低，但该身份对于数码电子类店主却较为重要。

5 结 语

尤斯(Yus, 2011)认为网络语境中交际者宏观社会身份特质体现最为微弱,受这一观点启发,本研究在语用身份论指导下考察了180篇淘宝商品描述中店主在宏观层面为自己建构的社会身份,分析了其话语实践方式以及建构特点。结果显示,店主在宏观社会层面为自己建构了地域、年龄和性别身份。其中,地域身份通过直接界定和方言的使用建构,年龄和性别身份的话语实践均体现为直接界定和称呼语的使用。此外,研究还发现,店主宏观层面的身份建构具有低建构率、分裂化、地域身份集中在发达地区及受到所售产品类型影响等特点。

由于时间限制,本研究未分析除文字之外的其他模态信息,今后研究可进一步挖掘,以期更加全面地反映在电子商务语境中交际者宏观社会身份的建构情况。

参考文献

[1] Antaki, C. & S. Widdicombe. 1998. *Identities in Talk* [M]. Thousand Oaks, CA: Sage.

[2] Benwell, B. & E. Stokoe. 2006. *Discourse and Identity* [M]. Edinburg: Edinburg University Press.

[3] Biswas, D. & A. Biswas. 2004. The diagnostic role of signals in the context of perceived risks in online shopping: Do signals matter more on the Web? [J] *Journal of Interactive Marketing*, 18 (3): 30-45.

[4] Cherny, L. 1995. The modal complexity of speech events in a social MUD [OL]. *Electronic Journal of Communication*, 5(4). [2013-11-17]. http://www.cios.org/EJCPUBLIC/005/4/00546.HTML.

[5] Davis, M. 1997. Fragmented by technologies: A community in cyberplace [J]. *Electronic Computing and Technology*, 5(1-2): 7-18.

[6] De Fina, A., Schiffrin, D. & M. Bamberg. 2006. *Discourse and Identity* [M]. Cambridge: Cambridge University Press.

[7] Forsythe, S., Liu, C., Shannon, D. & L. Gardner. 2006. Development of a scale to measure the perceived benefits and risks of online shopping [J]. *Journal of Interactive Marketing*, 20 (2): 55-75.

[8] Goffman, E. 1959. *The Presentation of Self in Everyday Life* [M]. New York: Doubleday.

[9] Grad, H. & L. Rojo. 2008. Identities in discourse: An integrative view [A]. In R. Dolon & J. Todoli (Eds.). *Analysing Identities in Discourse* [C]. Amsterdam: John Benjamins Publishing

Company, 3 - 28.

[10] Grewal, D., Gottlieb, J. & H. Marmorstein. 1994. The moderating effects of message framing and source credibility on the price-perceived risk relationship [J]. *Journal of Consumer Research*, 21(1): 145 - 153.

[11] Hall, S. 1996. Introduction: Who needs identity? [A] In S. Hall & P. du Gay (Eds.). *Questions of Cultural Identity* [C]. London: Sage, 1 - 17.

[12] Joseph, J. 2009. Identity and language [A]. In J. Mey (Ed.). *Concise Encyclopedia of Pragmatics*, (2nd ed.) [C]. Oxford: Elsevier, 345 - 351.

[13] Joseph, J. 2010. Identity [A]. In C. Llamas & D. Watt (Eds.). *Language and Identities* [C]. Edinburgh: Edinburgh University Press, 9 - 17.

[14] Llamas, C. &D. Watt. 2010. *Language and Identities* [M]. Edinburgh: Edinburgh University Press.

[15] Mitchell, W. 1995. *City of Bits* [M]. Cambridge: MIT Press.

[16] Mummery, J. & D. Rodan. 2013. The role of blogging in public deliberation and democracy [J]. *Discourse, Context & Media*, 2: 22 - 39.

[17] Sweeney, J., Soutar, G. & L. Johnson. 1999. The role of perceived risk in the quality-value relationship: A study in a retail environment [J]. *Journal of Retail*, 75(1): 77 - 105.

[18] Tracy, K. 2002. *Everyday Talk: Building and Reflecting Identities* [M]. New York: Guilford Press.

[19] Tracy, K. &J. Robles. 2013. *Everyday Talk: Building and Reflecting Identities* (2nd ed.) [M]. New York: Guilford Press.

[20] West, L. 2013. Facebook sharing: A sociolinguistic analysis of computer-mediated story telling [J]. *Discourse, Context & Media*, 2: 1 - 13.

[21] Wood, A. &M. Smith. 2005. *Online Communication: Linking Technology, Identity, and Culture* (2nd ed.) [M]. London: Lawrence Erlbaum Associates, Publishers.

[22] Yus, F. 2011. *Cyberpragmatics—Internet-mediated Communication in Context* [M]. Amsterdam: John Benjamins Publishing Company.

[23] 何荷，陈新仁，2015. 网店店主关系身份建构的语用研究[J]. 现代外语，(3)：347 - 356.

[24] 陈新仁，2004. 论语用平衡[J]. 外语学刊，(6)：42 - 47.

[25] 陈新仁，2013. 语用身份：动态选择与话语构建[J]. 外语研究，(4)：27 - 32.

[26] 陈新仁，2014. 语用学视角下的身份研究——关键问题与主要路径[J]. 现代外语，(5)：702 - 710.

[27] 陈新仁，2018. 语用身份论——如何用身份话语做事[M]. 北京：北京师范大学出版社.

[28] 陈新仁等，2013. 语用学视角下的身份与交际研究[M]. 北京：高等教育出版社.

[29] 袁周敏，陈新仁，2013. 语言顺应论视角下的语用身份建构研究——以医疗咨询会话为例[J]. 外语教学与研究，(4)：518 - 530.

[30] 袁周敏，2016. 身份的界定：问题与建议[J]. 外语教学，(4)：20 - 23.

学术虚拟社区冲突话语生成机制及其身份建构研究*

三峡大学　刘君红**

摘　要:学术虚拟社区冲突话语双方因对学术话题的立场差异而形成身份定位,并由此产生话语的社会意义。本文通过主题聚焦式冲突话语实例分析,阐明学术虚拟社区冲突话语的生成机制以及话语冲突过程中交际双方的身份互构。结合布霍尔茨和霍尔(Bucholtz & Hall,2005)的社会身份建构体系,确定学术虚拟社区冲突话语生成机制主要表现为真实/伪造、权威/违法、公知/小众三类身份关系,并在话语冲突的形成和消解过程中形成双方身份从虚拟网络空间延展到现实社会身份的互构。本研究拓展了虚拟网络身份的语言学研究范畴,并对学术网络生态圈的良性循环有借鉴意义。

关键词:学术虚拟社区;冲突话语;生成机制;身份建构

Title: Generating Mechanism of Conflict Talks and Identity Construction in Academic Virtual Community

Abstract: The interlocutors of conflict talks in academic virtual community (AVC) receive different identities because of their different stance taking, and the social meaning of discourse is thus established. Through analyzing the theme-focused conversation examples, this study interprets the generating mechanism of conflict talks in AVC and explains the mutual identity construction of the interlocutors. Based on the social identity construction system of Bucholtz and Hall (2005), this study finds that the generating mechanism of conflict talks in AVC consists of three identity

---

* 本文为湖北省教育厅人文社科重点项目"新闻评论语篇与青年社会身份建构——功能语言学视角"(项目编号:2015D013)的阶段性成果。

** **作者简介**:刘君红,副教授,博士,研究方向为功能语言学、话语分析、跨文化交际。电子邮箱:liujunhong@ctgu.edu.cn。

constructs, i. e. true/false, privileged/illegal and known/unknown, and the mutual identity construction extends from the virtual world to social reality in the process of formation and deformation of discursive conflicts. This study broadens the linguistic research scope of virtual identity and thus is significant in establishing the virtuous biological circle of academic virtual system.

Key Words: academic virtual community; conflict talks; generating mechanism; identity construction

1 引 言

随着 Web3.0 时代的到来，学术虚拟社区(academic virtual community，AVC)已成为科研工作者知识共享和学思交流的重要网络平台。“虚拟社区”指因网络衍生的一定规模的人们以充沛的感情进行某种程度的公开讨论，在网络空间中形成的个人关系网络的社会共同体(Rheingold, 1993)。在这种看不见交际对方的虚拟网络社交模式下，信息交流具有语言简洁明快、轻松有趣、可修改性和即时撤销性等特点，因而比面对面交际更显礼貌。但因交际双方的个性特点、认知方式、价值观等各方面差异，话语冲突常不可避免，双方的社会身份在冲突话语互动中形成动态互构。

学术虚拟社区是虚拟网络环境下为学术交流而组建的社区，既具有普通社区的一般性特征，以社区成员共同的兴趣为基础，进行互动交流；也有其特殊性，其特殊性在于，交流内容除一般意义的信息、数据、知识外，又具有学术知识和观点的探索性、前沿性、创新性。本文所指学术虚拟社区主要指人文学科领域内的学者建立的以学术交流探讨为目的的 300 人以上的微信群或 1000 人以上的 QQ 群，其成员构成以国内高校教师和在读硕博研究生为主，此外还包括国内有影响力的出版社和知名期刊的编辑或管理人员。学术虚拟社区的话语冲突和身份建构已成为新媒体时代语言生态观视域下值得关注的问题。本文以社会语言学视域内的身份建构理论为依据，分析学术交流主导型网络公共平台的主题聚焦式冲突话语实例，探讨学术虚拟社区冲突话语生成机制及话语交际双方的身份建构模式。

2 文献综述

2.1 冲突话语研究

冲突话语是交际者通过反对对方来维持自己立场的一系列言语行为和言语事件,反对的进程包括反对的诱导、启动、发展和管理的整个过程。说话人和听话人因意见分歧而引起的对立或争执状态是一种动态过程,双方在交际过程中会出现角色互换和人际关系建构、解构、再建构等语用效应变化(冉永平,2010)。

冲突话语研究主要关注三大话语问题:结构模式、语用策略、人际功能。会话分析领域的研究证实,冲突话语存在特定的表现形式。如话语打断、话语重叠、沉默、对抗话步、话题转移、分歧话语标记等(Kakava, 2001; Hutchby, 2007;张玮、谢朝群,2016)。它包含一系列言语行为和言语事件,如批评指责、质问驳斥、威胁警告、负面评价、谩骂侮辱等。试举例如下,以理解冲突话语的表现形式。

1) 批评指责:不同观点可以存异,但故意掩盖甚至扭曲历史真相不可原谅。

2) 质问驳斥:即使我不会写,是否就没有权利对您的大作质疑了呢?

3) 威胁警告:胡老师没有必要如此仇视××,您这样的言论容易被人惦记。

4) 负面评价:终于明白,为何会出现这样的论文了。

5) 谩骂侮辱:您看到纳粹集中营血流成河,依然能赞不绝口,口味之独特,只能膜拜。呵呵!

上述5例是一篇文章的作者和一位读者之间的冲突话语,第1)、2)、4)、5)句出自读者,第3)句出自文章作者。上述话语虽是从对话语料中抽取出来的独句,但可以体会到其中话语冲突的语力非常强。读者在第1)句直接表达观点,批评指责;第2)句使用反问语气进行质问驳斥;第3)句中,作者说“您这样的言论容易被人惦记”时,他意指读者(胡老师)的批评话语包含政治敏感言论,在公共场合应有所保留,暗含威胁,警告读者注意公共话语的政治正确性导向;读者第4)句是对文章的负面评价,其话语含义是,价值观和意识形态扭曲的人必然写出这样“歪曲”历史事实的文章;第5)句中,读者直接嘲讽作者在文章的社会文化语境分析部分忽略历史事实,末尾还使用语气词“呵呵”,蕴含轻视又无可奈何的情绪。

由此可见,冲突话语对人际交往具有重要影响,渗透到社会生活的方方面面。国内外学者从年龄、性别、职业等变量着手研究冲突话语,发现儿童冲突话语通常包含重复、倒置和升级三个发展模式，女性比男性的冲突话语表现方式更和缓、间接和多元化，使用问句以避免直接质疑和反对他人观点，而庭审冲突话语中更多话语权赋予法官，法官直接打断诉辩双方的插入话语通常纳入“可取结构”（preference organization）（Goffman，1959；Brenneis & Lein，1977；Boggs，1978；Goodwin，1994；赵英玲，2004；Hutchby，2007；李祥云、张德禄，2007；Myers-Scotton，2009；冉永平，2012；杨文慧，2013）。网络冲突话语的独特性及冲突双方的身份建构等问题目前尚未受到语言学研究的足够重视（Upadhyay，2010）。

2.2 网络身份建构研究

身份建构研究在话语形式、身份类型和研究视角等方面呈现跨学科的趋势（项蕴华，2009）。社会建构理论认为，“身份不是天生的，固定的，而是在交际过程中通过交际者的话语建构的”（Bucholtz & Hall，2005：588）。语言建构社会身份、社会关系以及人们对世界的理解（Burr，1995；Hall，1996；Fina，Schiffrin & Bamberg，2006）。社会语言学视阈下的网络身份建构多研究网络公共话语空间平等、多元、交互的特征，以及网络话语参与者争取话语权力，突显自身作为社会行动者的主体身份。网络是“只有节点没有中心”的多元文化虚拟社区（卡斯特，2009），参与者在相互交流的过程中不断进行虚拟身份与现实身份、自我身份与他者身份的协商与调整。参与者的网络话语交互叙事使其虚拟身份取代或消除现实身份，并最终成为其现实身份。叶哲媛和谢朝群（2015）基于布霍尔茨和霍尔（Bucholtz & Hall，2005）的社会身份分析体系，论证了微博话语身份研究满足浮现原则、定位原则、指示性原则、关系性原则和部分原则，且顺应了微观层面的交际者身份建构研究趋势。

学术虚拟社区是虚拟网络环境下为学术交流而组建的社区，既具有普通社区的一般性特征，又有着特殊性。学术虚拟社区冲突话语双方常因对某学术话题或问题所涉主体带有明显评价、情感倾向与认知取向而形成各自立场，因立场差异而形成身份定位和互构。

3 学术虚拟社区冲突话语生成机制及其身份建构

布霍尔茨和霍尔（Bucholtz & Hall，2005）在社会文化语言学范畴内综合考察前人研究，提出语言交际基础上的身份分析体系，用以探究话语交际过程中微观层面的身份建构机制。这一机制由五大原则组成：浮现原则、定位原则、指示性原则、关系原则和部分原则（叶哲媛、谢朝群，2015）。结合五个原则的典型特点和学术虚拟社区冲突话语的发展模式，本研究发现，指示性原则的话语表现形式切合网络环境下交际双方的身份互构,如“公然提及身份范畴与身份标签”“留意自己与他人身份的暗示与假设”“明确话题参与者的角色与交际立足点”“具备评价能力与认知取向,使用符合特定人物和群体意识形态的语言”。学术虚拟社区冲突话语的语料分析显示,交际双方的身份互构话语机制主要包含三种:真实/伪造、权威/违法、公知/小众。本节以三种话语生成机制为纲,以指示性原则的话语表现形式为纬,通过实例分析①,探讨学术虚拟社区冲突话语生成机制及其身份建构方式。

3.1 真实 v.s. 伪造

学术交流话语的真实即实事求是地表达学术观点。而伪造,即一本正经地说胡话,编造站不住脚的伪学术观点。话语冲突双方在驳斥对方的过程中,力主自身言论的真实和对方言论的伪造,或公开或隐晦地表达个人情感和认知取向,形成身份互构。如例1:

> A:同意胡老师观点,符号分析需要在语境中。但我个人认为语境有不同的层次,做不同的研究需要不同的 level of delicacy。比如,如果这篇文章是研究您提及的时代的雕像及其功能,那自然要深挖您说的语境。
>
> B:通过不同声音的争论,才可以还历史真相,才可以去伪存真。

此例中,支持者A首先赞同读者B的观点,认为“符号分析需要在语境中”,随后,他使用“但我个人认为”,转而支持作者,认为作者忠实于自己论文的研究目的,不需要挖掘到B提及的特定语境。这种明确的立场选择,使冲突话语双方为自己以及他人进行了身份定位,将双方立场对立起来。B不满意A的解释,认为他偷换概念,既然要分析,就必须“还原历史真相”“去伪存真”,于是继续追问和质疑作者。见例2:

> B:那些背景在大作中全消失了,是不是很有点奇怪?是真不知道,还是过滤了?分析视觉符号,可以把特定语境过滤掉?多模态社会符号学是这样研究的?
>
> C:对××雕像,可能不同的人有不同的观点,这很正常。如有不同想法,写出一篇论文与大家共享,岂不更好?
>
> A:每一个学者都戴着一副有色眼镜,不是吗?如果换成您的那副眼镜,也会

① 为了给读者提供话语的上下文和具体语境,本文所用话语实例均为真实语料,但为保护话语者身份隐私,本文对实例进行了个人信息的删除和处理。同时,删除了对话中不相干的话轮,合并了部分说话人连续多次发言的内容,以便完整呈现主体聚焦式话语冲突事件。

有别人指责，我们作为符号学者，只能站在远处，让符号说话，尽量客观地描述符号是如何运作的。

上例中这种“贴标签”的方式，分别指示了B、C、A作为批判者、自我捍卫者和支持者的身份。在读者B与作者C的对立中，支持者A一直支持C。B连用四句反问，认为C有意滤掉了历史背景真相，避重就轻，投机取巧。C解释为“不同的人有不同的观点，这很正常”。A认为，C是在客观描述事实，不需要过多主观地讨论当时的社会背景。况且，“每一个学者都戴着有色眼镜”，客观描述事实，是符号学者的使命，把发表观点的空间留给读者。显然，B与A、C作为对立方，为对方设置了一个虚构的时空场景，认为对方的观点虚幻，与现实相去甚远，将对方设定为排斥对象。双方均认为己方观点才真实可信、能经受考验，不掺杂功利心。

3.2 权威 v.s. 违法

福柯(1997)认为，真理是权力的一种形式。在学术虚拟社区，当一方具有学术权威性，就会被视为掌握着真理，容易在话语交际中将话语冲突的对方置于“观点违法”的境地。观点违法，即说话人的观点违背了权威人士的权威观点。当权威观点无法适当印证，或当权威人士影响力过大，那么，对立方的观点无论合理与否，通常会被怀疑、否定或抛弃。可见，权威与违法的话语冲突双方从一开始就不平衡，因而也必然造成身份建构的不平等。试以一次争辩言语行为的对抗话步加以说明。见例3：

A：哈哈，领教了！××先生的雅量如此！我只是直抒己见而已，何来闹？真可笑！何必恼羞成怒？我有那么大的影响吗？还是你自己心虚？译文你手里也有，亮出来何妨？

B：我有什么心虚啊？你的脚注正确么？你把译文发进来给大家看看吧！

上述对话的背景为，A是一位翻译实践爱好者，B是一位翻译理论研究学者。A参加了B作为评委之一的一次翻译大赛，未能获奖，于是在B设立的微信群发言，表达困惑，并质问B有关评奖标准和自己何以未能获奖。上例对话之前，A还质疑翻译大赛的英译汉原文不合适，认为“文章只是一个学生的作品，水平不高，大赛选取这篇文章绝非明智”“让人对大赛的水准打个大大的问号”“这么多专家就不能选两篇没问题的文章?”“为什么不能借鉴其他成功大赛的经验?”，等等。B解释说，“为保持原文本真，只能原文照录，组委会无权修改原文，毕竟我们不是原作者”。参赛选手作为译者若对原文有疑问，“有权做注解说明，但无权修改原文和原文本内容”。

冲突发展到例3时，双方已经相当恼怒。A通过3个感叹句和5个反问句表达自己的愤怒情绪,认为B"心虚"。A还刻意违背会话交际的得体原则,直呼其名,以示挑衅。B用2个反问句回击,并继续警告A:"大赛遵循保密机制,我没有任何人的译文。你当初打电话讨论译文,我就说过我避嫌。现在之所以回复你,是因为你在我群里闹。请您尊重自己,也尊重别人,别影响大家过节,还浪费别人流量。"B作为群主,作为大赛评委,在此具有绝对的话语权威。冲突发展至此,B认为A纠缠不休,言辞变得更加犀利:"你一个老同志,积累了这么多年的生活阅历,怎么这个样子啊!"冲突结束时的语步,见例4:

> A:现在我突然觉得文章主题很好,只是没想到冲突发生在一个没获奖的译者与大赛组织者之间!××,是你邀请我加入这个群的!你的风度与气量无法让我尊重,我的时间也很宝贵,现退出你的群!道不同,不相为谋!
>
> B:不送!

A对B依然直呼其名,认为他无风度,无气量,声称要退群,因为"道不同,不相为谋"。B简短地"不送"二字回复,显出不屑之意。此例可见冲突话语对人际交往的重要影响。交际双方公然地给自己和对方贴标签,将指示身份的范畴引入会话,直接而显著地实现了双方的身份建构。

知名学术专家的话语通常具有较大权威性。如果说话人不是专家,听到不赞同的声音时,及时引出知名学术专家的话语或观点,也可以有效支持自己的观点和维护自己的公众形象。而非专家成员在与专家交流时,也会顾及专家的面子,尽量避免话语冲突。如果为了充分阐述自己的观点,不可避免地出现话语冲突时,双方通常在发表完各自观点后,自觉通过礼貌言语行为将显性冲突隐性化或隐性冲突消解掉。如例5:

> A:相信×老师是一位正直的学者,所以,建议他研究之前多了解这些雕像产生的原因,多了解纳粹那段黑暗的历史。
>
> B:我在文章的参考文献中提到中山大学教授Wendy Bowcher撰写的关于××雕像的SSCI论文,她的文章也没有阐述所谓的纳粹背景。
>
> C:语境是非常复杂的,如果把每一个时期的语境都非常详细地描述,×老师的文章恐怕要3万字也写不完,所以只能有所取舍。当然,这个取舍的过程可能会有不合理的现象,限于学者本身的知识面、经历等,会有局限,有欠缺。所以任何研究都是不完整的,有缺陷的,这样才会有Research,后人可以批判他,弥补他的缺陷,发展他的方法,等等。
>
> A:嘻嘻,您是博士,用这样的理由来解释是不是有点好玩?

上例中，B列举了该领域研究专家温迪·鲍彻(Wendy Bowcher)对相同主题的权威论文的处理方式来支持自己的立场。同时，又得到较有影响的多模态研究学者C的认可，形成一种权威话语身份。A留意到对方暗示自己非此领域研究专家的违法身份，但其话语交际的立足点明确，于是"嘻嘻"一笑，认为一个博士拿别人的观点和"任何研究都有局限，有欠缺"来解释，"是不是有点好玩?"这样反问，增强了对B和C的观点质疑的语气，认为对方纯属敷衍。

3.3 公知 v.s. 小众

学术虚拟社区宛如一个网络文明社会，需要公知的存在，与群友们理性分析学术观点，积极建言，作为中坚力量坚守学术虚拟社区的正义与良知。公知不同于权威，因为这种话语模式和身份特征不具有原初的地位权威性，而是普通的个体成员在信息分享和专业技术方面获取较多关注和信任度而形成的影响力。在话语冲突中，公知和小众的话语生成机制常常达到设定自身的公知形象以达到压制和贬损对方的目的。但是，学术社群的公知和小众的话语身份具有时段性和不确定性，二者的身份是相对的、动态的、可互换的。两种身份的暗示与假设，解读时需要付出额外的认知推理。说话人往往会因为舆论压力而将想要表达的话语用特殊的、但能为群体内成员所理解的话语替代。如例6：

A：可能还有很大的上升空间。……诗歌朗诵，越短越难。……朗诵如书法，笔意章法多意境，先摹后临再创新。突然想起京剧的创新……

B：粗浅感受：诗歌的朗诵，犹如修辞的使用。有时不在技巧，而在心意。

A：mimizhiyin须改进，善变则通，通则不痛，以确保杀伤力不加引号。知易行难，来日方长。……估计拼音有误(坏笑)

B：拼音好关键，认真学习它。犹如语言基本在于心情心境心意，把握才可临摹。您学拼音，我学诵诗。一起努力吧！(笑脸)

A：刚查了一下拼音，居然蒙对了！难得难得。这就是普通话"菜鸟"的自我肯定和点赞。

B：您查了拼音，词义可否也查了?

A：学贵心悟，守旧无功！随缘吧。

B：岂能随缘，何时能赶超您?!(笑泪)

上例的话语冲突背景：B应某学术公众号邀约，朗诵英诗一首，博得众群友喝彩。在本例中，A开门见山地直接否定了B的朗诵，认为"还有很大的上升空间"，B回复"不在技巧，而在心意"。但A坚持认为B读诗的声音是"mimizhiyin"，需要改进，因为既然是学术公众号,就应"着力建构自己的学术女神形象"。B认为A使用"靡靡之音"一词稍显过分了,于是质问他"是否词义也查了?"A体会出B的不服气,感到无法说服其听从建议,准备"随缘"结束话题,B并不甘休,接着话题向前推进。本例中,A是有号召力和学术影响力的群主,B是积极参与群友讨论和资源分享的学术女神,二者的话语对抗突显了对方话语模式建构各自的身份。

公知与小众不仅是一种话语生成机制,强化话语者的身份认同,其自身也是身份认同的一种形式。学术精英们在学术虚拟共同体内,时而似孔雀开屏,花枝招展;时而似脱缰野马,口无遮拦,使得公知被污名化,打上了喜好众声喧哗的浮躁之气的烙印。话语冲突常常源于双方过于关注自己与他人身份的暗示与假设。小众认为公知对问题的看法过于"神圣化",不够人性化,或过于热衷评判现实,进行道德绑架。在上例最后一个话轮里,虽然B的言辞并不尖锐,甚至还借助了缓和气氛的"笑哭"表情符号①,但很明显地借助了个人在群内公知形象的影响力,对A进行回击。

此外,公知的形象通常是口吐莲花,巧舌如簧,而类比是他们惯用的话语交流方式。如例7:

> A:统计这次语言学立项项目,新人,即30出头的海外博士和国内博士占了一定比例。从他们的立项书看,现状回顾详细,针对性强,研究设计规范性逻辑性可行性都是可以列入教材范例。这说明他们经过严格的科研训练,尤其是在课题的领域里读了大量的书,是至少3～4年在相关文献阅读的积累,具有较深的理论功底。启示:要求传授申报国家社科基金和立项的诀窍,要求在传授如何发CSSCI、SSCI期刊的诀窍,还不如静下心来读书,每天读一点最新的文章尤其是国际期刊,每天读一本最新相关领域的枯燥的著作。我们的专家要引导英语教师读书,不是去参加一个又一个传授诀窍的讲习班。
>
> B:对于专项训练的效果比较,个体历时纵向的比较,可能更有说服力一些。不然我找十位A姓的教授,再找十位B姓的教授,一比较,B姓的差得多,由此推论出姓A的最适合做研究,比较不妥。……我不是在否定读好书的重要性,但专项训练也不可一棍子打死。非此即彼走极端,往往容易吸引眼球,但可能严谨度和客观性略显不足。
>
> A:×老师笑话,只是这次社科立项的感想。

---

① 网络平台交际话语具有随意性的典型特点,如:带表情符号、非即时回复、标点不完整、英文单词的字母大小写混乱、单词之间不空格、表述不连贯、错别字、无效话轮、插话等诸多情况。错别字的正确拼写法在其右边括号中进行注解。

B：不好意思，学生班门弄斧了。（拥抱）

A：客气了。专项训练太需要了，有没有专项训练在申报书一眼看出。但相比来说，读书是首先的。

B：完全赞成！读书是第一位的，且是读好书。

B的前提是不否认读书为本的宗旨，但项目申报研修班能有效提高项目申报成功率，认为A的观点过于偏激，但并不直接指明，而是通过两层类比关系进行阐述。

本例中，话语双方均为国内知名学者，但因在学术群的活跃度不同，逐渐形成公知和小众的不同定位。A作为该研究领域的学术权威，认为"青年学者要多读书，而不是去参加传授诀窍的讲习班"，读书是道、是根本，研修是器、是手段，读专业经典著作就能自然水到渠成。但A最后直接否认了研修班的作用，因而遭到B的反驳。B使用一系列类比和设问，引导A和群友的思路，力证"不能将专项训练一棍子打死"。尽管B用语谦逊，自称"学生班门弄斧"，但立场表达毫不含糊，明确自己的话题参与角色和交际立足点。最后A改变用词，认为"读书是首先的"，但"专项训练太需要了"，以缓和冲突。B则顺水推舟，表示完全赞成A关于"读好书是第一位"的观点，用让步话语维护了A的学术权威地位。整体而言，上述话语实例体现为A、B双方的隐性冲突，因为双方在维护已方观点时，也使用了"但是"、"只是"、"可能"等转折词进行语义转折，或者使用拥抱等表情符号进行语力缓释，充分维护了对方的面子。

学术虚拟社区话语冲突和身份建构的形成，会导致交际双方从虚拟的网络身份对立发展到现实社会关系的僵化，或造成学术虚拟社区其他成员的观点分化和立场站位，从隐性的个体成员发展为显性的团体成员。前述例3中的话语冲突双方本是朋友，却因为翻译竞赛的话语冲突，导致A直接退群。不难想象，双方在现实生活中的朋友关系估计也到此为止了。话语冲突双方的身份互构，还会导致群成员表明立场。群友公开表明的立场通常与真实、权威和公知的身份保持一致。当与伪造、违法与小众身份一致或保持价值中立时，则会保持沉默。在A退群后，还有一个"后冲突话语"交际阶段。群员C知道翻译大赛规则是"完全独立完成"，发言安慰B"消消气""没事"，并谴责A既当运动员又当裁判的不正当竞争手段和好胜心理。除C以外，发言的群友均支持B的立场，维护其话语权威地位。

4 结 语

本文通过实例分析，探讨了学术虚拟社区冲突话语的三类话语生成机制及其身份建构方式。冲突话语双方对真实/伪造、权威/违法、公知/小众三类关系的运用为实现双方网络身份互构提供了语言证据,其结果可能导致话语交际双方从虚拟网络的身份对立发展到现实社会身份的敌对僵化,并造成虚拟社区其他成员的立场站位分化,使社区成员从隐性个体发展为显性团体分化成员。

学术虚拟社区冲突话语生成机制及其身份建构研究具有多方面的意义。一、本文将身份研究从现实延伸到虚拟网络,从语言功能视角拓展了身份研究的范畴。二、本文将身份表征和建构从单一自我建构或他者建构研究转向网络虚拟话语双方的身份互构,拓展了建构的语言学功能和意义。三、在实践上,本研究对防范学术虚拟社区的话语冲突,建立平等和谐交际的话语主体身份,形成良性循环的学术虚拟网络生态圈具有新的启示。在网络数字化新媒体交际时代,学术科研人员作为社会高层次知识分子,在虚拟社区交际中,应懂得走出自我中心,理解他人,实现网络交际中的平等关系。

参考文献

[1] Boggs, S. 1978. The development of verbal disputing in part-Hawaiian children [J]. *Language in Society*, 7: 25-344.

[2] Brenneis, D. & L. Lein. 1977. "You fruithead": A sociolinguistic approach to children's dispute settlement [A]. In E. Tripp et al. (Eds.). *Child Discourse* [C]. New York: Academic Press, 49-65.

[3] Bucholtz, M. & K. Hall. 2005. Identity and interaction: A sociocultural linguistic approach [J]. *Discourse Studies*, 7: 585-614.

[4] Burr, V. 1995. *An Introduction to Social Constructionism* [M]. London: Sage, 2-8.

[5] Fina, D., Schiffrin, D. &M. Bamberg. 2006. *Discourse and Identity* [M]. Cambridge: CUP.

[6] Goffman, E. 1959. *The Presentation of Self in Everyday Life* [M]. New York: Anchor Books.

[7] Goodwin, M. 1994. *iAy Chillona!: Stance-taking in Girls' Hopscotch* [M]. Berkeley, CA: Berkeley Women and Language Group.

[8] Hall, S. 1996. Who needs identity? [A] In S. Hall & P. du Pay (Eds.). *Questions of Cultural Identity* [C]. London: Sage.

[9] Hutchby, I. 2007. *The Discourse of Child Counseling* [M]. Amsterdam & Philadelphia: John Benjamins.

[10] Kakava, C. 2001. Discourse and conflict [A]. In D. Schiffrin et al. (Eds.). *The Handbook of Discourse Analysis* [C]. Oxford: Blackwell Publishers, 650-670.

[11] Myers-Scotton, C. 2009. Codeswitching [A]. In N. Coupland & A. Jaworski (Eds.). *The New Sociolinguistics Reading* [C]. New York: Macmillan, 473-489.

[12] Rheingold, H. 1993. *The Virtual Community: Homesteading on the Electronic Frontier* [M]. Massachusetts: The MIT Press.

[13] Upadhyay, S. 2010. Identity and impoliteness in computer-mediated reader response [J].

Journal of Politeness Research, 6: 105 - 127.
[14] 福柯,1997.权力的眼睛——福柯访谈录[M].严峰,译.上海:上海人民出版社.
[15] 卡斯特,2009.网络社会:跨文化的视角[M].北京:社会科学文献出版社.
[16] 李祥云,张德禄,2007.争吵话语结构特点研究[J].外语与外语教学,(12):4 - 7.
[17] 冉永平,2010.冲突性话语趋异取向的语用分析[J].现代外语,(2):150 - 157.
[18] 冉永平,2012.人际交往中的和谐管理模式及其违反[J].外语教学,(7):1 - 5.
[19] 项蕴华,2009.身份建构研究综述[J].社会科学研究,(5):188 - 192.
[20] 杨文慧,2013.从话语权看冲突性话语中的人际化线索[J].现代外语,(4):371 - 378.
[21] 叶哲媛,谢朝群,2015.微博话语身份分析体系探究[J].厦门理工学院学报,(6):105 - 110.
[22] 张玮,谢朝群,2016.驾校冲突话语中的规约化不礼貌程式与身份建构[J].中国外语,(6):45 - 52.
[23] 赵英玲,2004.冲突话语分析[J].外语学刊,(5):38 - 42.

气象微博中建议行为与身份建构的语用研究

南京理工大学　张亚丽　景晓平*

摘　要:本文通过分析“南京气象”和“中央气象台”新浪微博所发布的天气预报,探讨了新媒体微博中的建议言语行为特征及其建构的语用身份。从建议行为的结构来看,“南京气象”建议行为较为复杂,多使用“前序话语+建议”和“前序话语+建议+补充话语”,构建亲和的地方台身份;而“中央气象台”的建议行为结构相对简单,多采用较为直接的方式提供建议,构建其官方的国家台身份。在描述建议接受者时,“南京气象”使用较为亲近的指称语,以构建亲和形象;而“中央气象台”大多使用第三人称指称语,拉开了其与读者的距离,且建议提供者主要是“专家”,突显其专业、权威的气象台身份。“南京气象”和“中央气象台”均会使用表情符号,体现气象微博趋于建构亲民身份的倾向。

关键词:建议行为;身份建构;气象微博

Title: A Pragmatic Study on Advice-giving and Identity Construction in Weather Forecasts Issued by Meteorological Micro-bloggers

Abstract: The paper analyzes weather forecasts issued by *Nanjing Observatory* and *The Central Observatory*, and studies the linguistic features of advice giving and identity construction of micro-bloggers in social media. In terms of advice structures, more complex structures are employed by *Nanjing Observatory* and explanation and reasons are provided to ease the imposition of advice-giving, thus constructing *Nanjing Observatory* as a local observatory with affinity; by contrast *The Central Observatory* uses relatively simple structure sand tends to give advice directly, thus constructing it as an officially national observatory. When addressing advice recipients are addressed, intimate referring expressions are employed by *Nanjing Observatory* to

---

* **作者简介**:张亚丽,硕士研究生,研究方向:语用学。电子邮箱:809242314@qq.com。景晓平,副教授,博士,研究方向:语用学。电子邮箱:Xiaoping_jing@126.com。

constructs its friendly image while the third person referring expressions that distance itself from its readers are mostly used by *The Central Observatory*. What's more, some advice issued by *The Central Observatory* comes from an expert, which reflects its identity as a professional and authoritative observatory. Nonverbal language, i. e. emoticon, is used by both meteorological micro-bloggers, which reflects that meteorological micro-bloggers tend to construct an identity of an observatory intimate to people.

Key Words: advice-giving; identity construction; meteorological micro-bloggers

1 引言

"建议"是指发话者说出的一句话或一串话语,希望听话人能够有所为或有所不为的言语行为,属于"指令类"言语行为(Searle, 1969: 67)。建议出现在各类对话情景中,如师生会话、医患会话等,也出现在一些独白话语中,如天气预报。建议方式的选择与建议者的身份、地位等有密切的联系(Vehviläinen, 2012)。人们在使用语言传递信息的同时,也在进行一种社会活动,构建自己或对方的社会身份(冉永平,2007)。传统媒介如电视、报纸中的天气预报较为刻板,新媒介的出现使天气预报的语言风格发生了很大变化,也必然影响其使用者的身份。本文分析气象微博中的建议言语行为,以探讨新媒体天气预报中的语言风格及其发布者的身份建构。

2 建议言语行为的相关研究

有关建议行为的研究常常关注不同情境下参与者和建议策略的关系,如师生、医护人员、咨询师等。研究发现,建议策略和语言形式的选择明显受到交际双方权势、身份和社会距离的影响(Heritage & Sefi,1992)。建议行为"将参与双方置于不平等的地位",而且"不管建议在特定情境中具有什么样的表面功能,都不可避免地传达了权力、权威以及亲疏关系等信息"(DeCapua & Huber, 1995: 128)。社会权势决定了"建议"的句式和策略选择,而"建议"的句式和策略选择反过来折射出交际双方的社会权势变化(吴勇,2008)。

近年来,各类网络语境中的建议行为受到广泛关注。网络咨询专栏中的建议提供者大体偏向用礼貌问句、第一人称复数等形式表达对咨询者的同情(Morrow,2012)。闫素芬(2011)发现,中国人在网络论坛提建议时多表现为直接方式,如祈使句的使用。毛延生和黄倩倩(2016)发现网络语境下建议行为的表征方式主要为陈述句、祈使句、片语结构;但他们的语料没有发现符号型表情的伴生性使用,建议行为的多模态属性没有充分显现。

气象微博的发布人为气象机构,接受者为不确定的微博使用群体,其建议行为必然会受到微博表达方式的影响,表现出不同于传统媒介的一些特点。

3　话语选择与身份构建

身份构建涉及交际参与者的角色、权力、地位等特定语境因素对语言形式选择的制约,因此交际中必然存在自我身份和他人身份的再现,以及与身份相匹配的语言形式(冉永平,2007)。身份构建是会话者在交际中选择一定的语言手段(尤其是指示语)不断地凭借自身视角选择来呈现自我概念的言语行为(李成团,2010)。在特雷西(Tracy, 2002)话语与身份模型基础上,陈新仁(2013)提出了语用身份理论,勾勒出与身份建构相关的十一种话语实践类型,说话人既会采用人称指示、言语行为、语音、语类混合等简单手段,也会通过掌控互动结构、直(间)接程度、叙述方式、立场等较为复杂的方式来构建身份(陈新仁,2013:27 - 32)。根据该理论,言语行为、话语方式(表达思想的直接或间接程度、投入程度)、称呼语及语法选择等(如人称代词、附加疑问句、感叹句)都是身份建构的表现方式。言语行为是提示自己或对方身份的言语行为,如建议、批评、表扬、宣告等(陈新仁,2013:31)。因此,本文从气象微博建议行为的结构、建议接受者的指称及建议中的非语言特征进行分析,结合对读者的问卷调查结果,探讨气象微博发布者所构建的具体身份。

4　研究设计

4.1　研究问题

本文具体研究问题如下:中央和地方气象微博在建议行为的结构、建议指称语以及非言语的使用方面有何特征?中央和地方气象微博通过建议行为分别构建何种身份形象?

4.2 语料收集

本文收集“南京气象”新浪微博及“中央气象台”新浪微博发布的关于天气预报的原创微博(2016 年 1 月 2 日至 3 月 31 日)(排除转载微博),研究微博中应对相关天气状况的建议。收集到的语料包括 100 条“南京气象”发布的原创微博和 100 条“中央气象台”发布的原创微博,其中日常天气和极端天气预报各 50 条,“南京气象”“中央气象台”的语料总数分别为 8095 字、9945 字。

4.3 语料分析

在本研究中,建议指气象微博针对健康、农业、交通运输、政府工作等活动的提醒或指导性话语。首先,本研究采纳布鲁姆·库尔卡和奥尔西坦(Blum-Kulka & Olshtain, 1984)对言语行为的分析方法,将建议行为分为中心言语行为、辅助言语行为和修饰语,探讨建议结构与身份构建的关系。参照上述分析,本文将从如下几个方面分析建议行为结构:若只有建议中心言语行为,则称为简单建议类;若既有建议中心言语,又有辅助言语行为,则称为复合建议类。其次,“指称语”是建议言语行为的重要组成部分,是“修饰语”的一种(Blum-Kulka & Olshtain, 1984: 205)。此外,指称语也属于重要的身份建构语(李成团,2010;袁周敏,2011)。但因为微博建议的特殊性,建议的接受者并不在现场,建议发布者除了采用第一、第二人称外,还可以采用“第三人称”“零人称指称语”指称称呼对象(林书勤,2014: 418)。最后,本研究也将探讨网络表情符号在微博建议中的身份标记作用。网络表情符号是一种用于交流情绪和情感的从属性符号(王欢,2006; Yuan, 2015)。常用的表情符号类型主要有:符号式的表情、静态图片、动态图片、视频剪辑和口述表情(梁晓燕等,2014)。表情符号的使用,不仅可以表明说话者话语信息中包含的态度,还可以帮助说话者构建自身的积极形象(林文羿,2014)。

本文采取李克特(Likert)五分量表方式,设计了一份“气象微博建议接受度与身份调查问卷”,发放并回收 52 份有效问卷,调查受众对气象微博中不同建议的接受度及对气象微博的身份和权威性认知。需要说明的是,接受度方面,1 到 5 数字越大接受度越高;权威性方面,1 到 5 数字越大权威性越高;亲疏度方面,从陌生人到朋友也为 1 到 5,数字越大越代表像朋友。最后将得分均值与问卷中的理论水平 3(一般)进行比较,以反映受众对气象微博中不同建议的接受度及对气象微博的身份和权威性认知。

5 气象微博中的建议行为与身份建构

5.1 气象微博建议行为结构与身份建构

在特定语境中只要使用了语言便做出了身份选择,话语的组织结构是交际者建构其身份的一种方式,因此只要气象微博发布者给出建议便构建其自身身份(陈新仁,2013)。从"建议"结构的复杂性来看,"南京气象"较多使用复合建议(66.7%),而"中央气象台"主要使用简单建议(61.8%),结构越简单,说明其指令性较强。

表5.1-1 "南京气象"与"中央气象台"建议类型分布

	简单建议类	复合建议类	总数
南京气象	77 (33.3%)	154 (66.7%)	231 (100%)
中央气象台	176 (61.8%)	109 (38.2%)	285 (100%)

简单建议指使用单句提供建议,主要为陈述句和祈使句,具有简单大气、一语中的的特点。

例1:中央气象台3月4日06时发布暴雪蓝色预警

……

请减少不必要的户外活动;

3月4日 06:01"中央气象台"微博

例1没有使用"建议"、"提议"等明确表示"建议"言语行为的动词,但"请"开始的祈使语句的使用,表明其建议功能。"中央气象台"多使用单个句子提供建议,直接明了,指令性强。简单建议使用在上对下的权力关系中、在公务场合所提要求有利于受话人且受话人会接受等情况下,祈使句作为提供建议的主要方式,比较常见(李军、宋燕妮,2004)。简单祈使句大都用于地位高的人对地位低的人之间,体现其命令性,官方形象明显,因为这类语用语言策略可以拉开交际双方的关系(洪波,2000)。陈述句在传达建议提供者施为用意的时候,因其自身的间接言语行为属性而比祈使句间接(毛延生、黄倩倩,2016)。调查问卷结果显示:在实施简单建议时,"中央气象台"更像是以"陌生人"的身份(亲疏度1.04)在提供建议,且权威性较高(权威性3.6)。

复合建议行为结构数据统计于表5.1-2中。

表 5.1-2 “南京气象”与“中央气象台”复合建议行为结构分布

	前序话语＋建议	建议＋补充话语	前序话语＋建议＋补充话语	总数
南京气象	103 (44.6%)	19 (8.2%)	32 (13.9%)	154 (66.7%)
中央气象台	70 (24.5%)	31 (10.9%)	8 (2.8%)	109 (38.2%)

从表 5.1-2 可以看出，“前序话语＋建议”在“南京气象”和“中央气象台”出现的频率都比较高，“南京气象”较多使用较为复杂的“前序话语＋建议＋补充话语”结构(13.9%)，而“中央气象台”中仅有少量(2.8%)。这说明“南京气象”在话语组织结构上倾向于在建议行为前添加辅助成分以缓和建议的指令性，这比将辅助成分添加在建议行为后面更凸显了“南京气象”的亲和身份。辅助行为添加在中心言语行为前或后会降低中心言语行为的强加程度，而在微博情景中由于网络交际的身体缺场和用户匿名性，建议行为结构越复杂，微博发布者提供更多的信息以供其受众参考，拉近其与受众的交际距离(Blum-Kulka et al., 1989; Schauer, 2004)。问卷结果也表明：在使用“前序话语＋建议”结构时，受试往往认为气象微博是以“朋友”身份(亲疏度 3.58)在提供建议，且建议接受度较高(接受度 3.67)。

“南京气象”虽然也会使用简单建议，但主要是复合建议，话语组织结构更复杂。其中“前序话语＋建议”类型占 44.6%，主要是在建议前加以解释，以缓和建议的强加程度。如例 2：

例 2：……全市继续有明显降雪，道路会出现积雪和结冰现象，提醒晚上出行的朋友要注意交通安全。

1 月 31 日　17:11“南京气象”微博

例 2 中，“南京气象”先对天气状况加以解释，“会出现积雪和结冰现象”印证了下文建议话语的合理性，所以提出相应的建议措施“要注意交通安全”，同时，也给建议接受者预留一定独立思考的空间，使得建议行为的强加程度大大降低，在一定程度上缓和了语气，构建了其亲和的地方台身份。给出理由和解释可以缓和指令性行为，并在很大程度上降低其不受欢迎程度(Shishavan & Sharifian, 2016)。

总体而言，“南京气象”使用较多的复合类建议，尤其是“前序话语＋建议”和“前序话语＋建议＋补充话语”结构，更体现了“南京气象”建议的委婉，形象亲和，建议接受度更高。而“中央气象台”的建议行为相对简单，大都是直接提供建议，体现其官方气象台身份。

5.2 气象微博建议行为中指称语的使用与身份建构

当说话方提出建议时,运用恰当的指称语可以引起听话方对话语的感知与注意。"称呼语"是指令性言语行为的组成部分之一(Blum-Kulka & Olshtain, 1984: 205)。本文中,指称语是微博发布者与受众之间身份关系的重要体现,主要出现在建议中心言语行为中。本小节主要讨论两个气象微博中建议接受者人称指称语的分布。

通过作者对语料的整理归纳,本文发现"南京气象"与"中央气象台"天气预报中的建议接受者指称语分布如下。

表5.2-1 "南京气象"与"中央气象台"建议接受者指称语分布

	第一人称	第二人称	第三人称	零人称	总计
南京气象	5 (2.2%)	83 (35.9%)	67 (29%)	76 (32.9%)	231 (100%)
中央气象台	0 (0%)	0 (0%)	170 (59.7%)	115 (40.3%)	285 (100%)

由表5.2-1可知,"南京气象"微博较多使用"第二人称"(35.9%)。王建华(2001)研究发现,在言语交际中,交际双方由于立场和看待事物的角度不同,导致双方心理距离的疏远,而私人话语的使用拉近了双方的语用距离,进一步缩短了双方之间的心理距离,能够实现心理趋同。第二人称指称语既表示对听话人的尊重和维护其权势差异,又有引起听话人注意的作用。此类指称语可以增加交际双方的亲密度,更贴近读者。和问卷的调查结果一致,受众觉得使用"第二人称指称语"比使用"零人称指称语"更亲切(亲疏度4.69>3.44),且接受度更高(接受度4.38>3.49)。如例3:

例3:……乍暖还寒,早晚依然偏凉,提醒大家上下班路上披上外套,以防感冒。预计今天下午到夜里晴转多云……

3月28日 14:52"南京气象"微博

按照汉语的习惯,当受话人为多个人时,称呼受话人一般用"大家"而不用"你们"(易焱、王克非,2013)。而其实微博用户大多互不相识且关系疏远,用关系亲密的指称去称呼关系疏远的人,促成双方之间的亲密关系,体现了同伴身份建立交际双方一致性的功能(冉永平,2007)。在建议行为中除了使用"第二人称指称语"外,"南京气象"也会使用"第一人称"拉近与微博用户的关系,建构其亲民的形象。另外,"零人称指称"即省略人称,占"南京气象"建议接受者指称语的32.9%,位列第二。零人称指称具有信息较为密集,行文简洁的优点(林书勤,2014)。微博发布者需要倚靠上下文,在微博粉丝对内容所指没有歧义理解的情况下，省略掉人称指示语。虽然“南京气象”力求建构其亲和形象，但“零人称指称语”的使用增加了建议的指令性，巩固了信息的可信度。

据表 5.2 - 1，“中央气象台”天气预报建议中并未使用第一人称和第二人称称呼语，“第三人称指称语”出现频率最高。由此可见，对“中央气象台”而言，其读者都是他者，是作为独立于发话者和受话者的第三方，体现了“中央气象台”和所指对象之间在情感或心理方面的趋异，从而拉开双方之间的社交距离。问卷调查结果也显示：在使用“第三人称指称语”时，“中央气象台”建构了一个陌生人形象(亲疏度 1.17)。“中央气象台”天气预报建议中也会使用“零人称指称”，说明其官方形象突出。“中央气象台”指称语使用特征符合其全国气象台微博的官方身份。“中央气象台”有 25%的微博指出建议的直接提供者是“气象专家”“专家”或“气象部门”，是作为机构在发布天气资讯，构建了有能力的专业权威形象。虽然该类建议使受众觉得与气象微博的社会距离更远(亲疏度 1.17)，但是其权威性更高(权威性 4.63)，说明使微博用户严肃对待建议的一个方法就是提供值得信赖的信息来源。

在人称指称语的使用上，“南京气象”在建议行为实施过程中使用较为亲近的“第一人称指称语”和“第二人称指称语”，构建其亲民的地方气象台身份，建议接受度更高；而“中央气象台”在建议中大多使用第三人称指称语，拉开了其与读者的距离，而且会以“专家”身份提供建议，体现其专业及权威的官方气象台身份。

5.3 气象微博建议中非语言符号的使用与身份建构

微博交际者会借助网络表情符号，发布者可以形象直观地表达其脸部表情、情绪等非言语信息，最大化接近日常生活的言语交际(Crystal, 2001)。在所收集的语料中，表情符号主要包括静态表情和动态表情两种。作为一种非语言符号，表情符号可能出现在微博中的任意位置。

“中央气象台”有 9%的微博(9 条)使用了表情符号。如例 4：

例 4：……另外 18 日起江南、华南的雨势会增强，所以气温不会有明显回升，再次提醒注意防寒保暖！

2 月 15 日　15：42“中央气象台”微博

“中央气象台”在例 4 中运用祈使句，指令性强，但在文字下方使用非言语符号，即静态表情中穿着厚重衣物、佩戴帽子的形象，不仅可以辅助文字建议“防寒保暖”，填补微博交际中语境的缺失,同时也使建议的指令性减弱,能够更直观地表达自己的情感。梁晓燕等(2014)发现网络情景下发话人更多地对朋友使用表情符号,所以表情符号的使用可以缓和"中央气象台"的官方权威身份,拉近了"中央气象台"与微博用户的距离,形象更亲民。

"南京气象"语料中 11%的微博(11 条)使用了表情符号,且大多出现在极端天气的微博建议中。如例 5:

例 5:【大风、降雨、降温三重奏】……早晨继续发布了大风警报,提醒大家一定要注意防风保暖,外出记得带好雨具。祝女神们节日快乐,另外要风度的同时要注意温度哈,裹好咯

3 月 8 日　06:38"南京气象"微博

"南京气象"在微博第一句话中就使用了(皱眉、撇嘴),提醒极端天气情况会导致身体不适,"雨具"后添加了符号,并在最后使用表现"注意温度"的方式。这些非言语符号的使用能够缓解极端天气的压力感,使建议更贴心。表情符号的应用更好地显示了委婉的语气以及表达个人情感等因素,营造了微博的轻松氛围,构建了"南京气象"亲民的地方形象(毛延生、黄倩倩,2016)。

气象微博使用非言语符号,反映了新媒介对其使用者的影响,缩短了微博发布者与受众的交际距离,体现微博使用者的亲民身份。另外,问卷调查结果表明,与不使用非语言符号相比,气象微博使用表情符号时建议行为的接受度更高(接受度 3.17>1.09)。

6　结　语

本文从气象微博中建议行为结构、建议接受者指称语及非语言符号三方面讨论了建议的行为特征。"南京气象"构建了亲民的地方气象台身份,"中央气象台"主要建立了权威可信的官方气象台身份,但在新媒体的影响下也略显亲民。"南京气象"建议行为较为复杂,多使用"前序话语+建议"和"前序话语+建议+补充话语",构建亲和的地方台身份;而"中央气象台"的建议行为结构相对简单,多采用较为直接的方式提供建议,构建其官方的国家台身份。在描述建议接受者时,"南京气象"使用较为亲近的指称语,以构建亲和形象;而"中央气象台"大多使用第三人称指称语,拉开了其与读者的距离,且建议提供者主要是"专家",突显其专业、权威的气象台身份。"南京气象"和"中央气象台"均会使用表情符号,体现气象微博趋于建构亲民身份的倾向。研究结果表明,

气象微博增加建议复杂程度、使用“第一人称”和“第二人称”指称语或增加表情符号的使用，可以提高其建议的接受度。

参考文献

[1] Blum-Kulka, S. & E. Olshtain. 1984. Requests and apologies: A cross-cultural study of speech act realization patterns [J]. *Applied Linguistics*, 5(3): 196 - 213.

[2] Blum-Kulka, S., House, J. & G. Kasper. 1989. *Cross-cultural Pragmatics: Requests and Apologies* [M]. New Jersey: Ablex Publishing Corporation.

[3] Crystal, D. 2001. *Language and the Internet* [M]. Cambridge: Cambridge University Press.

[4] DeCapua, A. & L. Huber. 1995. "If I were you ... ": Advice in American English [J]. *Multilingua-Journal of Cross-Cultural and Interlanguage Communication*, 14(2): 117 - 132.

[5] Heritage, J. & S. Sefi. 1992. Dilemmas of advice: Aspects of the delivery and reception of advice in interactions between health visitors and first-time mothers [A]. In P. Drew & J. Heritage (Eds.). *Talk at Work: Interaction in Institutional Settings* [C]. Cambridge: Cambridge University Press, 359 - 417.

[6] Morrow, P. R. 2012. Online advice in Japanese: Giving advice in an Internet discussion forum [A]. In H. Limberg & M. A. Locher (Eds.). *Advice in Discourse* [C]. Amsterdam: John Benjamins, 255 - 279.

[7] Tracy, K. 2002. *Everyday Talk: Building and Reflecting Identities* [M]. New York: Guilford Press.

[8] Schauer, G. A. 2004. May you speak louder maybe? Interlanguage pragmatic development in requests [J]. *Eurosla Yearbook*, 4(1): 253 - 272.

[9] Searle, J. 1969. *Speech Acts: An Essay in the Philosophy of Language* [M]. London: Cambridge University Press.

[10] Shishavan, H. B. & F. Sharifian. 2016. The refusal speech act in a cross-cultural perspective: A study of Iranian English-language learners and Anglo-Australian speakers [J]. *Language & Communication*, 47: 75 - 88.

[11] Vehviläinen, S. 2012. Question-prefaced advice in feedback sequences of Finnish academic supervisions [A]. In H. Limberg & M. A. Locher (Eds.). *Advice in Discourse* [C]. Amsterdam: John Benjamins, 31 - 51.

[12] Yuan, Z. 2015. Online news [A]. In K. Tracy, C. Ilie & T. Sandel (Eds.). *The International Encyclopedia of Language and Social Interaction* [C]. Boston: John Wiley & Sons, 1 - 8.

[13] 陈新仁，2013. 语用身份：动态选择与话语构建[J]. 外语研究，(4)：27 - 32.

[14] 洪波，2000. 汉语祈使句委婉程度的表达[J]. 滨州教育学院学报，(2)：57 - 59.

[15] 李成团,2010. 指示语选择的视点定位与身份构建[J]. 外语教学,(5):15-19.
[16] 李军,宋燕妮,2004. 面子理论在汉文化中的考察[J]. 修辞学习,(2):29-32.
[17] 梁晓燕,王少强,姚爱花,梁栋青,2014. 表情符号:网络空间中的非言语线[J]. 社会心理科学,(1):29-34.
[18] 林书勤,2014. 中英化妆品广告语篇中的人称指示语对比[J]. 辽宁工程技术大学学报(社会科学版),(4):415-418.
[19] 林文羿,2014. 网络表情符号的语用功能探析[J]. 绥化学院学报,(9):138-141.
[20] 毛延生,黄倩倩,2016. 网络语境下建议行为的语用机制研究[J]. 语言教学与研究,(3):102-112.
[21] 冉永平,2007. 语用学传统议题的深入研究新兴议题的不断拓展[J]. 外语教学,(6):6-10.
[22] 王欢,2006. 解读大学校园文化新现象:网络表情符号[J]. 青年探索,(5):62-64.
[23] 王建华,2001. 话语礼貌与语用距离[J]. 外国语,(5):25-30.
[24] 吴勇,2008. 汉语社会权势与"建议"实现模式分析[J]. 甘肃联合大学学报,(5):90-96.
[25] 闫素芬,2011. 汉语建议言语行为研究——建议言语行为在网络论坛关于爱情问题回帖中的实施[J]. 黑龙江教育学院学报,(5):130-132.
[26] 易焱,王克非,2013. 基于平行语料库的"大家"的对应研究[J]. 外语与外语教学,(3):49-54.
[27] 袁周敏,2011. 称呼语的身份标记功能的元语用考察[J]. 东北大学学报(社会科学版),(3):263-267.

描述语理论与历史—因果理论的文化差异考察

浙江大学/电子科技大学　张　娣　电子科技大学　王爱华*

摘　要:描述语理论和历史—因果理论都是关于语词指称的理论。前者认为,名称的意义是描述语或涵义,是通达其指称的途径;后者则认为,名称的意义就是其指称对象,通过命名仪式,名称与指称对象产生因果关联,通过对名称的借用和传递形成一条历史链。两种理论孰是孰非?这一直是语言哲学领域极具争议的话题。哲学家们一般认为,一个理论的正确与否应取决于它是否与人们的直觉相符。因此,本文通过思想实验来考察两种理论是否与不同文化背景的受试对于专有名称的指称直觉相符。思想实验结果显示:1)专名的指称直觉具有文化差异性,东亚人的指称直觉倾向于描述语观点,而西方人倾向于历史—因果观点;2)该差异是东西方不同思维方式的体现,与受试的语言背景无关。本文最后指出,哲学的某些观点和结论,需要经过经验科学的检验。

关键词:指称;描述语理论;历史—因果理论;直觉;文化

Title: The Cultural Variation Between Description Theory and Historical-Causal Theory

Abstract: The Description Theory and the Historical-Causal Theory are two dominant referential theories. The former holds that the sense of a name is its associated descriptions or connotation, which determines its reference, while the latter holds that the sense of a name is its reference, and names pick out the objects by an original act of "baptism" and are passed on through a causal-historical chain.

* **作者简介**:张娣,硕士研究生,研究方向:应用语言学、语言测试。电子邮箱:emilyLLZD@163.com。王爱华,教授,博士,研究方向:语言哲学。电子邮箱:ahwang@uestc.edu.cn。

There have been a lot of controversies about the two theories, and no agreement has been reached as to which one is correct. Since it is shared wisdom that a correct theory should be consistent with people's intuition, this paper reports, two thought experiments conducted to elicit people's referential intuition to examine whether it accords with the Description Theory or the Historical-Causal Theory. The result shows that referential intuition is culturally variable, with East Asians tending to the Description Theory, and Westerners the Historical-Causal Theory; the cultural variation in referential intuition is reflective of divergent thinking patterns between easterners and westerners regardless of language differences. Based on the findings, we point out that while philosophy is in pursuit of universal laws, it should be endorsed by empirical evidence.

Key Words: reference; Description Theory; Historical-Causal Theory; intuition; culture

1 研究背景

由于涉及表达式与世界的关系,语言的指称一直是语言哲学家关注的核心。对此,主要有两种对立的观点:描述语理论(Description Theory)和历史—因果理论(Causal-Historical Theory)。前者认为名称具有涵义(sense)和指称(reference),其涵义决定其指称(Frege, 1948),或认为每一个专名都有一组描述语,专名的使用就是在思想上把一组描述语和一个名称联系到一起。描述语具有一系列意义特征,一个对象是一个专名的指称,当且仅当它唯一或最大限度上满足与该专名相关的描述语的意义特征(Russell, 1919: 167 - 180; Searle, 1958; Machery et al., 2004)。历史—因果指称理论反对描述语理论,其主要代表克里普克(Kripke, 1972:96 - 97, 135 - 136)和普特南(Putnam, 1973: 200 - 202),认为命名活动不是基于名称的意义或描述语,名称是一个语言群体为了指代某个对象而引入的,会沿着历史的、因果的链条,一直指代这个对象;人们或许会将描述语与该名称联系在一起,但描述语与名称的指称对象无关。

克里普克(Kripke, 1972: 67, 83 - 84)在提出历史—因果理论时,所使用的"哥德尔案例""约拿案例"等思想实验是基于西方人的指称直觉,受到多方面的反驳,例如,洛尔(Loar, 1976)、杰克逊(Jackson, 1998)、加西亚·卡宾特洛(Garcia-Carpintero, 2000)等哲学家对直觉的可靠性表示了怀疑;麦舍瑞等人(Machery et al., 2004)通过实验哲学的方法，在美国人和香港人中对克里普克(Kripke, 1972)的思想实验进行调查，发现“指称直觉具有文化差异性，不具普适性和可靠性”：西方人倾向于历史—因果指称直觉。该结论与克里普克(Kripke, 1972)的发现一致，而东亚人倾向于描述语指称直觉。该结论得到了尼斯贝特等人(Nisbett et al., 2001)、渡边(Watanabe, 1998)和洛伦萨杨(Norenzayan, 2002)等持有“文化影响认知”观点的学者的支持。

然而，有学者对麦舍瑞等人(Machery et al., 2004)的研究提出了质疑，主要有四点：1) 莱姆(Lam, 2010)指出语言是影响直觉的潜在因素，麦舍瑞等人(Machery et al., 2004)的思想实验未控制语言变量，两组受试在英语语言能力上存在差异；2) 戴维特(Devitt, 2011)指出在虚拟情境中收集直觉具有局限性，受试的直觉在虚拟情境中的信度不如在真实情境中高；3) 路德维格(Ludwig, 2007)和戴维特(Devitt, 2011)指出受试的专业知识会影响指称判断，只有专家的直觉具有可靠性；4) 西斯玛和莱文古德(Sytsma & Livengood, 2011)指出视角的歧义会影响受试指称直觉的可靠性，受试分别从情境中的主角和叙述者的视角出发，会做出不同的指称判断。麦舍瑞等人(Machery et al., 2010)及麦舍瑞(Machery, 2011)对以上质疑做出了部分回应。首先，麦舍瑞等人(Machery et al., 2010)改进了其思想实验，控制了语言这一变量，以受试的母语呈现实验，发现语言对思想实验结果并无影响。其次，纳迈斯和纳德尔霍弗(Nadelhoffer & Nahmias, 2007)指出，思想实验的一个基本特征就是反事实推理(counterfactual reasoning)，虽然很难保证受试在实验中做到这一点，但心理学研究证明，受试在虚拟情境中通常会做出其认为正确的判断。针对第三点质疑，麦舍瑞(Machery, 2011)收集了专家(语言学家和语言哲学家)和普通人的指称直觉，发现指称直觉在专家和普通人内部均存在差异：社会、历史和人类语言学家倾向于描述语指称直觉，而语义学家和语言哲学家倾向于历史—因果指称直觉，因此得出专家并不比普通人的直觉更可靠的结论。针对第四点质疑，西斯玛等人(Sytsma et al., 2015)通过实证研究发现，视角的歧义不会从根本上影响两个文化群体的指称直觉倾向，为麦舍瑞(Machery,2011)的发现提供了新的证据。

实验哲学(experimental philosophy)的兴起冲击了直觉在哲学研究中的正统地位。实验哲学家对传统哲学家的研究方法——直觉法提出了质疑，他们通过思想实验在普通人中检验哲学理论的正确性，发现普通人与哲学家的直觉并不一致，受到了文化、社会地位等因素的影响。面对来自实验哲学的挑战，传统哲学家们坚决地为自己的研究方法正名，认为实验哲学所收集到的普通人的直觉只是“表面直觉”，而非“可靠直觉”；用虚拟案例所收集到的直觉会受到与哲学研究无关的因素的干扰，不具有信度和效度；传统哲学有特有的研究方法和范式，即“对话和沉思”(Dialogue and Reflection)，是无法被取代的(Kauppinen, 2007)。双方争论不休，使得直觉在哲学研究中的角色变得备受争议。

近年来,实验哲学家麦舍瑞等人(Machery et al.,2004)的研究发现在语言哲学界得到了越来越多的支持。然而,笔者认为,其研究仍存在一些不足:1) 香港受试的双语背景使得语言这一变量的控制不够严密;2) 文化群体数量少,仅仅对美国群体和中国群体进行实验,就得出西方人和东亚人的指称直觉不同,说服力不够;3) 只有定量研究,没有定性研究,使得"指称直觉具有文化差异性"这一问题缺少解释的充分性。因此,麦舍瑞等人(Machery et al.,2004)的研究仍有改进的空间。描述语理论与历史—因果理论,哪一种更具有普适性?直觉是否受到文化的影响,能否作为判断哲学理论可靠性的依据和哲学研究的方法论?这些问题仍有待回答。因此,基于以上三个方面的不足,本文对实验进行扩展和补充,主要探讨两个问题:1) 指称直觉是否会存在文化差异性;2) 直觉能否作为一个普适的哲学方法论。

2 数据收集

笔者通过思想实验收集受试的指称直觉,设置假设情景和指称问题,让受试对指称问题做出判断并解释。

2.1 问卷

思想实验分为两组:思想实验一的问卷以受试的母语呈现。其中,英文问卷采用了克里普克(Kripke,1972)的"哥德尔案例",为了排除情景熟悉度对受试的干扰,中、韩和加纳文问卷分别将"哥德尔案例"改写成了为受试所熟知的人物和情景。以中文问卷为例:

> 刘伟是一名中国高中生。他在历史课上知道了张衡是地动仪的发明者。他和他所有的同学一样,这是他们知道的关于张衡的唯一的一件事。现在假设世界上发明地动仪的人不是张衡,而是另一位天文学家。这位天文学家在发明地动仪后不久就去世了,张衡从他那里偷来了地动仪,然后宣称他是地动仪的发明者。然而,张衡的盗用之事至今仍未被发现,他因此而出名了。许多人都和刘伟一样,他们只知道张衡是世界上发明地动仪的人。当刘伟提到"张衡"这个名字时,不管他旨在谈论谁,他指的是:
>
> A. 真正发明地动仪的人
>
> B. 盗用地动仪发明成果的人
>
> 请就上面的答案做出简要解释:
>
> ______________________________

问卷中，选项A符合描述语理论：名称即缩略的描述语，人们知道的关于张衡的唯一的一件事是他发明了地动仪，因此“张衡”的意义就是它的描述语“地动仪发明者”。选项B符合历史—因果理论：名称在命名仪式中一旦被确定，它就与其所指发生了历史的、因果的关系，名称的描述语对于其所指不再起任何作用，张衡被命名为“张衡”后，这个名称就历史地、因果地指代这个人，若事实上他并没有发明地动仪，即使人们对的他的描述语是“地动仪发明者”，“张衡”这一专名也不指代“地动仪发明者”。问卷要求受试给出答案的理由，以便探析影响指称判断的因素。

思想实验二的问卷以受试的第二语言，即英语呈现。在其他条件不变的前提下，问卷将“哥德尔案例”改成了“爱因斯坦案例”，因为爱因斯坦提出“相对论”是为各个文化群体所熟知的事件。

2.2 受试

所选受试来自中国(英语专业与非英语专业学生)、韩国、英国、美国和加纳。思想实验一和思想实验二分别以受试的母语和二语呈现问卷，以便探究文化、语言是否是影响指称直觉的潜在因素。受试的国籍和数量信息见表2.2-1：

表2.2-1 受试的相关信息

	思想实验一					思想实验二	
国家	中国(非英语专业)	韩国	英国	美国	加纳	中国(英语专业)	加纳
数量	70	40	32	30	30	64	43

3 数据分析

思想实验的数据包括受试的指称判断和对自己指称判断的解释两部分。受试的指称判断采用二项式计分法，选择A的受试得1分，选择B的受试得0分，每个文化群体的平均分在0到1之间。

3.1 受试的指称判断

思想实验一和思想实验二的结果分别见表3.1-1和表3.1-2：

表3.1-1　思想实验一中受试的指称判断的平均分和标准差

	平均分(标准差)
中国(非英语专业)	0.74(0.444)
韩国	0.55(0.504)
英国	0.25(0.440)
美国	0.37(0.490)
加纳	0.33(0.479)

如表3.1-1所示:中国受试的平均分最高(M=0.74,SD=0.444),其次是韩国受试(M=0.55,SD=0.504),两个国家的平均分均超过0.5,说明有一半以上的受试倾向于A选项,即描述语指称观点;英国受试的平均分最低,只有0.25(SD=0.440),其次是加纳(M=0.33,SD=0.479)和美国受试(M=0.37,SD=0.490),说明大多数英国受试倾向于选择B,即历史—因果指称观点,其次是加纳受试,选择B的倾向介于英国和美国受试之间。此外,在问卷中,有两名中国受试同时选择了A和B。

中国和韩国同属东亚文化群体,英国和美国同属西方文化群体。独立样本t检验结果显示,东亚文化群体(M=0.67,SD=0.474)和西方文化群体(M=0.31,SD=0.464)的受试选择两种指称观点的倾向有显著性差异,$t(168)=4.806$,$p<0.01$,表明东亚文化群体倾向于描述语指称观点,而西方文化群体倾向于历史—因果指称观点。

表3.1-2　思想实验二中受试的指称判断的平均分和标准差

	平均分(标准差)
中国(英语专业)	0.55(0.502)
加纳	0.35(0.482)

表3.1-2的数据显示:实验二中,中国英语专业的受试在指称判断中的平均分是0.55(SD=0.502),高于加纳受试(M=0.35,SD=0.482)。在问卷中,依然有两名中国受试同时选择了A和B。独立样本t检验表明,中国英语专业受试与加纳受试在二语呈现的指称判断中存在显著性差异,$t(103)=2.036$,$p<0.05$,说明中国英语专业受试倾向于描述语指称观点,而加纳受试倾向于历史—因果指称观点。

对思想实验一中的中国非英语专业与思想实验二中的英语专业受试的指称判断进行对比分析,独立样本t检验显示:$t(128)=2.252$,$p<0.05$,说明语言对于中国受试的指称判断有显著性影响,而这种影响只是统计学层面上的,并未转化成实际的影响,因为中国的英语专业受试整体上还是倾向于选择描述语指称观点,只是倾向性没有非英语专业受试明显。对思想实验一和思想实验二中的加纳受试的指称判断进行独立样本t检验分析,结果显示:$t(71)=-0.135$,$p>0.05$,说明语言对于加纳受试的指称判断无显著影响。

3.2 受试对自己指称判断的解释

从问卷中受试对自己的指称判断给出的解释来看，经过归类，所有文化群体的受试选A(描述语观点)和选B(历史—因果观点)的理由分别大致相似。

受试选择A的理由，归纳起来，有以下几类：1) 社会主流认识是“张衡发明了地动仪”，我们需要与大多数人保持一致的认识，以便交流。2) “张衡”和“地动仪发明者”都是“发明地动仪”这个事件的一个部分，二者可以互相指代。3) “张衡”只是“地动仪”的一个标签，刘伟谈论“张衡”的真正的目的是谈论地动仪。4) 地动仪发明者的名字在流传过程中发生了变化，我们需要接受变化。持该指称观点的东亚人占了65.5%，他们倾向于关注指称的描述语及指称与描述语的关系、指称的实用性、可变性和灵活性。

受试选择B，大致有两个原因：1) 事实是哥德尔盗用了“不完全性定理”，所以“哥德尔”指的是“盗用定理的人”。2) “哥德尔”指的是这个人的本质属性，即“盗用别人的发明成果”。持该指称观点的西方人占了69.2%，他们倾向于关注指称的本质属性以及与所指之间的历史的、因果的关系。

受试选择两种指称观点的理由大致是：从刘伟的角度，他不知道张衡盗用一事，认知存在局限，会认为张衡指的是地动仪发明者。而从叙述者或者读者的角度，他们知道了张衡盗用一事，会认为张衡指的是盗用地动仪发明成果的人。持该指称观点的人分别占了其所在组受试的3%，他们倾向于从不同角度、辩证地分析问题。

4 讨　论

综合思想实验中受试的指称判断及解释的结果，本研究发现：指称直觉具有文化差异性。下面围绕本文的两个研究问题，结合实验数据，对上述结果做深入剖析。

4.1 指称直觉差异

研究结果显示，指称直觉差异不仅体现在文化群体之间，还体现在文化群体之内。

4.1.1 文化群体间差异

从两组思想实验结果来看，指称直觉存在文化间的差异。总体而言，东亚受试倾向于描述语指称直觉，而西方受试倾向于历史—因果指称直觉。东亚受试对于指称判断的解释体现了东方的思维倾向：1) 对整体性和求同性的关注。东亚受试承认社会对于事件的主流认识，即“张衡发明了地动仪”，认为需要与大多数人保持同一的认识。2) 对实用性的关注。名称的主要作用是用来交流，谈论“张衡”的目的是谈论“地动仪”，只要不影响交流,就没必要弄清楚谁是真正的发明者。3) 对事物之间的联系的关注,是整体性思维的体现。"张衡"是"地动仪"或者"地动仪发明者"的一个代号,都是"发明地动仪"这一事件的构成要素,可以互相指代,而不影响事件的性质。4) 关注变化,这是辩证性思维的体现,承认矛盾性是推动事物变化发展的原因。"地动仪的发明者"的所指在流传中变成了"张衡",人们需要接受这一变化,承认"地动仪发明者"就是"张衡"。5) 中国受试对同时选择两种指称观点的解释,体现出东亚人思维的模糊性和辩证性的特点(荣开明等,1989:159)。从不同角度出发,对事物会有不同认识,所以相互对立的认识在不同条件下可能都是正确的。

西方受试对于指称判断的解释体现了西方的思维倾向:1) 关注个体及其本质属性,即分析性的思维特点(张恩宏,1987:289)。在受试选择历史—因果观点的第一类理由中,他们把"哥德尔"这一个体从社会对他的主流认识中分离出来,看清他盗用别人的发明成果这一事实。在第二类理由中,哥德尔的所指必须具有这个人的本质属性,即"盗用不完全性定理",与外界对他的描述无关。2) 注重因果关系和形式逻辑,即逻辑性的思维特点(荣开明等,1989:136-137)。受试的推理过程如下。

大前提:"不完全性定理的盗用者"指的是盗用"不完全性定理"的人;

小前提:哥德尔盗用了"不完全性定理";

结论:哥德尔指的是"不完全性定理的盗用者"。

3) 尊重事实,即精确性的思维特点(荣开明等,1989:178)。事实是哥德尔盗用了"不完全性定理",所以哥德尔明确地指代盗用定理的人;4) 认识和描述事物的求异性(张岱年等,1991:233)。即使主流认识是哥德尔发现了"不完全性定理",他们仍旧尊重事实。另外,值得注意的是,加纳受试对于指称判断的解释与西方受试的解释非常相似,体现了西方的思维倾向。这是因为加纳曾沦为欧洲国家的殖民地,在帝国主义肆虐的19世纪,部分欧洲国家通过对非洲殖民地区的语言控制,进而控制了他们的精神世界,导致了他们的文化、世界观和认识论被改变(Thiongo, 1986: 16),因而他们的思维方式和指称直觉受西方的影响较大。

从思想实验二的统计结果来看,中国受试和加纳受试的指称判断存在显著性差异,中国受试主要受东亚文化影响,而加纳受试受西方文化影响较深,二者的思维方式存在明显差异。因此,与语言这一变量相比,文化对指称判断的影响具有决定性。

4.1.2 文化群体内差异

思想实验结果显示,指称直觉不仅存在文化群体间的差异,还存在文化群体内的差异。

首先,尽管东亚群体整体上倾向于描述语指称直觉,但韩国受试选择两种指称观点的得分差异较小,远低于中国非英语专业受试。这种差异源于思维方式的民族性和社会性(荣开明等,1989:39)。思维方式作为民族文化心理的深层结果,与民族性紧密相连，韩国文化植根于“东亚集体主义文化圈”，与中国文化同根同源，因此指称判断倾向相同。但思维方式又具有社会性，是在一定的社会关系和社会环境中生长出来的（荣开明等，1989：40－41），韩国与中国不同的社会环境使得他们的思维方式呈现差异，“在20世纪80到90年代，韩国国内存在新出现的明显疏远东亚文化、西化程度过于强烈的倾向”（李文，2002）。韩国社会的西化趋势造成了韩国人思维方式的西化，相应地带来两种指称直觉均在他们的判断中占有一席之地的结果。

其次，尽管西方群体整体上倾向于历史—因果指称直觉，但美国受试选择两种指称观点的得分差异较小，不如英国受试明显。同样，思维方式的民族性和社会性造成了美、英受试选择两种观点的得分差异呈现不同：美国文化根植于欧洲，所以整体上与英国人的思维方式及指称判断相似，但移民遍布的社会环境使得他们的文化呈现“大熔炉”的特点，因而西方思维倾向及指称判断不如英国人典型。

在中国受试内部，非英语专业和英语专业受试在指称判断上呈现出了统计学层面上的显著性差异，但未转化成实际的差异，因为两组受试整体上还是都倾向于描述语指称观点，只是非英语专业受试较英语专业受试的倾向更显著。从数据来看，不得不承认语言会对思维方式及指称判断产生一定的影响，这涉及了哲学家和语言学家一直比较关注的并且备受争议的话题，即语言与思维的关系问题。语言相对论认为，语言会影响人们的习惯性思维方式，习得另一种语言，就会受到另一种思维模式的影响，原有的思维方式可能发生调整与改变（Whorf, 1956: 173）。中国受试在习得了英语这门第二语言之后，思维方式会潜移默化地受到英语国家的影响。蒋景阳，欧阳静慧和刘海涛（Jiang, Ouyang & Liu, 2016）的研究发现，学习英语会在分辨能力、认知复杂度和思维活跃度三个层面促进中国人分析性思维能力的提高。本研究在英语学习对指称判断的影响方面的发现，也为语言相对论假说提供了一定的支持。然而，为什么加纳受试的指称判断未受到语言的显著影响？笔者认为，加纳作为一个有着欧洲殖民历史的国家，其官方语言是英语，加纳人作为双语使用者，对英语的熟悉程度和使用频率远远高于中国人，因此英语对他们思维方式的影响程度较深，甚至超过母语的影响，其思维方式的社会性较民族性占据主导地位。

4.2 直觉在哲学研究中的角色探讨

本文的思想实验结果表明：指称直觉具有一定的文化差异性，文化差异性的根源在于东西思维方式的不同倾向；虽然五个文化群体整体上均有所倾向，但其内部仍有不可忽视的小部分选择了与主流相悖的指称观点。由此可见，直觉可能不仅受文化影响，还受到其他未知因素的影响，具有复杂性。根据卡纳曼（Kahneman, 2011）的“二元思维模型”，思维分为两类，一类是“迅速的、隐形的、无意识的”；另一类是“有目的的、可自我调整的、有意识的”，直觉属于第一类思维（Kahneman, 2011: 28－33）。这一理论框架阐明了直觉的本质,厘清了直觉与思维的关系,即直觉本质上是一种思维。这一观点与许多哲学家所持的"直觉是一种心理现象和思维能力"是大体一致的(Cohnitz & Häggqvist, 2010)。

既然直觉是一种思维,东西方指称直觉的差异实质上体现的是思维方式的不同。传统哲学家在提出自己的理论的时候,往往依靠的是自己的直觉,却忽略了自己本身的思维方式的局限性。基于此,实验哲学家否定了他们"扶手椅式的思考"(armchair thinking),认为他们应该去田野调查收集数据,靠数据说话。两种方法论争执不下,那么哲学研究到底需要直觉法还是实证法呢? 科恩茨和海格奎斯特(Cohnitz & Häggqvist, 2010)指出,直觉能否作为哲学研究的证据取决于其证明的对象,分析哲学的研究主要分三方面:1) 非语言主题(extra-linguistic subject matter),比如回答"什么是事实、知识、意识"之类的问题;2) 语言主题(linguistic subject matter),讨论"事实""知识""意识"的意义是什么,即人的"概念"(concept);3) 语言主题、但局限于普通人对哲学概念的不精确的、困惑的理解,哲学研究的目的是使这些不确切的概念精确化。指称问题涉及三类主题,所以其研究方法应该是多方面、多视角的,仅凭哲学家的直觉是不够的,还需要经过普通人的直觉的检验。只有这样,才能揭示指称使用的真相。

5 结　论

本文在验证了麦舍瑞等人(Machery et al., 2004)的研究发现的基础上,对其研究进行了拓展和补充:选择了大陆中国人作为受试,将文化群体的数量扩大至五个;排除了语言影响指称直觉的可能性;在定量研究的基础上,增加了定性研究,对指称直觉的文化差异性进行了原因剖析;最后,我们还对直觉在哲学研究中的角色进行了探讨。本文得出了以下两个结论:1) 指称直觉具有一定的文化差异性:东亚人的思维特点总体上呈现出整体性、求同性、实用性、辩证性、模糊性的倾向,这使得他们更多地关注名称与其描述语之间的关系、指称用于交流的实用性、指称的不确定性和指称的变化等;而西方人的思维特点总体上倾向于分析性、逻辑性、准确性和求异性,因而他们在进行指称判断的时候,倾向于关注名称与命名仪式之间的历史的、因果的关系,名称的本质属性、固定性和明晰性。2) 哲学是一门揭示普遍规律的学科,它的一个主要功能是提出问题,而问题是否具有普遍性还得靠经验科学的检验,因此直觉法和实证法具有互补性。

然而,本研究仍有拓展的空间:1) 本文对于指称理论的研究只涉及专名,不涉及通名,研究对象具有局限性,未来研究可探讨人们对于通名的指称直觉的特征及影响因素;2) 虽然文化群体数量有所增加,但每个文化群体的受试数量仍较少,未来研究需尽可能增加受试的数量；3）本研究采取的是问卷法，与受试没有直接的、在线的交流，因此不能保证受试的回答具有信度，未来研究可以尝试有声思维法（think-aloud protocols），将受试的思维活动有声化，使数据更可靠；4）受试的性别、年龄、身体状态等变量均未控制，指称直觉与这些变量的关系值得进一步探究；5）本研究发现语言对指称直觉有统计学层面的影响，二者之间的确切关系值得进一步探讨，这或许可以为剖析语言与思维的关系提供新的见解；6）直觉这个概念在本研究中非常模糊，未来研究可以引入功能性磁共振成像（fMRI）和事件相关电位（ERP）等技术，弄清其内部机制，打开这个黑匣子。

参考文献

[1] Cohnitz, D. & S. Häggqvist. 2010. The role of intuitions in philosophy [J]. *Studia Philosophica Estonica*, 2(2): 1 - 14.

[2] Devitt, M. 2011. Experimental semantics [J]. *Philosophy and Phenomenological Research*, 82 (2): 418 - 435.

[3] Frege, G. 1948. On sense and reference [J]. *The Philosophical Review*, 57(3): 209 - 230.

[4] Garcia-Carpintero, M. 2000. A presuppositional account of reference fixing [J]. *Journal of Philosophy*, 97(3): 109 - 147.

[5] Jackson, F. 1998. Reference and description revisited [J]. *Philosophical Perspectives*, 12: 201 - 218.

[6] Jiang, J., Ouyang, J. & H. Liu. 2016. Can learning a foreign language foster analytic thinking? —Evidence from Chinese EFL learners' writings [J]. *PLoS ONE*, 11(10): 1 - 17.

[7] Kahneman, D. 2011. *Thinking, Fast and Slow* [M]. New York, NY: Farrar, Straus and Giroux.

[8] Kauppinen, A. 2007. The rise and fall of experimental philosophy [J]. *Philosophical Explorations*, 10(2): 95 - 118.

[9] Kripke, S. 1972. *Naming and Necessity* [M]. Cambridge, MA: Harvard University Press.

[10] Lam, B. 2010. Are Cantonese-speakers really descriptivists? Revisiting cross-cultural semantics [J]. *Cognition*, 115(2): 320 - 329.

[11] Loar, B. 1976. The semantics of singular terms [J]. *Philosophical Studies*, 30(6): 353 - 377.

[12] Ludwig, K. 2007. The epistemology of thought experiments: First-person approach vs. third-person approach [J]. *Midwest Studies in Philosophy*, 31(1): 128 - 159.

[13] Machery, E., Mallon, R., Nichols, S. & S. P. Stich. 2004. Semantics, cross-cultural style [J]. *Cognition*, 92: B1 - B12.

[14] Machery, E., Deutsch, M., Nichols, S. & S. P. Stich. 2010. Semantic intuitions: Reply to Lam [J]. *Cognition*, 117(3): 361 - 366.

[15] Machery, E. 2011. Expertise and intuitions about reference [J]. *Theoria*, 73: 37 - 54.

[16] Nadelhoffer, T. & E. Nahmias. 2007. The past and future of experimental philosophy [J]. *Philosophical Explorations*, 10(2): 123 - 149.

[17] Nisbett, R., Peng, K., Choi, I. & A. Norenzayan. 2001. A culture and systems of thought: Holistic versus analytic cognition [J]. *Psychological Review*, 108(2): 291 - 310.

[18] Norenzayan, A., Smith, E. & B. Kim. 2002. Cultural preferences for formal versus intuitive reasoning [J]. *Cognitive Science*, 26: 653 - 684.

[19] Putnam, H. 1973. *Explanation and Reference* [M]. New York: CUP.

[20] Russell, B. 1919. *Introduction to Mathematical Philosophy* [M]. London: George Allen and Unwin LTD.

[21] Searle, J. R. 1958. Proper names [J]. *Mind*, 67: 166 - 173.

[22] Sytsma, J. & J. A. Livengood. 2011. A new perspective concerning experiments on semantic intuitions [J]. *Australasian Journal of Philosophy*, 89(2): 315 - 332.

[23] Sytsma, J., Livengood, J., Sato, R. & M. Oguchi. 2015. Reference in the land of the rising sun: A cross-cultural study on the reference of proper names [J]. *Review of Philosophy and Psychology*, 6(2): 213 - 230.

[24] Thiongo, N. W. 1986. *Decolonising the Mind: The Politics of Language in African Literature* [M]. London: James Curry.

[25] Watanabe, M. 1998. Styles of reasoning in Japan and the United States: Logic of education in two cultures [Z]. Paper presented at the American Sociological Association annual meeting, San Francisco, CA.

[26] Whorf, B. 1956. *Language, Thought, and Reality: Selected Writings of Benjamin Lee Whorf* [M]. Cambridge, MA: MIT Press.

[27] 李文,2002. 韩国对东亚文化的离异与回归[J]. 亚非纵横,(4):23 - 28.

[28] 荣开明,赖传祥,李明华,等,1989. 现代思维方式探略[M]. 武汉:华中理工大学出版社.

[29] 张岱年,成中英,等,1991. 中国思维偏向[M]. 北京:中国社会科学出版社.

[30] 张恩宏,1987. 思维与思维方式[M]. 哈尔滨:黑龙江科学技术出版社.

从分布式形态学探究汉语简单形式形容词和复杂形式形容词的语法差异*

北京航空航天大学　李颖异　王洪磊**

摘　要：本文从分布式形态学角度分析现代汉语简单形容词和复杂形容词语法差异的原因。前人研究详细描写了汉语形容词二分，总结和归纳两类形容词的句法分布和句法表现，但多数研究只是从语义的角度分析某一类形容词的特点，从句法和形态角度进行解释都有不妥之处。本文采用分布式形态学的理论框架，提出两类形容词形态差别是句法分布差异的关键，复杂形容词在生成过程中获得了具有提供视角功能的DegreeP选择，使这类形容词能够自由作定语或谓语，而简单形容词在这一层上没有显性表现，在直接作定语或谓语时受到限制。本文从句法分布和语义表达两方面为该假设提供证据。

关键词：简单形容词；复杂形容词；分布式形态学

Title: A Distributed Morphology Approach to Grammatical Differences Between Simple Adjectives and Complex Adjectives in Mandarin Chinese

Abstract: This paper explores the causes for the differences in grammar as shown by Chinese simple adjectives and complex adjectives. Previous research mainly contributes to the descriptions of syntactic distributions of adjectives, the positive and comparative readings and the possible reasons for reduplication of simple adjectives in

---

* 本研究得到了以下项目的支持：教育部人文社会科学研究青年基金项目"形成类型学框架下的英、汉、蒙名词短语的比较研究"（项目编号：15YJC740079）；北京市社会科学基金项目"汉语限定词短语真伪性问题之研究"（项目编号：14WYC045）；北京航空航天大学中央党校基本科研业务专项资金[YWF－15-WYXY－014，YWF－16-WYXY－001，YWF－19-Bj-W－35]；北京航空航天大学"语言线略与政策研究基地"专项资金资助项目。

** **作者简介**：李颖异，硕士研究生。研究方向为形式语言学。电子邮箱：liyingyi0918@126.com。王洪磊，副教授，博士，研究方向为形式语言学与心理语言学。电子邮箱：hongleiwang@buaa.edu.cn。

phonology, semantics and syntax. This paper provides an alternative approach for the differences of simple adjectives and complex adjectives by utilizing the framework of Distributed Morphology. This paper hypothesizes that the distinctive behaviors of the two types of Chinese adjectives are derived from the functional head DegreeP denoting degree and functioning as a viewpoint for anchoring a specific degree of adjectives. The reduplication and *de* morpheme together function as the head of DegreeP so that complex adjectives can act as attributive modifiers and predicates directly but simple adjectives cannot.

Key Words: simple adjectives; complex adjectives; Distributed Morphology

1 引　言

朱德熙(1956)将现代汉语形容词分成两类,简单形容词(simple adjectives,SAs)和复杂形容词(complex adjectives,CAs)。这两类形容词的形态特征不同,如(1)。

(1) a. 性质形容词(简单形容词):
白,好,圆,快
干净,糊涂,伟大
b. 状态形容词(复杂形容词):
重叠式:白—白白的,圆—圆圆的,干净—干干净净的
附缀式:白—白茫茫,红—红彤彤
附着或并列式:好—很好,高—又高又大

(朱德熙,1956)

典型的简单形式形容词作定语、状语或补语时,其分布受到了严格限制;单独作谓语时,不能结句,常常需要加上"很"或变成相应的复杂形式。典型的复杂形式形容词在作定语、状语或补语时相对自由,也可直接作谓语。从语义来看,简单形式形容词常表示事物性质或对类别的限定,可称为性质形容词;复杂形式形容词用于表达对事物的主观描述或评价,称为状态形容词。汉语形容词的二分使此类研究需要解释为什么简单和复杂形容词在定语、谓语位置上语法表现不同,以及产生语义差别的原因是什么。

对于两类形容词的分布差异,许多前辈学者都给出了不同的答案,例如两种形容词

的语义功能类型不同(Huang，1997,2006;黄师哲,2008),后缀“的”有多重功能(Paul，2006),复杂的重叠形式可以表达主观可识解的“生动态”(Liu，2013),重叠形式是与vP平行的形容词性扩展投射、表达等级性且是形容词作谓语时发生的形态变化(Zhang，2015),重叠形式作为形容词的程度语素相当于静态动词的体标记(aspectual marker)用以表示限定(Dong，2005),两类形容词内部结构的约束关系差异(王洪磊，2017),以及形容词的生成是否先通过词根获得形容词性、再变成副词、最后用“的”或非语音实现标记其谓词性范畴的过程(熊仲儒,2017)。

事实上,形容词内部的二分表现并不是汉语的特有现象(程工,1998)。贝克(Baker，2003)提到日语形容词可以分为典型形容词(canonical adjectives)和名词性形容词(nominal adjectives),俄语形容词内部可分为短尾形容词(short-form adjectives)和长尾形容词(long-form adjectives)。郭锐(2012)观察了世界上72种语言中的形容词,发现形容词通常可以根据饰词性质和谓词性质分为两类。就汉语而言,多数研究是基于汉语或汉语与其他语言的比较总结形容词的内部差异,其中,汉语复杂形容词中的程度语素是区分两类形容词语法分布的关键。

基于对前期研究的观察和梳理,本文将分析汉语两类形容词语法差异的内在原因,主要关注以下两个问题:(1) 对比简单形容词,复杂形式中的程度语素(“重叠式+的”)的语法功能是什么;(2) 该语素为什么可以带来两类形容词在定语和谓语位置上的表现差异。本文采用分布式形态学理论框架,以两类形容词中的典型形式(单字词与对应的重叠式,如“白”和“白白的”)为例。基于肯尼迪(Kennedy,1999)的程度语义和威尔奇可(Wiltschko，2014)的普遍脊柱假说(Universal Spint Hypothesis),本文提出,汉语形容词的功能拓展投射DegreeP具有视角定位(viewpoint)功能,分布的二分源于在简单形容词形态内部缺少显性的视角定位,而复杂形容词则通过“重叠+的”的形态操作将这种定位显性表达出来。

本文的引言部分简单介绍研究问题的背景及两类形容词的形态差异。第二部分将总结两类形容词的分布差异和前期的研究文献。第三部分和第四部分提出本文的主要观点和论证。第五部分总结和探讨进一步研究的问题。

2 关于汉语两类形容词的前期研究

朱德熙(1956)将汉语形容词区分为简单形容词和复杂形容词,语义上对应性质形容词和状态形容词。并描述了两类形容词在定语、补语、状语和谓语位置的分布差异。随后的研究大都基于这样的二分,细化两类形容词语法差异,特别是在定语位置和谓语位置的表现(Paul，2005，2006;沈家煊,1997;张伯江,1994,2011;张国宪,2000，2006;

Huang, 1997, 2006;黄师哲,2008;王洪磊,2017)。包华丽①(Paul, 2006)在朱德熙(1956)的基础上重新界定了形容词的简单形式和复杂形式。她提出这样的分类是基于二者作定语时的形态差别,即无需"的"类(如,大,小,干净)和必需"的"类(如,白白的,干干净净的,很大的)。必需"的"类中,"的"是形容词的一部分,例如受到副词修饰时,"特别大*(的)狗","的"和词干"大"是不能分开的。包华丽(Paul, 2006)的观察是基于两类形容词的形态差别,这一点对于形容词内部二分非常重要,但"的"的有无只反映了部分形容词作定语的现象,不足以区别两类形容词。

黄师哲(Huang, 1997,2006;黄师哲,2008)认同沈家煊(1997)将这种二分进一步推向对立的分析方法,即,在无标记②的条件下,认为简单形容词只能出现在定语位置而复杂形容词只能出现在谓语位置,并基于语义和语义类型相配论(Chierchia,1985)提出简单形容词的语义类型为 e 而复杂形容词为＜e,t＞。简单形容词可以无标记作定语是因为它的语义类型与被修饰的 NP 的语义类型相同,都是 e;复杂形容词则需要语义类型转化后才能作定语修饰 NP。两类形容词作谓语时也是如此。她的理由是简单形容词可以直接出现在主、宾语位置上(如,勤奋是一个美德),且可以用"和"并列(如,谦虚和勤奋是值得提倡的美德)。量化短语是简单形容词谓词化语义类型转换的标记;复杂形容词标记"的 3"③可以使之名词化。复杂形容词修饰名词时,不仅要语义相配,语义类型(sort)也要相配。根据方言中的表现,复杂形容词还可以进一步分为两个次类,一类是需要在后面加"的 2"与简单形容词形成分布互补,另一类则不需要。黄师哲(Huang, 1997,2006;黄师哲,2008)的分析综合了沈家煊(1997)和朱德熙(1993)的观点,产生很大的影响力,指出了汉语两类形容词分布上的主要表现。但她的分析有几个潜在的问题:首先,简单形容词的语义类型不一定是 e。作者举的例子中,主宾语位置上的"聪明""勤劳"都可能经历了名词化后才得到主宾语位置上的允准。例如"我喜欢圆。"只有在"圆"指"圆圈/圆形"概念的时候才能接受,不能表示喜欢"圆"这种性质。"很"后可以加名词也并不能证明简单形容词的语义类型就是 e,这里的名词可能在进入这个结构时已经发生了转类。例如,在一些罗曼语中,转类很难发生,这些语言中就很难出现对应的"很+N"这样的结构④。其次,如果简单形容词的语义类型是 e,就无法解释"脏水"可以接受但"白手"等用法不可以,以及"张三高""屋里黑,外面亮"无标记

① 此处引用文献作者名为 Waltraud Paul,中文名字为包华丽。

② 沈家煊(1997)通过标记理论(Markedness Theory)描述简单形容词和复杂形容词的语法功能。他认为,简单形容词在作定语时,简单形容词是无标记的,不需要标记"的",而作谓语则需要被标记"是";相反,复杂形容词在作定语时,需要标记"的"而在作谓语时是无标记的,可以直接充当谓语。本文不采用这种看法,认为"的"不是一种标记手段,而是形态变化的一部分。

③ 根据朱德熙(1961,1993),"的 3"是名物化标记,下文中的"的 2"是状态形容词后缀。

④ 有关罗曼语较难转类的观点,引自北大句法小组 2018 年 5 月 18 日的讨论。

简单形容词作谓语的用法①。谓词化标记和名词化标记也都有使用的限制条件，但黄师哲(Huang，1997，2006；黄师哲，2008)没有将这些现象纳入考虑之内。另外，黄师哲(Huang，1997，2006；黄师哲，2008)还做了跨语言比较。这些观点给了我们很大启发，但将形容词二分仅解释为语义类型的匹配、通过“很”实现谓词化并通过“的 3”实现名词化并不能解释这种分布的本质差异。

王洪磊(2017)和黄师哲(2008)都对比了汉语形容词二分和俄语形容词二分，但二人的比较结果却完全相反：黄师哲(2008)认为俄语长尾形容词(LF)与汉语简单形容词语义类型一致，短尾形容词(SF)和汉语复杂形容词一致。但王洪磊(2017)通过比较俄汉二分形容词的论元结构，根据巴比(Babby，2009)和希金博特姆(Higginbotham，1985)的分析，提出汉语的简单形容词和复杂形容词源自同一个词根 A，经过添加词缀形成最大投射 AfP，由于添加的词缀不同，AfP 的论元结构也就不同。汉语形容词简单形容词和复杂形容词分别对应着俄语的 SF 和 LF，其中，简单形容词投射的 AfP 中有指示语位置，A 携带的题元角色可以在 AfP 指示语位置上受到约束，构成主述谓结构；复杂形容词在 AfP 内没有指示语位置，A 携带的题元角色不能在 AfP 内部受到约束，这个 NP 需要移动到 AfP 外部，形成次述谓结构。从他的分析中看到，两类形容词的差别不一定是“的”的有无或类别带来的；同时，王洪磊(2017)的俄汉形容词对比与黄师哲(2008)得出的结论恰恰相反，这也促使我们进一步重新检查汉语两类形容词的差异。

刘辰生(Liu，2013)提出，汉语形容词重叠的本质是使感受可识解的生动态(a life-like state perceptible to the human senses)，在这种生动态下，恰好表现出非对比含义的解读(positive reading)，这种程度含义(the positive degree)是从重叠式的词干(adjectival base)获得的。他认为，重叠形容词不能表现出程度的含义，如“红红的”并不表达 0.77 度红；也不适合作定语，因为不能表达“分类依据的性质”含义。基于这些观察，刘辰生(Liu，2013)提出汉语重叠形容词虽然包含程度信息，但主要是表达可感知的“生动态”。刘辰生(Liu，2013)对重叠形容词的语义描述切中了状态形容词的含义，更为重要的是，状态形容词表达“描述、评价”的主观感知和“程度”含义的内在逻辑是一致的，而主次关系应该是表达的某种程度反映了主观感知的结果，这里的程度并不必须是精确的、可测量的，但一定是主观感知在程度序列中某一点上的锚定。

熊仲儒(2017)用分布式形态学的理论框架解释了汉语重叠形容词的构成，他认为，重叠形容词是由没有语类的词根先接受轻形容词指派形容词性，再经过“量度范畴”扩展。当该范畴的核心是程度副词时，轻形容词核心不需移位，此时由于量度语素没有改

① 关于“白手”类似的词是否可以说，沈家煊(1997)提出在特定的环境下可以使用，但这种用法也仅限于非常特殊的语境，我们认为，这样不能说明简单形容词可以无限制的修饰 N。可能的解释方法有两种：1) 这是一种省略。但为什么在“比较义”环境中可以出现省略、省略的是什么，都不能确定；2) 通过类型转换(type-shifting)的方式，将 e 转换成<e，t>，未知的是，这种类型转换是由什么出发的。

变轻形容词核心的范畴,因此量度短语外的谓词扩展(Pr)不需要语音实现;当该范畴的核心是重叠词缀时,轻形容词核心需要移位,此时由于量度语素改变轻形容词核心的范畴至副词性,因此量度短语外的谓词扩展(Pr)需要语音实现为"的"。熊仲儒的分析方法在一定程度上进一步解释了张宁(Zhang, 2015)没有解答的重叠后"的"的"谓性扩展(Pr)"功能,但该分析方法中仍旧存在一个问题,轻形容词在被功能语类量度短语选择后,轻形容词核心会由于移位与否而改变或保持范畴,且上层的谓性扩展会因此需要或不需要语音实现,这里的原因文章并没有解释,即"量度短语"本身的性质并没有解释清楚。

综合前期的研究可以发现,汉语简单形式形容和复杂形式形容词的语法差别主要集中在复杂形式的程度语素上,前辈学者们的解释大多是从语义的角度描述或解释该语素的功能,但这是不够的;有些研究试图从句法的角度解释,但将这部分语素看作动词标记或副词都有不妥之处。本文采用分布式形态学(Distributed Morphology)的理论框架(Halle & Marantz, 1993,1994),以单音节简单形容词和它对应的重叠式复杂形容词为例,分析这种形态变化是如何导致两类形容词的分布差异的。

3 形态变化的作用

哈里和马兰奇(Halle & Marantz, 1993,1994)提出分布式形态学,认为可以用句法的手段构建语类信息。生成语法词汇主义倾向的理论认为语类信息和论元结构都储存在词库里,而新构式主义倾向的分布式形态学则认为,语类信息可以通过句法操作实现,即词根(Root)而不是词项(lexical item)作为语类化(categorizer)的补语(complement)直接进入句法操作,通过合并(incorporation)获得语类信息。事件赋予论元以题元角色,句法操作结束后在终端插入词项(Late Insertion),整体传输至逻辑式LF获得解读。此时的解读需要在百科知识序列(Encyclopedia)中获得对应表达才能完成输出。

关于语类信息,贝克(Baker, 2003)指出,语类化(categorizer)包括v和n。其中v具有了[+V]的性质,意味着时间性质的概念(an extending-into-time perspective);n具有[+N]的性质,是表示区别的"类"概念(a sortal perspective)。根据分布式形态学的分析模式和贝克(Baker)对于时间概念和类别概念的解释,我们可以推测,表示"性质(Property)"概念的语素也可以作为词根(Root)直接进入句法操作,并且获得性质的拓展投射。形容词就是源自这种性质的拓展投射。在下一节,本文提出,汉语形容词的形态变化与动词拓展投射中Aspect层相似,给形容词的"性质"识解提供视角,表达程度的信息。

4 汉语形容词:形容词二分及形态差异

本节将主要分析汉语简单形容词和复杂形容词在前文文献中发现的在谓语和定语位置的分布差异,分析的过程主要以单音节简单形容词和重叠复杂形容词为例。汉语复杂形容词从词库中选出词根,在DegreeP层获得程度语素赋予的“视角”信息,从而能够直接作谓语或定语;而简单形容词在扩展投射过程中,可能不投射DegreeP层或在该层没有实现,视角信息的缺乏导致此类形容词不能直接作谓语。简单形容词直接修饰名词时组成的“SA+N”构成的是复合词而不是短语。

4.1 谓语位置的表现

肯尼迪(Kennedy,1999)提出形容词语义的组合性,认为等级形容词(gradable adjectives)自身的语义中包含将事物按照等级排序(ordering)的功能,即表现出个体性质并不是排序序列上的某一点,而是数值区间,表示一般义。等级形容词由三部分组成,参照值(主语的程度)、标准值和程度关系。程度关系由程度语素(degree morpheme)标记,对排序敏感,表示参照值和标准值的排序关系,表示比较义。

根据肯尼迪(Kennedy)对等级形容词程度语义的分析,我们可以看到形容词的语义具有组合性,这种性质是通过添加表示程度的功能语素表现出来的。从分布式形态学来看,词或句子层面的语素都可以作为功能语素投射,使词根进入结构后获得相应的解读。形容词语义的组合性可以通过功能语素共同作用反映出来。

威尔奇可(Wiltschko, 2014)针对语言普遍的语类(categories)提出了普遍脊柱假说(Universal Spine Hypothesis)。她考察了黑足语、哈克语和上奥地利德语,发现语言中普遍存在四种层级,即连接层(Linking)、锚定层(Anchoring)、视角层(Point-of-View)和分类层(Classification),分别对应着动词拓展投射的CP、IP、AspP和vP,和名词拓展投射的KP、DP、PhiP和nP。以动词的拓展投射为例,连接层是命题和语篇的关联;锚定层是对事件的定位,这种定位在某些语言中体现为时间(TP)而在另外一些语言中可能体现为人称;视角层是对事件观察的视角,是事件和参照点之间的关系;分类层是对事件的确定和分类。

威尔奇可(Wiltschko, 2014)的研究启发我们思考是否可以将普遍语类的层级对应到形容词词根的拓展投射上。具体来说,首先,可以从词库中抽取某种具有抽象意义的词根,在分类层(aP),词根获得等级的排序和标准值,这种等级既可以是可区分程度高低的性质,如“高”“低”,也可以是无等级(或占全部等级的)性质,如“生”“死”。视角层(DegP)为某参数提供了取值域,DegP和aP的选择关系,就建立了事物性质的程度和取值域的关系,换句话说,DegP提供了一个观察的视角,由此建立的比较关系可以确定事物性质的程度值,如(2)。

(2) a. 张三比李四高。
　　b. 张三很高。
　　c. 张三高高的。

在(2)中,"高"表示身高参数表上的有序的高度,需要划定一个取值域再比较"张三"和取值域的关系。(2b)或(2c)中的"高"反映了张三身高和普遍语境下"高"取值域之间的关系,而(2a)中,"高"这种性质反映的是张三身高和李四身高取值域的关系。在这之后,形容词才能在锚定层(XP)和连接层(YP),和其他成分合并①,这种层次关系可以通过(3)来体现。功能语类DegP的核心可以由形容词复杂形式中的复杂词缀"重叠+的"②标记,也可以通过"很"或"比XP"结构标记。

(3)

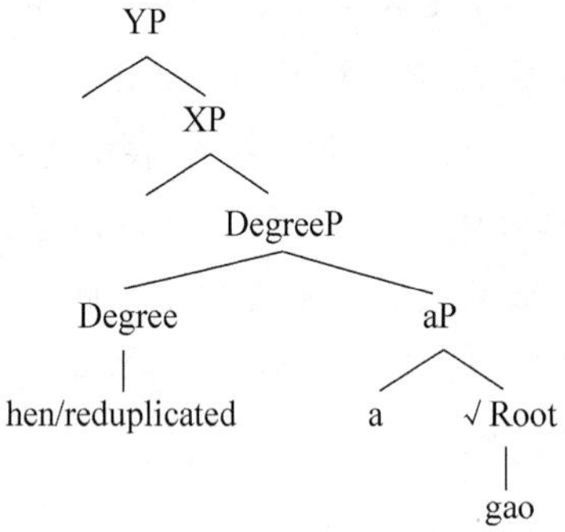

汉语简单形容词单独作谓语不能完句,有(4)中的分布:

(4) a. *张三高。
　　张三高,(李四矮)。
　　(解读:张三高,而李四矮。/*张三是高的。)
　　b. *屋里黑。

① 形容词锚定层和连接层的拓展投射在这里暂不讨论。这个问题可能涉及更多的内容,和目前的话题并不直接相关。

② 这一点依据了包华丽(Paul, 2006)的观点,认为"的"是形容词的一部分。至于是"的"起到了功能语类的作用而触发形容词性核心的重叠还是先发生重叠再扩展到"的",与本文的主要论点关系并不密切,因此暂不讨论。

屋里黑,(外面亮)。

(解读:屋里黑,而外面是亮的。/ * 屋里是黑的。)

我们会认为这样的句子不能完句,是因为这些形容词的用法在程度上不明确(郭锐,2015)。如果依据(3)中的结构,程度的不明确就是由于简单形容词只有从词根生成的 aP,获得了某参数的有序排列,但没有 DegP 提供比较关系需要的取值域作为确定程度关系的视角。如果补充上后半句,事物的性质"高"从语境获得了视角,可以确定该性质程度和取值域之间的关系,因此是符合语法的。

进一步,我们还可以观察到汉语简单形容词有这样的用法:

(5) a. 张三不高。

b. 张三高吗?

c. 李四笑张三傻。

d. 张三高了。

(Liu,2010)

依据简单形容词在(5d)中的分布,董红源(Dong, 2005)直接将汉语形容词的程度标记等同于动词拓展投射中的体标记,认为"很"和"了"应该处于同一个句法位置。刘辰生(Liu, 2010)也曾依据(5)提出,汉语简单形容词之所以可以被"不"或者"没有"这些否定词选择,是因为汉语形容词本身具有体范畴(aspect)的功能。由于形容词没有时间性,体范畴是由程度语素(degree modifier)充当的(Liu, 2010)。对于简单形容词而言,程度语素可能是一般义算子(Positive Operator),显性表达为非重读"很"或隐性表达为焦点锚定(focus-anchoring),也可能是比较义算子(Comparative Operator),显性表达为"比较"或隐形表达。其中隐性表达是为了满足某些音系或韵律特征(Liu, 2018)。但他们没有解释或解释清楚为什么汉语形容词的程度语素是或相当于体范畴,以及复杂形容词内部的程度语素是否等同于简单形容词扩展出的功能语素。

我们认为,功能语类 Deg 为 aP 提供了视角点,其语法功能与动词的体范畴一致,在语义上相当于划定了某参数的取值域,其中复杂形容词的 Deg 实现为"重叠+的",简单形容词实现为"很"或"比 XP";当简单形容词的 Deg 没有具体实现时,由于没有观察视角信息,不可以直接出现。(5a—b)之所以符合语法,是因为该句并不是在表示"张三矮"要解释为"张三不高且不排除张三矮的情况"(Liu, 2010)。这时,简单形容词由 aP 扩展投射到 DegP,但 Deg 核心上没有显性的实现,即存在取值域但并不明确。因此,(5a)的解读可以是"张三不高,但很聪明"或是"张三比较矮"。需要注意的是,如果是前一种解读,这里的"不"不再是句子层面的否定词,而是与词根直接合并的否定前缀

(Liu, 2010),不能结句,相当于简单形容词直接作谓语;如果是后一种解读,“不”表示事物性质的程度不等同于取值域内的值,因此即使取值域不明确,也依旧可以有明确的概念信息。(5c)的“傻”的程度取值域是语境赋予的。而(5d)中的“高”不再表示一种排序的程度或个体性质,而是相当于“长高”或“变高”,“高”从一个 aP 经过范畴转换变成了 vP 范畴。

4.2 定语位置的表现

当汉语形容词作定语的时候,简单形容词作定语直接修饰名词,但该组合数量有限,这可能是由于“简单形容词+N”直接构成名词性复合词而非短语,如(6):

(6)

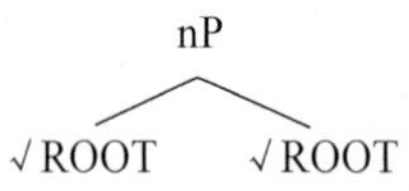

根据 Hu & Perry(2018),当词根和词根从词库中取出直接组合后,可以通过在线的百科知识序列查询是否有对应词类的词,如果可以找到对应的概念,就可以进入后续的操作;如果没有对应的概念,这个词就不能生成。由此,“简单形容词+N”结构是相对固定的。从表达的语义来看,“简单形容词+N”结构可以直接表示某类事物,和普通名词的语义一致。在这样的情况下,简单形容词尽管缺少 DegP 为其提供明确的视角点,但已经在分类层的功能范畴上获得了某参数的程度序列,获得了需要的语义和句法功能。例如“白纸”指“白色的纸”,这里的“白色”没有程度的深浅,只有程度范围,我们在生活中可以观察到,不同程度的白色的纸都可以称为“白纸”,与之对立的是“黑纸、红纸”等。

从分布上来看,简单形容词和“简单形容词+的”表现不同。“简单形容词+N”的组合很受限制,但“简单形容词+的”却可以自由作定语。如果“简单形容词+的+N”是带有附加语(adjunct)的名词短语,可以看到“简单形容词+N”结构表现不同,例如(7):

(7) a. 干净的桌子和椅子

b. 干净桌子和干净椅子

c. 干净的一张桌子

d. * 干净桌子椅子

e. * 干净桌子和椅子

f. * 干净一张桌子

在(7a—c)和(7d—e)的对比中可以观察到，“简单形容词＋的”可以修饰并列的名词短语，但简单形容词却不可以。这样的分布差异表现出简单形容词和“简单形容词＋的”与名词短语之间的关系并不一样。“简单形容词＋N”结构比附接语和名词短语的关系更紧密，因此可能是通过两个词根合并而生成的。

复杂形容词①可以自由作定语，这与“简单形容词＋的＋N”是一致的。从语义角度来看，复杂形容词从 DegP 层获得了程度锚定的视角，表示事物的特定程度，如“白白的纸”，表示某张/些特定的纸不仅是白色的，而且非常白，与“简单形容词＋N”表示不确定的、具有白色性质的纸语义不同。如果“简单形容词＋的＋N”组合不受限制，那么表示某一个特定程度的复杂形容词修饰名词短语，只是表达的语义更加明确，所以组合也可以不受限制。

5 结　论

本文分析了汉语简单形容词与它们对应的典型重叠式复杂形容词二分的句法表现存在差异的内在原因。根据(wiltschko, 2014)提出的形容词语义(kennedy, 1999)的组合性普遍脊柱假说，文章在回顾前人研究成果和不足的基础上，提出了与名词、动词平行的形容词性拓展投射，并采用分布式形态学的理论框架，通过分析分类层 aP 和视角层 DegP 是否实现、是否有显性实现，以此区别汉语简单形容词和复杂形容词的内部差异。

就像文中提到的那样，形容词内部二分并不是汉语特有的现象，进一步的研究可以通过跨语言的比较，分析本文提出的形容词二分的原因是否可以对应到其他语言中。根据本文的观察，形容词的视角功能在汉语中是通过“程度”语义来锚定的，而其他的语言中是否会采用“程度”或其他方式锚定，这还需要进一步观察。最后，形容词拓展投射中包含的其他语法功能也需要进一步考察。

参考文献

[1] Babby, L. H. 2009. *The Syntax of Argument Structure* [M]. Cambridge: Cambridge University Press.

[2] Baker, M. C. 2003. *Lexical Categories: Verbs, Nouns, and Adjectives* [M]. New York:

① 根据 CA 作谓语的表现，本文提出“重叠＋的”共同作用组成了 CA，才有了相应的分布。在讨论 CA 作定语时，文章延续这个假设，认为 CA 表示的是“重叠式形容词＋的”共同组成的词。

Cambridge University Press.

[3] Chierchia, G. 1985. Formal semantics and the grammar of predication [J]. *Linguistic Inquiry*, 16: 417-443.

[4] Dong, H. Y. 2005. Gradable adjectives in Chinese and degree morphemes (Manuscript) [Z]. Cornell University, Ithaca, NY.

[5] Halle, M. & A. Marantz. 1993. Distributed Morphology and the pieces of inflection [A]. In K. Hale & S. J. Keyser (Eds.). *The View from Building* 20 [C]. Cambridge: MIT Press, 111-176.

[6] Halle, M. & A. Marantz. 1994. Some key features of Distributed Morphology [A]. In A. Carnie & H. Harley (Eds.). *MITWPL* 21: *Papers on Phonology and Morphology* [C]. Cambridge: MITWPL, 275-288.

[7] Higginbotham, J. 1985. On semantics [J]. *Linguistic Inquiry*, 4: 547-593.

[8] Hu, X. H. & Perry. J. J. (2018). The syntax and phonology of non-compositional compounds in Yixing chinese. National Language & linguistic Theory, 36(3), 701-742.

[9] Huang, S-Z. 1997. Some remarks on adjectives in Mandarin Chinese [Z]. Paper presented at the International Association of Chinese Linguistics-6 (IACL-6), Leiden, the Netherlands.

[10] Huang, S-Z. 2006. Property theory, adjectives, and modification in Chinese [J]. *Journal of East Asian Linguistics*, 15: 343-369.

[11] Kennedy, C. 1999. Projecting the adjective: The syntax and semantics of gradability and comparison [D]. Unpublished doctoral dissertation, University of California, Santa Cruz, CA.

[12] Liu, C. L. 2010. The positive morpheme in Chinese and the adjectival structure [J]. *Lingua*, 120: 1010-1056.

[13] Liu, C. L. 2013. Reduplication of adjectives in Chinese: A default state [J]. *Journal of East Asian Linguistics*, 22(2): 101-132.

[14] Liu, C. L. 2018. Projecting adjective in Chinese [J]. *Journal of East Asian Linguistics*, 27: 67-109.

[15] Paul, W. 2005. Adjectival modification in Mandarin Chinese and related issues [J]. *Linguistics*, 43(4): 757-793.

[16] Paul, W. 2006. Zhu Dexi's two classes of adjectives revisited [A]. In C. A. H. Eifring (Ed.). *Studies in Chinese Language and Culture. Festschrift in Honour of Christoph Harbsmeier on the Occasion of His 60th Birthday* [C]. Oslo: Hermes Academic Publishing, 303-315.

[17] Wiltschko, M. 2014. *The Universal Structure of Categories: Toward a Formal Typology* [M]. Cambridge: Cambridge University Press.

[18] Zhang, N. N. 2015. Functional head properties of the degree word *hen* in Mandarin Chinese [J]. *Lingua*, 153: 14-41.

[19] 程工,1998.从跨语言的角度看汉语中的形容词[J].现代外语,(2):17-26.

[20] 郭锐,2012.形容词的类型学和汉语形容词的语法地位[J].汉语学习,(5):3-16.

[21] 郭锐，2015. 汉语谓词性成分的时间参照及其句法后果[J]. 世界汉语教学，(4)：435－449.

[22] 黄师哲，2008. 语义类型相配论与多种语言形名结构之研究[J]. 汉语学报，(2)：53－96.

[23] 沈家煊，1997. 形容词句法功能的标记模式[J]. 中国语文，(4)：242－250.

[24] 王洪磊，2017. 从俄汉比较的角度看汉语性质形容词和状态形容词的语法差异[J]. 外语研究，(1)：46－53.

[25] 熊仲儒，2017. 汉语形容词重叠的分布式形态学分析[J]. 安徽师范大学学报(人文社科版)，45(5)：630－637.

[26] 张伯江，1994. 词类活用的功能解释[J]. 中国语文，(5)：339－346.

[27] 张伯江，2011. 现代汉语形容词做谓语问题[J]. 世界汉语教学，(1)：3－12.

[28] 张国宪，2000. 现代汉语形容词的典型特征[J]. 中国语文，(5)：447－480.

[29] 张国宪，2006. 性质形容词重论[J]. 世界汉语教学，(1)：5－17.

[30] 朱德熙，1956. 现代汉语形容词研究. 朱德熙(著). 现代汉语语法研究[M]. 北京：商务印书馆，3－41.

[31] 朱德熙，1961. 说"的". 朱德熙(著). 现代汉语语法研究[M]. 北京：商务印书馆，67－103.

[32] 朱德熙，1993. 从方言和历史看状态形容词的名词化[J]. 方言，(2)：81－100.

职前英语教师职业选择动机及教学信念调查研究*

扬州大学　丰玉芳　李远航**

摘　要:本研究采用问卷、访谈等工具,探究职前英语教师职业选择动机及其教学信念,并比较高、低年级职前英语教师之间的差异。254名英语教育专业大学生参加了调查,他们来自高、低两个年级组。研究结果表明:1) 职前英语教师的职业选择受多种因素的影响,其中"先前的教与学经历"和"职业保障"是最主要的动机因素,而"备选职业"和"家庭时间"对职业选择的影响最小。此外,职前英语教师最认可的教学信念是"专业知识","薪水"的认可度最低。2) 高、低年级职前英语教师在职业选择动机及教学信念上存在较大差异。3) 职前英语教师的职业选择动机与教学信念之间具有一定的相关性。

关键词:职前英语教师;职业选择动机;教学信念

Title: A Survey Study on Prospective English Teachers' Career Motivations for Teaching and Their Teaching Beliefs

Abstract: This paper reports an empirical study on prospective English teachers' career motivations for teaching and their teaching beliefs. The participants were 254 English majors from Yangzhou University at different grades, and the instruments adopted included questionnaires and interviews. Both the qualitative and quantitative analysis of data have yielded the findings as follows: 1) There are many factors that

---

* 本文为扬州大学重点教改项目"地方院校职前英语教师学习过程及创新培养模式建构研究"(项目编号:YZUJX2017-10A)和扬州大学研究生实践创新计划"高中英语教师职业选择动机及教学信念调查研究"(项目编号:XSJCX18_026)的阶段性成果。

** **作者简介**:丰玉芳,教授,研究方向:应用语言学及二语习得。电子邮箱:helensociety@126.com。李远航,硕士研究生,研究方向:应用语言学及二语习得。电子邮箱:2393560434@qq.com。

motivate prospective English teachers to choose the teaching profession. To be specific, "prior teaching and learning experiences" and "job security" are the most important career motivations, while "fallback career" and "time for family" have a minimal impact on prospective English teachers. In terms of teaching beliefs, most of the prospective English teachers have realized the importance of "expertise", while "salary" is the belief that they are least satisfied with. 2) Participants at different grades are found to be significantly different from each other in career motivations and teaching beliefs. 3) There is a certain correlation between prospective English teachers' career motivations and teaching beliefs.

Key Words: prospective English teachers; career motivations; teaching beliefs

1 研究背景

一直以来,教师这一职业为人们津津乐道,教师被尊称为"人类灵魂的工程师",因为师者,传道授业解惑。自发改委多次颁布教育改革文件之后,国家越来越重视师资建设,力图建立国际化的专业教育队伍。在此大背景下,英语教师这一职业建设就变得尤为重要,了解英语教师的职业选择动机和教学信念等相关情况有助于教育改革的全面深化。

自 20 世纪 60 年代以来,西方学者在教师职业选择动机和教学信念等方面做了不少研究。普雷斯顿(Preston, 2000)、约翰逊和伯克兰德(Johnson & Birkeland, 2003)、库珀和阿尔瓦拉多(Cooper & Alvarado, 2006)等人分别详细论述了澳大利亚、美国、法国等师资短缺国家的教师选择这一职业的动机因素;吉尔伯特(Gilbert, 1997)、哈德雷和亨尼斯(Hardré & Hennessey, 2013)等人分别对城市和农村教师是如何看待教师这一职业的情况进行了深入探讨。

然而,不同的国家和不同的学科领域中教师的职业选择动机和教学信念不尽相同(Zumwalt & Craig,2008)。关于中国教师选择从事教育行业及其对教师职业的认知情况,国内已有部分学者做了实证性研究。例如,庞宗芬(1998)曾对 180 名新入职的教师进行了职业动机和专业思想方面的调查研究。杨豫晖(2010)、窦岩(2015)、韩爽和张聪(2015)等人分别对小学、中学和大学教师的教学信念进行了详细研究。然而,关于职前英语教师职业选择动机及教学信念方面的研究却寥寥无几。为此,笔者在前人研究的基础上,以英语教育专业大一到大四年级学生为调查对象,采用问卷、访谈等调查方法,探究职前英语教师职业选择动机及其教学信念,并比较高、低年级学生在这两个方面的差异。此外,本研究还进一步分析了职前英语教师的职业选择动机与教学信念之间的相关性。

2 研究设计

2.1 研究问题

该研究拟回答下列三个问题:1) 职前英语教师职业选择动机及教学信念的总体情况如何? 2) 高(大三、大四)、低年级(大一、大二)职前英语教师在职业选择动机及教学信念上有何差异? 3) 职前英语教师职业选择动机与教学信念之间是否有相关性?

2.2 调查对象

扬州某大学外国语学院一至四年级共254名英语教育专业大学生(一年级39人、二年级86人、三年级69人、四年级60人)参加了本次调查。选择高年级(大三、大四)和低年级(大一、大二)学生为调查和比较的对象主要基于以下两方面的原因:英语教育专业低年级学生进入大学时间还不长,对教师这一职业的了解还停留在基础教育阶段对老师的主观判断上;而大部分英语教育专业高年级学生在经过两三年的师范教育学习之后,已能够较为客观地对英语教师这一职业做出判断和评价。

2.3 调查工具

本研究所用调查工具主要基于瓦特和理查德森(Watt & Richardson, 2007)的FIT-Choice Scale问卷,在此基础上结合英语教育专业学生的实际情况修改而成(见附录1);除此之外,调查工具还包括以此问卷为基础的访谈(见附录2)。

问卷的第一部分为个人简介,包括姓名、班级、学号、性别、年龄、高考英语成绩、四级考试成绩、开始学英语的时间、对英语任课老师的总体印象、家庭背景等。第二部分包括由12个动机因素所组成的职前英语教师职业选择动机和4个教学信念所组成的职前英语教师教学信念,动机因素具体分为"教学能力、内在价值、备选职业、职业保障、家庭时间、职业灵活性、塑造青少年的未来、促进社会平等、为社会做贡献、与青少年相处、先前的教与学经历和社会影响"。教学信念具体分为"专业知识、工作难度、社会地位和薪水"这4个方面。其中12个动机因素都分别由三个或三个以上的问卷题目组成,4个教学信念分别由两个或两个以上的题目组成,它们的内部一致性均达到了统计要求(见表1)。这一部分的选项采用5分制(1~5),如:1=我认为这一动机因素/教学信念非常不重要;5=我认为这一动机因素/教学信念非常重要。问卷的第三部分是有关职业选择动机及教学信念方面的三个开放性问题,所获信息一并参与讨论。

表 1　动机因素及教学信念的信度分析

分类	变量	问卷题数	Alpha	变量	问卷题数	Alpha
动机因素	1) 教学能力	3	.908	7) 塑造青少年的未来	3	.923
	2) 内在价值	3	.821	8) 促进社会平等	3	.885
	3) 备选职业	3	.621	9) 为社会做贡献	3	.928
	4) 职业保障	3	.945	10) 与青少年相处	3	.925
	5) 家庭时间	5	.852	11) 先前的教与学经历	3	.850
	6) 职业灵活性	3	.803	12) 社会影响	3	.880
教学信念	1) 专业知识	2	.906	3) 社会地位	6	.813
	2) 工作难度	3	.711	4) 薪水	2	.851

2.4　数据收集和分析

本研究主要采用问卷调查的方法进行数据收集,笔者于 2018 年 10 月利用老师上课时间分别向扬州某大学外国语学院一至四年级的学生发放问卷,共收回有效问卷 254 份,其中一年级 39 份,二年级 86 份,三年级 69 份,四年级 60 份。

将采集的数据运用 SPSS(Statistical Package for Social Science)18.0 软件进行统计分析。分析分四步进行:1) 用描述性统计得出职前英语教师职业选择动机及教学信念的平均数和标准差;2) 用内部一致性的方法检验职业选择动机和教学信念归类是否能达到统计上的要求;3) 用 T 检验(T-test)比较高、低年级职前英语教师在职业选择动机及教学信念上的差异;4) 用 Pearson 相关分析计算职前英语教师职业选择动机与教学信念之间的相关系数。

3　结果与讨论

3.1　职前英语教师职业选择动机及教学信念的总体情况

表 2 是 12 个职业选择动机因素的描述性统计结果,反映了职前英语教师职业选择动机的总体趋势。

表2 职前英语教师职业选择动机因素的平均数和标准差

动机因素	平均数	标准差	动机因素	平均数	标准差
1) 教学能力	3.44	.920	7) 塑造青少年的未来	3.98	.830
2) 内在价值	3.34	.850	8) 促进社会平等	3.30	.961
3) 备选职业	3.15	.920	9) 为社会做贡献	3.88	.785
4) 职业保障	3.99	.750	10) 与青少年相处	3.18	.772
5) 家庭时间	3.14	1.060	11) 先前的教与学经历	4.11	.834
6) 职业灵活性	3.36	.995	12) 社会影响	3.21	1.131

由表2数据可见,所有动机因素的平均值均高于3,说明这些动机都是促使学生成为英语教师的主要因素。按照平均值的高低,依次排列如下:先前的教与学经历(M=4.11)>职业保障(M=3.99)>备选职业(M=3.15)>家庭时间(M=3.14)。不难看出,"先前的教与学经历"的平均值超过4,位居第一,是大部分职前英语教师选择当老师的主要动机因素,其原因可能是他们曾经在中学阶段遇到过一些鼓舞人心的老师,所以他们就把这些优秀教师当成自己的职业榜样,抑或他们有过积极的学习经历,进而产生当英语老师的想法。与"职业保障"(M=3.99)不同,学生对潜移默化的影响更加印象深刻,所以他们更青睐"先前的教与学经历"这种动机因素。相比而言,"备选职业"(M=3.15)和"家庭时间"(M=3.14)对职前英语教师的职业选择影响最小,这反映了学生既不是因为不确定从事其他什么职业或是没能被自己心仪的职业选中才选择英语教师这一职业,也不是因为他们认为这一职业和他们的家庭时间或责任不冲突才做出的选择,这与蒙宏洁(2016)的研究结果有所不同,她的调查显示"有利于家庭"是职前英语教师职业选择动机最主要的因素,其原因可能与调查对象的不同有关。经历过教育见习和教育实习之后,学生也许认识到英语教师这一职业远非他们想象的那般容易,他们将来可能需要将大量的时间和精力投入到中学英语教学中,显然这会占用他们不少的家庭时间,因而学生并没有把"家庭时间"作为促使自己选择当英语教师的主要推动力量。

表3是四个教学信念的描述性统计结果,反映了职前英语教师教学信念的总体趋势。

表3 职前英语教师教学信念的平均数和标准差

动机因素	平均数	标准差	动机因素	平均数	标准差
1) 专业知识	4.47	.593	3) 社会地位	3.25	.660
2) 工作难度	3.27	.960	4) 薪水	3.04	.883

由表3可见,所有教学信念的平均值均高于3,说明这些教学信念都被职前英语教

师所认可。其中“专业知识”位居第一，说明绝大部分学生认为英语教师需要高水平的专业知识和技术知识，这可能是因为教师的责任是教书育人，没有扎实的专业知识和技术知识，教师就难以回答学生提出的问题，这会导致他们在学生心目中的形象大打折扣。“薪水”平均值最低，说明学生并不认可英语教师的薪水，他们认为英语教师并没有得到应有的报酬，且这一职业的薪水不高，这与国家政策和教师的社会地位有关。虽然教学信念不像动机因素分支众多，但它更能简单明了地反映职前英语教师对英语教学和教师这一职业的看法。

3.2 高、低年级职前英语教师在职业选择动机及教学信念上的差异

笔者对大一、大二(低年级)职前英语教师(125 人)和大三、大四(高年级)职前英语教师(129 人)就职业选择动机和教学信念分别进行了独立样本 T 检验(T-test)，以探讨两组职前英语教师在职业选择动机及教学信念上的差异，结果列于表 4 和表 5。

表 4 高、低年级职前英语教师职业选择动机因素比较

	低年级		高年级			
动机因素	平均数	标准差	平均数	标准差	t	p
教学能力	2.72	.341	4.13	.738	−19.393	.000
内在价值	2.72	.446	3.94	.688	−16.956	.001
备选职业	3.83	.567	2.50	.697	16.454	.001
职业保障	4.02	.789	3.95	.706	.720	.501
家庭时间	4.05	.670	2.29	.472	24.264	.000
职业灵活性	3.47	1.055	3.27	.928	1.573	.136
塑造青少年的未来	4.03	.865	3.94	.797	.809	.452
促进社会平等	3.34	1.028	3.26	.894	.699	.503
为社会做贡献	3.95	.802	3.81	.765	1.466	.155
与青少年相处	2.72	.522	3.61	.713	−11.421	.003
先前的教与学经历	4.09	.866	4.14	.804	−.453	.668
社会影响	3.10	1.207	3.31	1.046	−1.419	.190

表 4 数据显示，低年级职前英语教师在大部分职业选择动机上的平均值均高于高年级职前英语教师，即低年级职前英语教师比高年级职前英语教师更受这些动机因素的驱使，其中有些动机因素呈现出显著性差异($p<0.05$)。主要反映在以下三方面。

1) 与低年级职前英语教师相比，高年级职前英语教师在“教学能力”及“内在价值”上的平均值都比低年级高，即高年级学生在职业选择动机上更多地受“教学能力”和“内在价值”因素的影响。这是因为经过三四年专业知识的学习之后，尤其是经过 3 年级的

教育见习及4年级的教育实习之后，高年级职前英语教师在教学能力上有了大幅度的提高，他们对英语教学也逐渐产生了兴趣，开始真正地想成为一名教师，这与理查德森和瓦特(Richardson & Watt,2006)的研究结果相类似：个体自我感知到的教学能力和其固有的教学观念构成了教师职业动机的主要部分。

2) 表4显示，高年级职前英语教师在“备选职业”及“家庭时间”因素上的平均值都低于低年级职前英语教师，且p值小于.05，证明差异显著。首先，就“备选职业”(对首选专业录取的态度)而言，与低年级学生相比，高年级职前英语教师由于接受英语教育专业的训练时间较长，已对英语或多或少建立了较浓厚的兴趣，他们几乎不再纠结自己当初是否被首选专业录取。而低年级职前英语教师因为进入大学时间不够长，他们极有可能还在懊恼自己当初的志愿填报问题，尤其是对于那些当初没有把英语当成自己首选志愿的学生来说，当英语教师是他们不得不接受的选择。因此，不同年级的职前英语教师在首选专业录取方面会持不同的态度也就在情理之中了。

在“家庭时间”动机因素上，两组职前英语教师也显示出很大的差异。高年级职前英语教师由于经历过教育见习或实习，他们对教师这一职业有了比较全面的认识，知道教师平时非常忙碌，他们不仅需要备课，还需要批改作业、准备课件和教案，等等，而低年级职前英语教师因为还没有真正意义上接触过这些具体事务，也可能还没有想过做一名教师该承担的具体任务，所以他们对教师这一职业的认知还很有限。

表4数据并未显示两组职前英语教师在“社会影响”动机因素上的差异。但根据低年级职前英语教师对访谈问题“是什么原因促使你选择英语教育专业的呢？”的回答，笔者统计得出大约有90%的学生给出的答案都与父母有关。同时，在对回答内容进行整理归类时发现，低年级职前英语教师受父母和朋友的影响更大。一位学生如是说：“我本来想选哲学的，但是父母不同意，他们认为家里条件普通，哲学毕业出来不好找工作，想让我以后能找个安稳点的工作。后来又听说朋友要和自己填报同一所大学，所以自己最后就填了现在这个学校的英语教育专业。”

3) 表4结果显示，高年级职前英语教师对待青少年的态度(M=3.61)要比低年级职前英语教师(M=2.72)更积极友好，而且$p=.003$，表明差异显著。其原因可能是，学生在不同年龄阶段对待儿童或青少年的态度会有所不同。就低年级职前英语教师而言，他们刚离开父母身边没多长时间，自己的心智还未成熟，在他们眼中，他们可能把青少年和幼稚画等号，这让他们不屑与未成年人打交道。而对于高年级职前英语教师来说，大学就像是半个社会，他们在大学三四年的时间里从稚嫩走向成熟，在这期间独自面对了很多人和事，这些让他们更加留恋青少年时期的单纯与美好，更想在一个以儿童或青少年为中心的环境中工作，所以高年级职前英语教师更喜欢与儿童或青少年相处。

除了在职业选择动机方面有不同之处外，高、低年级职前英语教师在教学信念上也存在差异。

表 5 数据显示，高年级职前英语教师在“专业知识”和“薪水”的平均值和低年级职前英语教师的平均值差别不大，即高、低年级学生对于英语教师这一职业拥有类似的教学信念，然而，在“工作难度”及“社会地位”信念上，两组学生呈现出显著性差异（$p<0.05$）。

表 5　高、低年级职前英语教师教学信念比较

	低年级		高年级			
变量	平均数	标准差	平均数	标准差	t	p
专业知识	4.48	.618	4.47	.570	.136	.617
工作难度	2.50	.498	4.01	.666	−20.417	.000
社会地位	2.86	.416	3.63	.616	−11.793	.001
薪水	3.09	.902	2.99	.864	.826	.410

就“工作难度”而言，与低年级职前英语教师相比，高年级学生在对待英语教师这一职业的难易度和社会地位上持消极态度。这是因为英语教育专业的课程学习会加深他们对英语教师这一职业的了解，他们可能发现要想成为一名合格的英语老师不仅需要学习许多与英语相关的知识，还要学习非英语专业的知识，学习这些理论知识本身就不容易，更何况实践。其次，就“社会地位”而言，高年级职前英语教师在教育见习和实习过程中逐渐发现中小学英语教师的社会地位并不高，人们普遍把他们看作是英语教书匠，而不是英语方面的专家。近年来校园事件层出不穷，人们对老师的评价也是呈现低走势，因而，高年级职前英语教师能感受到教师这一职业在社会上并不算作是非常受人尊敬的职业。理查德森和瓦特（Richardson & Watt，2006）也曾得出类似的结论：职前教师认为老师是一份高要求的职业，因为它工作负担重、情感要求高、需要专业知识和技术知识，而且教师的社会地位也不高。

3.3　职前英语教师职业选择动机与教学信念之间的相关性

为了探究职前英语教师职业选择动机与教学信念之间的关系，笔者使用 Pearson 相关分析检验各个动机因素与职前英语教师教学信念之间的关系。

表 6 数据显示，“教学能力”与“工作难度”“社会地位”之间呈高度正相关，这说明职前英语教师教学能力越强，他们就越能感知到英语教学并不是一份简单的工作，教师的社会地位也并不怎么高。“内在价值”与“工作难度”“社会地位”之间表现出很强的相关性，职前英语教师越是喜欢英语教学，他们对自己的要求就越高，从而发现这一职业工作量颇大，同时也发现公众并不把英语教师看成是专业人士。“职业保障”与“薪水”之间呈高度正相关，这说明英语教师这一职业越稳定，老师就越能得到自己应有的报酬。“职业灵活性”与“薪水”“专业知识”之间亦表现出很强的相关性，英语教师这一职业用处越多，老师所能获得的薪水就越高，他们也就越需要具备高水平的专业知识。“塑造

青少年的未来”与“专业知识”之间呈高度正相关,这说明职前英语教师教学能力越高,他们就越能潜移默化地影响儿童和青少年。“先前的教与学经历”与“专业知识”之间表现出很强的相关性,职前英语教师越是有积极的学习经历,他们对自己的要求就越高,从而获取高水平的专业知识和技术知识。此外,“促进社会平等”与“薪水”“专业知识”之间表现出较强的相关性,“为社会做贡献”与“专业知识”之间呈正相关,“与青少年相处”和“社会地位”“工作难度”“薪水”之间表现出较强的相关性,“社会影响”与“社会地位”“薪水”“专业知识”之间也呈高度正相关。而“备选职业”“家庭时间”都与“工作难度”和“社会地位”呈负相关。由此可见,职前英语教师的职业选择动机越强,他们就越认同教师这一职业。蒙宏洁(2016)也得出了类似的结论:“师范生对教师职业的认可度越高,择业动机就越强。”

表 6 职前英语教师职业选择动机与教学信念的相关性

	先前的教与学经历	塑造青少年的未来	为社会做贡献	促进社会平等	社会影响	职业灵活性		内在价值	教学能力	与青少年相处	备选职业	家庭时间
专业知识	.330**	.311**	.143*	.129*	.129*	.123*	工作难度	.737**	.732**	.602**	−.715**	−.783**
	教学能力	内在价值	备选职业	家庭时间	与青少年相处	社会影响		职业灵活性	社会影响	职业保障	促进社会平等	与青少年相处
社会地位	.688**	.643**	.627**	.282**	−.636**	−.682**	薪水	.333**	.274**	.189**	.161*	.153*

注:* 表示在 0.05 水平下呈显著相关性;** 表示在 0.01 水平下呈显著相关性。

4 结 语

通过本次调查,我们得出以下结论:1) 职前英语教师选择英语教师这一工作受多种因素的影响,其中“先前的教与学经历”和“职业保障”是最主要的动机因素,而“备选职业”和“家庭时间”对职前英语教师的职业选择影响最小。此外,职前英语教师总体上比较认可英语教师这一工作,在一系列的教学信念中,他们最认同的是“专业知识”,最不认同的是英语教师的“薪水”。2) 高年级和低年级职前英语教师在职业选择动机和教学信念上存在较大差别。在职业选择动机上,高年级职前英语教师更多地受“教学能力”“内在价值”和“与青少年相处”等因素的影响,而低年级职前英语教师更多地受“备选职业”和“家庭时间”等因素的推动。在教学信念上,与低年级职前英语教师相比,高年级职前英语教师在对待英语教学这一工作的难易程度和社会地位上是持消极态度的。3）职前英语教师的职业选择动机与教学信念之间存在一定的相关性。

参考文献

[1] Cooper, J. M. & A. Alvarado. 2006. *Preparation, Recruitment and Retention of Teachers* [M]. Paris: UNESCO.

[2] Gilbert, S. 1997. The "Four Commonplaces of Teaching": Prospective teachers' beliefs about teaching in urban schools [J]. *The Urban Review*, 2: 81 - 96.

[3] Hardré, P. L. & M. N. Hennessey. 2013. What they think, what they know, what they do: Rural secondary teachers' motivational beliefs and strategies [J]. *Learning Environments Research*, 3: 411 - 436.

[4] Johnson, S. M. & S. E. Birkeland. 2003. Pursuing a "Sense of Success": New teachers explain their career decisions [J]. *American Educational Research Journal*, 3: 581 - 617.

[5] Preston, B. 2000. Teacher supply and demand to 2005: Projections and context [J]. *Journal of Cancer Research and Clinical Oncology*, 1: 30 - 34.

[6] Richardson, P. W. & H. M. G. Watt. 2006. Who chooses teaching and why? Profiling characteristics and motivations across three Australian universities [J]. *Asia-Pacific Journal of Teacher Education*, 1: 27 - 56.

[7] Watt, H. M. G. & P. W. Richardson. 2007. Motivational factors influencing teaching as a career choice: Development and validation of the FIT-choice scale [J]. *Journal of Experimental Education*, 3: 167 - 202.

[8] Zumwalt, K. & E. Craig. 2008. *Who is teaching? Does it matter?* [M]. New York: Routledge.

[9] 窦岩，2015. 大学外语教师的教师信念与教学行为研究[J]. 外语教学理论与实践，(3)：42 - 48.

[10] 韩爽，张聪，2015. 当前我国高中教师教学信念的结构性困境与破解[J]. 教育理论与实践，(14)：29 - 31.

[11] 蒙宏洁，2016. 基于 FIT-Choice Scale 的英语师范生择业动机调查研究[J]. 钦州学院学报，(11)：54 - 59.

[12] 庞宗芬，1998. 关于新教师择业动机的调查报告[J]. 教学与管理，(10)：26 - 27.

[13] 杨豫晖，2010. 教师教学信念的检视与反思——以小学数学教师为例[J]. 课程·教材·教法，(12)：100 - 106.

附录1

影响职前英语教师职业选择动机因素调查问卷

亲爱的同学：

你好！本问卷旨在了解你对英语教师职业动机因素的选择情况，即你选择英语教育专业就读(未来的英语教师)的原因(包括转入英语教育专业的学生)，有哪些因素影响了你的(教师)专业选择，研究结果将为职前英语教师培养提供参考价值。

请你仔细阅读填答说明，再根据你自身的实际情况，逐题选择。本问卷各项答案没有好坏对错之分，问卷所得结果仅供研究之用。非常感谢你的合作与协助！

第一部分：个人简况

1. 姓名________　　2. 班级________　　3. 学号________

4. 性别________　　5. 年龄________

6. 高考英语成绩________　　7. 四级考试成绩(三、四年级学生)________

8. 你开始学英语的时间________

A. 一年级开始　　B. 三年级开始　　C. 六年级开始　　D. 初一开始

9. 你对曾经教过你的英语老师的总体影响是________

A. 非常喜欢　　B. 喜欢　　C. 一般　　D. 不喜欢

F. 非常不喜欢

10. 你的家庭背景情况(双亲之一符合下列情况即可)________

A. 教师家庭　　B. 干部家庭　　C. 工人家庭　　D. 农民家庭

F. 商人家庭　　G. 其他

第二部分　你选择当一名英语教师的动机因素

【填答说明】请在以下5个数字中选择1个数字打"√"

1=这一动机因素非常不重要；2=这一动机因素不重要；3=这一动机因素不确定；

4=这一动机因素重要；　　5=这一动机因素非常重要。

Motivation for Teaching 动机因素 "I choose to become a teacher because ... "		非常不重要	不重要	不确定	重要	非常重要
教学能力	1. 我具备一名优秀英语教师的品质。	1	2	3	4	5
	2. 我具有良好的英语教学技能。	1	2	3	4	5
	3. 英语教师职业与我的能力相符合。	1	2	3	4	5
内在价值	4. 我对英语教学感兴趣。	1	2	3	4	5
	5. 我一直就想当一名英语教师。	1	2	3	4	5
	6. 我喜欢英语教学。	1	2	3	4	5
备选职业	7. 我不确定我想从事其他什么职业。	1	2	3	4	5
	8. 我没能被首选职业录用/专业录取。	1	2	3	4	5
	9. 我将教书作为最后的职业选择。	1	2	3	4	5
职业保障	10. 英语教师的职业很稳定。	1	2	3	4	5
	11. 英语教师能有可靠的收入。	1	2	3	4	5
	12. 英语教师职业是一份有保障的工作。	1	2	3	4	5
家庭时间	13. 做英语教师可以让我有更多的时间陪伴家人。	1	2	3	4	5
	14. 英语教学工作时间与承担家庭责任不冲突。	1	2	3	4	5
	15. 学校假期能让我有时间履行家庭义务。	1	2	3	4	5
	16. 作为英语教师，我会有长假。	1	2	3	4	5
	17. 作为英语教师，我每天的工作时间将不会太长。	1	2	3	4	5
职业灵活性	18. 当我要去旅行时，英语教师这一职业对我很有用处。	1	2	3	4	5
	19. 任何地方都认可英语教师资格证书。	1	2	3	4	5
	20. 英语教师职业能让我选择自己想住的地方。	1	2	3	4	5
塑造青少年的未来	21. 英语教师职业能让我塑造儿童或青少年的价值观。	1	2	3	4	5
	22. 英语教师职业能让我去影响下一代。	1	2	3	4	5
	23. 英语教师职业能让我对儿童或青少年产生影响。	1	2	3	4	5
促进社会平等	24. 英语教师职业能让我去激发贫困生的雄心壮志。	1	2	3	4	5
	25. 英语教师职业能让我帮助社会的弱势群体。	1	2	3	4	5
	26. 英语教师职业能让我抵制社会的不公正。	1	2	3	4	5
为社会做贡献	27. 英语教师职业能让我为社会服务。	1	2	3	4	5
	28. 英语教师职业能对社会做出有意义的贡献。	1	2	3	4	5
	29. 英语教师职业能让我回馈社会。	1	2	3	4	5

(续表)

Motivation for Teaching 动机因素 "I choose to become a teacher because ..."		非常不重要	不重要	不确定	重要	非常重要
与青少年相处	30. 我想要一份与儿童或青少年相处的工作。	1	2	3	4	5
	31. 我想要在一个以儿童或青少年为中心的环境中工作。	1	2	3	4	5
	32. 我喜欢与儿童或青少年相处。	1	2	3	4	5
先前的教与学经历	33. 我曾经遇到过一些鼓舞人心的老师。	1	2	3	4	5
	34. 我曾经以一些优秀教师为职业榜样。	1	2	3	4	5
	35. 我曾经有过非常积极的学习经历。	1	2	3	4	5
社会影响	36. 我朋友认为我应该当英语老师。	1	2	3	4	5
	37. 我家人认为我应该当英语老师。	1	2	3	4	5
	38. 我的同事们认为我应该当英语老师。	1	2	3	4	5
Perception/Belief for teaching 教学信念		非常不重要	不同意	不确定	同意	非常同意
专业知识	1. 你认为英语教师需要高水平的专业知识吗?	1	2	3	4	5
	2. 你认为英语教师需要高水平的技术知识吗?	1	2	3	4	5
工作难度	3. 你认为英语教师的工作量很大吗?	1	2	3	4	5
	4. 你认为英语教学是一份情感需求很高的工作吗?	1	2	3	4	5
	5. 你认为英语教学是很艰苦的工作吗?	1	2	3	4	5
社会地位	6. 你认为英语教师被看作专家吗?	1	2	3	4	5
	7. 你认为英语教师被看作社会地位高的职业吗?	1	2	3	4	5
	8. 你认为英语教师是非常受尊敬的职业吗?	1	2	3	4	5
	9. 你认为英语教师有很好的精神风貌吗?	1	2	3	4	5
	10. 你认为英语教师自己能感受到社会的尊重吗?	1	2	3	4	5
	11. 你认为英语教师自己能感受到这一职业的高社会地位吗?	1	2	3	4	5
薪水	12. 你认为英语教师得到了应有的报酬吗?	1	2	3	4	5
	13. 你认为英语教师的薪水高吗?	1	2	3	4	5

（续表）

Perception/Belief for teaching 教学信念		非常不重要	不同意	不确定	同意	非常同意
	Your decision to become an English teacher 做英语老师的决定					
社会劝阻	1. 你有被别人劝说从事英语教师之外的其他职业吗？	1	2	3	4	5
	2. 其他人告诉你英语教师不是一个好的职业选择吗？	1	2	3	4	5
	3. 其他人有影响到你考虑从事英语教师以外的其他职业吗？	1	2	3	4	5
选择满意度	4. 你真的认真地考虑过当一名英语教师呢？	1	2	3	4	5
	5. 你对自己选择当一名英语教师有多满意呢？	1	2	3	4	5
	6. 你对自己决定做一名英语老师有多高兴呢？	1	2	3	4	5

附录 2

访　谈

1）你想成为一名英语教师吗？

2）是什么原因促使你选择英语教育专业的呢？

3）你觉得自己适合当一名英语教师吗？

4）你认为英语教师这一职业辛苦吗？

5）你是如何看待英语教师这一职业的呢？

6）你对英语教师这一职业有何期待和担忧吗？

越剧《王子复仇记》
——从西方悲剧到中国悲剧的转换

南京大学　张　瑛*

摘　要:1994年由赵志刚主演的越剧《王子复仇记》为莎剧戏曲改编中的一部成功之作。该剧将西方悲剧本土化为中国戏曲舞台上更符合观众审美的中国悲剧,在时空设定、情节安排、人物设置、艺术技巧、抒情性和超自然氛围的留存方面,保持了西方悲剧必要的特征,但是在悲剧冲突设置方面,越剧改编弱化了原剧中哈姆莱特挣扎的冲突,而将这一主要人物的性格设定单一化为忠、正、良、善的代表,将观众纳入评判体系,凸显中国戏曲悲剧中评判的冲突,伦理意味更为浓重。在发展王子男性英雄悲剧的同时,也着力刻画以雷莉亚为代表的女性苦情悲剧。改编过程中所做的形变和改良,皆符合越剧形式、结构、审美上的普遍规律。这一西方悲剧与越剧悲剧相互交融和适应的过程,使得西方悲剧在中国的文化背景、越剧的戏剧形式下依然能实现其悲剧的价值,并且更能符合中国观众的审美需求。越剧《王子复仇记》在保持越剧传统、遵循越剧审美范式的前提下进行适时的创新与突破,探寻当代越剧的多元可能性。

关键词:越剧;改编;悲剧;东方悲剧

Title: *Hamlet* in Yue Opera: A Shift from Western Tragedy to Chinese Tragedy

Abstract: Released in 1994, *Hamlet*'s Yue Opera adaptation performed by Zhao Zhigang is one of the successful cases of Chinese adaptation of Shakespeare's opera. This adaptation localizes *Hamlet* and makes a shift from staging a Western tragedy to

* **作者简介:**博士,副教授,研究方向:英美文学。电子邮箱:zhangy@nju. edu. cn。

staging an oriental tragedy. It retains its tragic space, plot, characters and supernatural elements, yet it adds to the tragic conflict by involving the spectators into the judging process and highlights its esthetical aspects. In terms of the characterization, the adaptation emphasizes the female tragic roles in the opera, developing traditional Chinese tragic heroine side by side with the tragic hero. The transformation and appropriation made in the adaptation conform to the Yue Opera model and paradigm on the one hand, and put tragedy in the Chinese setting and pander to Chinese aesthetics on the other. It is in this way that Yue opera adaptation of *Hamlet* makes innovations and breakthroughs to explore intercultural possibilities.

Key Words: Yue Opera; adaptation; tragedy; oriental tragedy

1994年9月20日至26日上海国际莎士比亚戏剧节期间，上海越剧院明月剧团上演了越剧《王子复仇记》，是中国莎剧戏曲改编史上第一台越剧改编版《哈姆莱特》。该剧采用了新中国成立以来开始逐步推进的男女合演的形式，由赵志刚担纲主演，剧中生、旦、净、丑行当齐全，表演上唱、做、念、打俱备，文、武场景均有，既有过去女子越剧擅长的抒情文戏，亦有女子越剧不擅长的激烈的武打戏。80年代起开始脱颖而出的青年男演员赵志刚文武皆优，唱腔在师承尹派的基础上衍变突破，加入阳刚之气，抒情处激荡处收放自如，他的主演使得越剧《王子复仇记》在思想性上力承莎剧、艺术性上不输传统越剧，娱乐性上广大观众喜闻乐听，成为莎剧戏曲改编中的一部成功之作。

越剧起源与浙江嵊县一带流行的说唱艺术——落地唱书，早年的题材偏重于才子佳人的爱情戏，长于抒情。它不似北方某些地方戏如秦腔、晋剧、河北梆子等唱腔高亢，能够表现战争、公案、神话等历史事件或民间故事等题材；又不似京剧般有能力大开大阖，种类繁多，能够将各类题材演绎得面面俱到，越剧的唱腔曲调多是苦腔哀调，柔软清丽，缠绵入耳，在演绎上更注重个人情怀的表达、私人情感的慰藉，比较适合演绎悲剧故事，从而更容易体现越剧的美感。同时，由于越剧历史短，吸收融合的能力强，相比其他剧种，它兼容并蓄，创新度高，很容易突破才子佳人的题材，采取拿来主义的做派，创排包括莎剧在内的外来剧目。事实上，在中国戏曲改编莎剧的历史上，40年代的越剧大师袁雪芬在上海上演的根据《罗密欧与朱丽叶》改编的越剧《情天恨》，即为现今有记载的莎剧中国戏曲改编先河作品之一。这一悲剧剧目的选择，显然是考虑到了越剧的艺术特点，有助于发扬越剧独特之美。1986年上演的越剧《第十二夜》是纯喜剧的题材，但由于改编采取了洋装洋扮颠覆路线，西洋化的总体风格与国人印象中的传统越剧相去甚远，可以说是一次极为大胆的尝试。而同年上演的莎剧改编越剧《冬天的故事》采用的是本土化改编的样式，莎剧《冬天的故事》为莎士比亚晚期之作，属于传奇剧，又称悲喜剧,虽然是大团圆的结局,但剧情前半部可谓是悲情无限,后半部则是悲喜交织,有利于发挥越剧的优美婉约的特点,给予观众情感宣泄与审美满足。1994年的这部越剧改编《王子复仇记》扬长避短,依旧选择了悲剧题材,在保持越剧传统、遵循越剧审美范式的前提下进行适时的创新与突破,探寻当代越剧的多元可能性。

《哈姆莱特》是莎士比亚乃至西方悲剧的冠冕。在西方语境中的悲剧定义,最经典的莫过于亚里士多德在《诗学》中的定义。"悲剧是从临时口占发展出来的(悲剧如此,喜剧亦然,前者是从酒神颂的临时口占发展出来的,后者是从下等表演的临时口占发展出来的,这种表演至今仍在许多城市流行),后来逐渐发展,每出现一个新的成分,诗人们就加以促进;经过许多演变,悲剧才具有了它自身的性质,以后就不再发展了。"(亚里士多德,2006:25)"悲剧是对于一个严肃、完整,有一定长度的行动的摹仿;它的媒介是语言,具有各种悦耳之音,分别在剧的各部分使用;摹仿方式是借人物的动作来表达,而不是采用叙述法;借引起怜悯与恐惧来使这种情感得到陶冶。"(亚里士多德,2006:30)"喜剧总是摹仿比我们今天的人坏的人,悲剧总是摹仿比我们今天的人好的人。"(亚里士多德,2006:20)在这些定义中,亚里士多德点明了悲剧的起源、本质、媒介、途径以及功用,以后的各个时代、不同时期,人们对悲剧的认识有着一定的变化和衍生,然而对于悲剧的基本特征和本质内涵并没有产生根本性的影响。在中国,悲剧这个词是舶来品。从清末到20世纪一二十年代,悲剧这个概念随着包括莎士比亚戏剧故事等西方文学作品的输入而为国人所知。但当时的人们认为中国的戏剧舞台上是不存在悲剧的。"戏剧在中国几乎就是喜剧的同义词。中国的剧作家总是喜欢善得善报、恶得恶报的大团圆结尾。"(朱光潜,1983:218)这里的戏剧,在话剧尚未大规模发展的当时,可被理解为旧戏,也就是戏曲。然而中国戏曲舞台上的戏曲虽亦有团圆结局,但其中的悲情苦戏无不让人潸然泪下:马致远《汉宫秋》的昭君出塞,与汉元帝生离死别;白朴《梧桐雨》的马嵬驿兵变,赐死杨贵妃;关汉卿的《窦娥冤》冤情大案感天动地,乃至六月飘雪;纪君祥的《赵氏孤儿》中舍生取义,前仆后继护卫遗孤。王国维故此在《宋元戏曲史》中说:

> 明以后传奇,无非喜剧,而元则有悲剧在其中。就其存者言之:如《汉宫秋》《梧桐雨》《西蜀梦》《火烧介子推》《张千替杀妻》等,初无所谓先离后合,始离终亨之事也。其最有悲剧之性质者,则如关汉卿之《窦娥冤》、纪君祥之《赵氏孤儿》。剧中虽有恶人交构其间,而其蹈汤赴火者,仍出于其主人翁之意志,即列之于世界大悲剧中,亦无愧色也。
>
> (王国维,2013:116)

可见舶来的乃是西方悲剧的概念,中国戏曲中的悲剧,自元有之,简单地照搬西方悲剧理论来框架中国的悲剧是不合适的，但是中国戏曲舞台上悲剧的存在，亦或者说是悲情戏的传统、土壤和流行，使得以戏曲形式来演绎和表现莎士比亚悲剧具备了一定的历史传承和文化基础。以越剧改编莎剧《哈姆莱特》为例，从西方悲剧到中国悲剧的转化，除了保持西方悲剧必要的特征外，同时也要经过一定的形变和改良，以符合越剧形式、结构、审美上的普遍规律。简言之这是一个西方悲剧与越剧悲剧相互交融和适应的过程，也就是说如何能让西方悲剧在中国的文化背景下、越剧的戏剧形式下依然成立为悲剧，依然能实现其悲剧价值的过程。

朱光潜在 1933 年出版的论著《悲剧心理学》中谈及了欣赏悲剧的"心理距离"问题，他说："在艺术和审美经验中，距离是一个重要因素。距离概念对于一般美学很有价值，因为它给了我们确定产生和保持审美态度条件的一个标准。"（朱光潜，1983：28）"在保持距离这一点上，作为一种戏剧形式的悲剧与音乐和造型艺术相比，有一些先天的不利条件。但这些不利条件一般都被戏剧艺术的各种手法弥补起来了。"（朱光潜，1983：31）朱光潜紧接着列出了悲剧中使得生活"距离化"的几种重要手段。越剧《王子复仇记》虽然采用了本土化的改编方式，但是也充分利用了自身特点，较为妥帖地依从了这几种手段，保持了西方悲剧的基本特征。一、在维持空间和时间的遥远性方面，越剧改编将情节移植到中国古代的虚拟国度，演绎成宫廷斗争传说故事，年代古老，地点遥远，距离感强。二、在人物、情境与情节的设置方面，越剧改编依然保持了人物、情境与情节远与普通人生活的特殊性质。改编从舞台实际出发，摒弃了原剧庞杂众多的人物，除龙套演员之外，只保留了七个主要人物，分别为王子、国王、王后、雷大人、雷莉亚、雷将军以及王子好友霍乃旭。因演绎着帝王将相事，王子、国王、王后、雷大人、雷将军等五人皆未给出具体姓名，乃属避名讳，只以头衔尊称，又以雷、霍两个谐音的中文姓氏点名人物间的亲属或友人关系，符合中国文化习惯，也表明王子作为悲剧人物超脱于一般人物的特殊性以及其所处的特殊情境。剧本虽然被删减到只剩下王子复仇一条主线，然而王子的延宕及无可避免的悲剧结局核心部分未作改动。悲剧情节连续不断，可以说一悲到底，并无传统中国悲情戏中可见的悲喜线索错综交织的情况，也符合亚里士多德在《诗学》中将戏剧情节作为悲剧六要素之一的宗旨。三、在艺术技巧及程式方面，越剧改编相比起原来形式上的莎剧表演更适合帮助该剧形成悲剧距离。改编采用连场制度，分为"遇魂""痴癫""试探""演戏""祈祷""责母""借刀""祭悼""饮毒"九场，并没有做线状拉伸，而是采用了更类似与西方悲剧的幕场式结构，将九场当作九个小板块，层层推进，环环相扣，快速将戏剧冲突推向高潮，直至结尾，形成了情节的整一。以唱念做打为基础的戏曲程式利用演员所具备的高度的表演技巧，将生活体验转化为有歌舞形象的舞台体验，运用严谨的尺度程式带来戏曲形式美，去塑造人物形象，使人物的思想感情、神采风貌、性格心灵，在规定的情景中表现出来，将歌舞表现性质的艺术和戏剧再现性质的艺术灵活地结合在一起。而这种以歌舞为媒介的戏曲表演，以程式为基础的表现，与模仿生活的莎剧用西方形式的表演有很大的距离，与自然生活的形态的距离感更大。四、在保留原剧的抒情性方面，越剧改编则是尽可能发挥所长，做到有过之而无不及。朱光潜指出“悲剧不适用日常生活的语言，而一般是以诗歌体写成。它是诗的最高形式，而它的诗的成分构成另一个重要的‘距离化’因素。它那庄重华美的词藻、和谐悦耳的节奏和韵律、丰富的意象和辉煌的色彩——这一切都是悲剧情节大大高于平凡的人生，而且减弱我们可能感到的悲剧的恐怖。”(朱光潜，1983：35)越剧长于抒情，很大一部分原因在于其唱词语言极具抒情性，通过语句的参差安排、错综变化使得其唱词具有很强的感染力和艺术魅力。以王子在剧末临近死亡之前一段唱词为例：

> 毒液已往心里流
> 生命短暂到尽头
> 父王母后已先走
> 我也无怨愿随后
> 丑恶已除美善可求
> 黑暗已过曙光初透
> 魂随父母天外去
> 心恋故国人间留

(越剧《王子复仇记》，第九场)①

整段唱词以二二三顺序排列的七字句式为主，插入两句对仗工整的八字句式，辅以错落有致的韵味，合辙押韵，富有节奏感和音乐的美感，虽然通俗易懂，然而也与日常语言有一定的距离，音韵遣词造句方面顿挫跌宕、言有尽而意无穷，将王子濒死前大仇得报然而行将就木尚且留恋人间的内心世界、现场尸横舞台的悲惨气氛展现得淋漓尽致，营造出语生波澜、愤懑无奈的效果。五、在原剧具备的超自然气氛方面，越剧改编很好地处理了鬼魂场景与角色。《哈姆莱特》中的鬼魂数场戏，在观众心中唤起了神秘感与惊奇感。而中国自古以来戏曲文化中即有“鬼戏”的传统和土壤。民间的迎神赛社、驱鬼逐邪等各种仪式中常常有关于“神鬼”的表演。从宋朝开始，鬼戏演出的观念已经存在。“两宋时期，农村有安慰亡灵的镇魂剧，城乡都有逐除疫鬼的傩戏，目连戏演出也非常流行。镇魂剧、目连戏以人鬼为中心，傩戏以鬼怪为中心。元杂剧中，‘神头鬼面’类杂剧以神仙鬼怪为中心，‘烟花粉黛’类杂剧也主要是以人鬼为中心的”(杨秋红，2009：2)。现存元杂剧中，著名的鬼戏包括关汉卿的《窦娥冤》《西蜀梦》，武汉臣的《生金阁》，郑光祖的《倩女离魂》，无名氏的《盆儿鬼》《碧桃花》等十余出。到了明清时代，鬼戏逐渐

① 本文中越剧《王子复仇记》引文皆来自越剧《王子复仇记》(VCD)，上海越剧团，1994年录制。

成为我国传统戏曲中的一个特殊类别，汤显祖的《牡丹亭》，冯梦龙的《风流梦》、《精忠旗》，洪昇的《长生殿》都塑造了杰出的男女性鬼魂形象。时至近代，鲁迅先生曾在杂文《女吊》中描写过家乡绍兴出演鬼戏的情景，赞扬戏中具有复仇精神的女性鬼魂形象。“于是戏文也接着开场，徐徐进行，人事之中，夹以出鬼：火烧鬼，淹死鬼，科场鬼（死在考场里的），虎伤鬼……”（鲁迅，2006：157）以上所述充分反映了鬼戏在中国戏曲中的流行程度，在越剧中演绎莎剧具备超自然氛围的鬼魂戏，有其必要的历史传承和文化基础。在越剧改编中，扮演王子的赵志刚自述到：“全剧有3次遇魂，3次的层次、容量和内质各不相同，却又紧紧围绕着一个行动（复仇）和一个意识（生存还是死亡，忍受还是反抗）。为了这3次遇魂的戏，我在表演过程中，努力找到一个内心体验依据——缩小与放大——这种依据熔注于剧中人物普遍的情感之上，如父子之情、母子之情、恋人之情，等等”（赵志刚，1994）。总体说来，越剧改编中的遇魂，是将带有超自然氛围的鬼魂戏，根据人物特定的情感和境遇定位，在惊悚感与神秘力之外，融进了复仇行动的动力以及促进了悲剧情节的发展。六、在舞台技巧和布景效果方面，中国戏曲舞台的假定性与写意性，简单空灵的布景，华丽的戏服，相互交融的摹仿生活与虚拟性的表演，绝非写实主义的手法。就好比剧末王子与霍乃旭决斗一场，越剧改编中的演绎紧张感与观赏性皆有。武场打击乐器的锣鼓点配合着舞台上两人短兵相接的阵势，枪来刀往的紧张打斗配合着中以亮相姿态要求的必要的戏剧停顿，这使得决斗一场异于现实生活中的仿真搏斗，而更像是一场打得漂亮、斗出技艺、凸现人物的精神状态的华美戏景，从而让剧终场时双方的两败俱伤，由阴谋导致死亡的结局显得格外悲怆与令人唏嘘。

蓝凡在《中西戏剧比较论》中指出，“西方戏剧的悲剧冲突可以说是挣扎的冲突，中国戏曲的悲剧冲突是评判的冲突”（蓝凡，2008：482）。《哈姆莱特》是典型的性格悲剧，王子内在的挣扎无法摆脱自身性格上的弱点和缺陷从而造成悲剧。史雷格尔在《论哈姆莱特》中说道：“全剧的中心点在于主人公的性格。由于奇异的生活境遇，他高尚的天性中一切力量都集中在不停思虑的理智上，他行动的能力却完全破坏了。他的心灵好像绑在拷刑板上向不同的方向分裂开来；这个心灵由于无止境地思虑着的理智而陷于覆灭，这种理智使他自己比所有接近他的人遭到更大的痛苦”（史雷格尔，1979：312）。车尔尼雪夫斯基也说：“一个人所以遭受毁灭或者痛苦是因为他犯了罪，或者犯了错误，最后，或者仅仅暴露了他坚强而深刻的天性中的弱点，这样就和主宰着人类命运的律令发生矛盾”（车尔尼雪夫斯基，1979：488）。哈姆莱特迟疑多思虑的性格使得他一次又一次地失去复仇的机会，直到戏剧最后一刻，造成了不可挽回的种种过错。悲剧冲突主要建立在王子内心的挣扎之上。而越剧改编由于将原剧从西方文化语境换到了东方文化语境，西方正剧形式换到了东方戏曲形式，在表现挣扎的悲剧冲突时有所弱化。以前述提到的“遇魂”一场为例，虽然鬼魂角色从西方到东方的转换并无违和，也可以说是比较成功的转型，然而整场戏的基调定位却并未强调王子在遇魂后历经的内心挣扎。在遇魂之前，改编先营造对比反差明显的场景：新王登基，宴饮群臣，这厢内廷里王公大臣们热闹非凡，那厢庭院中王子孑然一身，茕茕独立，哀思无限。王子感念着父王生前的文治武功："忘不了父王英明天下颂，治国之家爱融融"，思念之情油然而生。鬼魂在改编中并无实体形象，乃化为幕后悠悠叹息，透露王弟谋杀始末，面对叔父杀父之仇，夺母之恨，王子几乎是立刻产生了复仇的冲动，他四下里挥舞着长剑，恨不得马上就付诸行动。而这种复仇的冲动恰恰也和中国戏曲故事里侠客文化的伦理秩序产生了交集。《礼记·曲礼上》中云："父之仇，弗与共戴天。""替父报仇"是戏曲舞台上常见的叙事母题，是诱导观众价值认同的重要路径，已经成了中国戏曲故事题材的一种伦理编码。同时，这种复仇冲动也来自于王子深为缅怀的父子之情，正如演员赵志刚自己承认："王子一声呼叫，一阵颤抖，内心充盈了很多很多的情感张力。如是，亡魂在幕后操纵王子，导演了以下的戏，王子时时刻刻感觉到父亲在抚摸自己的头，为以后的复仇行动增添了许多能量和动力"(赵志刚，1994)。因此，王子对复仇的必要性和必然性的认定都毋庸置疑，需要思虑的乃是复仇的途径和方式，故而他迅速冷静下来，唱曰"复仇壮举当谨慎"，继而考虑装疯以观后变，伺机完成复仇大计。而原剧中，哈姆莱特对鬼魂的魂告将信将疑，鬼魂的显灵引起了他的疑虑，不知鬼魂是善还是恶，也担心鬼魂带来的不是福而是祸。伊丽莎白时代的民众一致相信恶灵和魔鬼会来到人间，诱惑和控制人类，将其推至万劫不复。因此王子所看到的亡父的鬼魂，完全有可能是恶魔幻化成了老王的人形。与亡父夜半相见许久之后，哈姆莱特都心存怀疑，纠结着不知是否该相信鬼魂之语，有着如下忧虑：

> 我所看见的幽灵也许是魔鬼的化身，借着一个美好的形状出现，魔鬼是有这一种本领的；对于柔弱忧郁的灵魂，他最容易发挥它的力量；也许他看准了我的柔弱和忧郁，才来向我作祟，要把我引诱到沉沦的路上。
>
> (《哈姆莱特》，第二幕，第二场)①

越剧改编的设置虽然更符合中国的文化语境与观众的思维习惯，然而却明显地弱化了哈姆莱特一直持续到第三幕设置了"捕鼠机"戏中戏之后的那种内心疑虑交战的挣扎，从而也淡化了王子多思多虑、延宕犹豫的悲剧性格。

著名的"生存还是死亡"独白，向来是演出或者改编的重点难点，尤其是在中国戏曲改编中，鉴于戏曲舞台表演念白或者唱词在音韵和节奏方面的传统，以及在声腔编排方面的种种限制，全盘照搬原台词的中文译本是不现实的。本版的越剧改编，力图保留原剧

---

① 本文有关《哈姆莱特》引文均来自莎士比亚，《哈姆莱特》，朱生豪译，《莎士比亚全集》(悲剧卷上)，(南京：译林出版社，1998年)。

独白中的核心内容，精简句式，以短句形式呈现独白的大部分，使其符合越剧韵白的节奏：

> 生存还是死亡，忍受还是反抗，哪一个更高贵，更妥当。死了，睡着了，什么都完了。没有烦恼，没有痛苦，没有屈辱，没有仇恨，可也没有了爱情。更何况死了灵魂还在飘荡，睡了还会做梦，梦中又将会怎样。还是忍受吧，活着吧。可是谁能忍受尘世的鞭挞，俗夫的讥嘲。谁能忍受权贵们的欺辱，傲慢者的冷眼。谁能忍受爱情的痛苦，复仇的怒火。谁能在忍受中反抗，在死亡中新生，谁就是真正的勇士，真正的天使。哈哈哈，我是天使，我是懦夫，我是魔鬼，我是天使啊。
>
> （越剧《王子复仇记》，第二场）

在表现形式上，改编在此运用了介乎于唱和念之间的吟唱与起调的方式，摒弃了伴奏的音乐，吟唱的样式比单纯的宾白更富旋律感与音乐性，也能够充分发挥尹派唱腔基调的特点。同时边吟边做，加上了四方踱步以及耍扇起舞等身段程式，配合台词，增加了舞台的灵动感，丰富了改编的表现力，是一种全面本土化的改编形式。然而，改编过后的台词弱化了原独白中对生死的考量。在原独白中，哈姆莱特对生死的探究是一波三折，渐进入微，峰回路转的。独白开头在发出拷问之后，直接指向的是视死如归的豪情，死如安眠，舍去肉身一切痛苦，世间所有纷争，如此这般，何乐而不为。可是转念一想，死后亦有梦，死亡的一瞬并不可怖，然而这未知的梦之乡却让人望而却步。苟活于世，却得忍受世间万般苦楚。于是再折向死亡，逝者俱往矣，不见归返者，这有去无归的死又一次让人踌躇不前。从向往死，到考虑生，再望赴死，最后决定生，两厢抉择前思虑再三，犹豫不定，如此这般的挣扎，“重重顾虑使我们全变成了懦夫，决心的赤热的光彩，被审慎的思维盖上了一层灰色，伟大的事业在这一种考虑之下，也会逆流而退，失去了行动的意义”（《哈姆莱特》，第三幕，第一场）。而反观越剧的吟唱宾白台词，虽然改编者的出发点是基于忠实于原著和适合越剧搬演的原则，但台词的简化打乱了死——生——死——生的内在逻辑，比较僵硬地将生与死之间的对立固化成忍受与反抗之间的对立，最后又提出“在忍受中反抗，在死亡中新生”的解决方案，而这一结论并不能从前述的探究中推导得来，独白终了关于“天使”“懦夫”“魔鬼”的呓语完全没能揭示王子对自己迟疑延宕原因的理性审判，而更像是王子徘徊于无奈装疯又似乎趋于真疯的两难之境，很大程度上弱化了原独白的深刻内涵。配合独白的越剧步法，扇舞的外在形式，旨在试图配合该场景的特定境遇，让观众融于越剧的氛围，却也分散了观众的注意力，并不能让观众通过这些外化的动作程式更深入地理解王子在该场景下的深层情绪。

越剧改编中基于“挣扎”的悲剧冲突有所弱化，而更适应于中国戏曲文化语境的“评判”的悲剧冲突却相应地有所增强，苦情的成分增加。“所谓评判的冲突，指的是构成中国悲剧的冲突基础是善与恶、忠与奸、正与邪、美与丑之间的矛盾……其冲突主要是描绘、展开(铺垫)作品中恶毁善、奸害忠、邪压正、丑贬美的苦情历程,而不是再现人对其对立物的挣扎(抗争)。”(蓝凡,2008:485-486)改编中的王子品格塑造并无原剧中的多面性,而表现得更为单向,即为单纯的高尚之士:于老王他是忠的化身,听闻鬼魂现身魂告,他随即考虑即刻行动——“奇冤大仇泼天恨哪。恨不能今夜晚上插上翅膀飞进宫去挥剑锄奸迎黎明。”于母亲他是孝的化身——“孩儿长成七尺男,母后恩泽超万丈。难忘乳香暖心肠。难忘训诲伴寒窗。难忘添衣量短长。难忘沐浴试温烫”,全然没有原剧同样场景下“像刀子一样戳进耳朵里”似的指责,或是将“心劈为两半”一般的残忍。(《哈姆莱特》,第三幕,第四场)于恋人他是柔情的化身——“复仇大计十分险,岂可让她受牵连,深深爱只能深深锁心头,相思苦且借相思磨利剑,”尽自己可能试图减轻对她的伤害。而相反的,国王被塑造得十恶不赦,即为单纯的奸恶之士。弑兄的残忍,夺嫂的淫邪,迫害王子时的恶毒,贪生祈祷时的懦弱,在改编中一眼可见,而他的口才雄辩,御下有方,政治谋略,却没有在改编中给予刻画。忠善仁孝痴情的王子,面对奸邪凶残歹毒的国王,正却不能压邪,后者导致了剧末的血染宫闱,给予观众强烈的苦情冲击。王子自身内心挣扎的弱化,强化了中国戏曲文化语境中更为传统的忠良遭受压制与迫害,以获得悲愤惨烈的苦情审美效果。

“中国戏曲悲剧从其形成之初起,就擅长于表现弱小善良的小人物形象,强调悲剧人物的正义性和无辜性,从而更富于人情味。”许多戏曲悲剧的主要角色,都是受害最深的女子,如《雷峰塔》中的白娘子,《窦娥冤》中的窦娥,《桃花扇》中的李香君,等等,“因此,在一定意义上又可以说,中国悲剧是女性的”(蓝凡,2008:495-496)。越剧改编在悲剧的女性化方面也做出了努力,着力渲染了雷莉亚(奥菲利娅)的悲惨遭遇,增加了中国悲剧苦情美感。在雷莉亚这个角色中,观众可以找到激起怜悯与同情的一切因素——她美丽、善良、柔弱、单纯、顺从于父兄,痴心于恋人。原剧中的哈姆莱特对于奥菲利娅几乎从头到尾没有一句温情之语,丝毫没有温情之举:他给她写辞藻淫荡的情诗;他以奥菲利娅为标杆,指责全体女性涂脂抹粉,烟行媚视,卖弄风骚;他当众以刻薄的言语以及不得体的行为给奥菲利娅难堪。改编单向式塑造王子形象为忠正纯善之人,也修正了雷莉亚的悲剧根源。她悲剧的基础首先在于误解。改编安排她出场于“痴癫”一场戏的开首,让她等候在新王大宴群臣的宫廷之外,以期私会王子一面。王子与雷莉亚分立舞台两端,以旁唱加做的形式向观众吐露心声,一方是苦恋王子可近来恋人举动反常,令人费解却难开口相询,凄苦哀怨,一方是暗下决心,缠绵悱恻的爱情为了复仇大计,保护恋人只能深埋心底,两人虽然同台却不是互相倾诉。改编在此以戏剧反讽的手法奠定了雷莉亚的苦情来源于与王子不能真心沟通,以至于在误会的道路上渐行渐远,加之王子误杀雷莉亚之父雷大人,成为雷莉亚最终疯癫自杀的另一诱因。直至王子从巴国赶回,发现雷莉亚香消玉殒,悔恨不已,以大篇幅唱段追悼爱人:

鲜花本当新娘捧
如今默默洒江滩
给你采朵紫云啊英
清香幽幽头上戴
给你采朵红玫瑰
爱意绵绵暖胸怀
给你采朵白菊花
素洁年年不尽哀
你可知父王惨被叔父害
阴魂诉冤夜归来
你可知复仇恋情两无奈
装疯暂锁心头爱
你可知国王送我去巴国
借刀杀人毒计啊埋
死里逃生归来时
芳魂杳杳已难追
复仇未成恋人去
一段情缘我自毁
我不该叫你去进尼姑庵
疯语伤人难抚慰
我不该误杀令尊空后悔
悲哀压碎嫩花芯
世道昏昏太冷清
无情摧折人间啊美
人间啊美
……

（越剧《王子复仇记》，第八场）

原剧中奥菲利娅在疯癫呓语中分送众人的鲜花，在此变成了王子对逝去恋人的追思寄托：不起眼然而却清香阵阵的紫云英，就好似雷莉亚的平平淡淡的一生，芬芳而短暂；热情浓烈的红玫瑰，是王子对她无尽的爱；素雅清丽的白菊花，是中国文化中追悼死者的常用鲜花，象征着纯洁和高尚。紧接着，王子对她敞开心扉，说出了鬼魂的秘密、装疯的由来、国王的诡计，这在原剧中仅为好友霍拉旭一人知晓。王子悔恨不已，为疯语伤人及误杀雷父忏悔，感慨世事不公，奸邪未灭香魂已陨，并立志讨还血债。整段唱腔调式调性手法多样,色彩丰富,多处融入二胡独奏名曲“二泉映月”的独特音调,突出了该段唱腔的悲哀特色,让观众有感于造化弄人,爱人间有情不能诉,有话无法说,直至造成当下的悲剧。雷莉亚悲剧的基础其次在于父权、夫权、族权给予她的重压。她是如此的美丽、温柔和善良,即便生在贵族之家,然而在那样一个社会中,她的地位依然是低下的。她生命中的三位男子都是她盲从的对象和压力的来源,她盲从于对王子的爱情,对父兄教诲,符合中国传统礼教中女子三从四德的道德标准。面对她所认定的爱情的失去,父亲的死亡,兄长的远离,雷莉亚无力反抗也无从反抗,只能默默地承受,无路可走,最后奔溃于重压之下。雷莉亚的弱小和善良,她走向悲剧深渊时的无可奈何,她的无辜与苦情,在中国观众眼中,显得更值得同情与爱怜。

越剧改编莎剧《哈姆莱特》将西方悲剧本土化为中国戏曲舞台上更符合观众审美的中国悲剧,在时空设定、情节安排、人物设置、艺术技巧、抒情性和超自然氛围的留存方面,保留了西方悲剧必要的特征,但是在悲剧冲突设置方面,越剧改编弱化了原剧哈姆莱特挣扎的冲突,而将这一主要人物的性格设定单一化为忠、正、良、善的代表,将观众纳入评判体系,凸显中国戏曲悲剧中评判的冲突,伦理意味更为浓重。在发展王子男性英雄悲剧的同时,也着力刻画以雷莉亚为代表的女性苦情悲剧,阳刚与秀美相互交织,怜悯之情更易激发。改编过程中所做的形变和改良,皆符合越剧形式、结构、审美上的普遍规律。这一西方悲剧与越剧悲剧相互交融和适应的过程,使得西方悲剧在中国的文化背景、越剧的戏剧形式下依然能实现其悲剧的价值,并且更能符合中国观众的审美需求。

参考文献

[1] 车尔尼雪夫斯基,1979. 论崇高与滑稽[A]. 辛未艾,译. 莎士比亚评论汇编(上)[C]. 北京:中国社会科学出版社,488-493.

[2] 蓝凡,2008. 中西戏剧比较论[M]. 北京:学林出版社.

[3] 鲁迅,2006. 且介亭杂文末编[M]. 北京:人民文学出版社.

[4] 莎士比亚,1998. 哈姆莱特. 莎士比亚全集(悲剧卷上)[M]. 朱生豪,译. 南京:译林出版社.

[5] 史雷格尔,1979. 论哈姆莱特[A]. 刘半九,译. 莎士比亚评论汇编(上)[C]. 北京:中国社会科学出版社,311-316.

[6] 王国维,2013. 宋元戏曲史[M]. 北京:中华书局.

[7] 亚里士多德,2006. 诗学[M]. 罗念生,译. 上海:世纪出版集团.

[8] 杨秋红,2009. 中国古代鬼戏研究[M]. 北京:中国传媒出版社.

[9] 赵志刚,1994. 寻找新的自我——我扮演越剧舞台上的《哈姆雷特》[J]. 中国戏剧,(11):34-36.

[10] 朱光潜,1983. 悲剧心理学[M]. 北京:人民文学出版社.

彰显与遮蔽:《潜水鸟》女性身份建构之不可靠叙述*

安徽师范大学　王昌玲**

摘　要:《潜水鸟》以对印第安文化认知阙如的白人女孩的文化视角,叙述了印第安女孩皮戈特的人生悲剧,以"他者"的眼光"见证"了主人公从少女到母亲的身份转变。小说叙事中,主人公追寻女性身份的结果叙述(成为时髦都市女郎、妻子、母亲)基本取代了其社会、种族身份的建构过程。相对于女性身份追寻的彰显,主人公社会、种族身份建构沦为叙事空白。第一人称不可靠叙述和叙事空白隐射少数族裔身份建构的出路在于主动发声、自我叙述,而非墨守传统,任由他人代言。

关键词:《潜水鸟》;女性身份建构;不可靠叙述;叙事空白;自我叙述

Title: Highlight and Obscurity: On the Unreliable Narration of Feminine-identity Construction in *The Loons*

Abstract: *The Loons* narrates the tragic life of a native American girl from the cultural perspective of a white girl, totally strange to native American culture, who "witnesses" Piquette's transformation from girlhood to motherhood. In the narration, the protagonist's pursuit of gender identity as a with-It urban teenager, wife and mother obscures the construction of her social and ethnic identities, which fall into narrative ellipsis. Unreliable first-person participant narrative and narrative ellipsis are employed insinuating an alternative way of constructing one's ethnic identity: to voluntarily narrate his own story instead of silent and stubborn adherence to old

---

* 本文为安徽省社科重点项目"威廉·戈尔丁小说的神话叙事与身体书写"(项目编号:AHSKZ2016D12)的阶段性成果。

** **作者简介**:主要从事翻译批评、英美文学评论研究。电子邮箱:emilyw@ahnu.edu.cn。

traditions, waiting to be voiced by others.

Key Words: *The Loons*; feminine-identity construction; unreliable narrative; narrative ellipsis; self-narrate

1 引 言

玛格丽特·劳伦斯被誉为"加拿大文学奠基人""加拿大当代女性书写之教母"①(Topor-Constantin,2013:xii),其小说多以女性追求自我和社会认同之艰辛作为母题。短篇小说 *The Loons*(Laurence,1995)叙述了印第安女性皮戈特·塔纳瑞短暂一生的痛苦抗争。主人公离家出走、死亡与潜水鸟迁徙、灭绝互为隐喻之镜像,深刻揭露了印第安族群被边缘化、失声的生存处境以及白人文化与印第安文化之恒久疏离。

《潜水鸟》国内研究立足文本的,多聚焦小说写作技巧:象征(绳立平,2008;周晶,2014)、人物塑造(陈海燕,2011)、叙事(荆莉,2011)及叙事声音(绳立平,2014)等;超越文本的研究结合史料,运用生态女性主义、后殖民主义理论探讨女性话语缺失(王冬青,2011;文珊,2011)、少数族裔的边缘化生存困境(王旭霞,2011)、文化身份危机(栗原帅晓,2013)及空间政治(刘彬,2011;徐天成,2016)等。

两类研究从各自角度提供了多样化解读范式,却忽略了叙述之中存在叙事失衡:印第安女孩追寻女性身份的结果被叙述者大肆渲染,而其构建社会、种族身份的过程却沦为叙事空白;未能厘清虚构故事事件之"真实性"和第一人称叙述者价值判断之"虚假性"乃至偏见。论者大都顺着白人叙述者"我"的叙述思路,深切感受"我"的情感起伏(徐天成,2016:89),喟叹"我"重新审视种族文化冲突的非凡勇气;而对印第安族群则抱着"哀其不幸怒其不争"的态度(张晔,2003:101)②。论者被第一人称叙事所激发的叙事情感(narrative feeling)所迷惑,采用与叙述者相同的审视目光,从远处观望印第安女孩的苦难抗争,缺乏同理心。

通过文本细读,本文尝试分析主人公女性身份追寻与社会身份建构之叙述比例严重失衡的寓意所在,探讨其女性身份建构的不可靠叙述,试图发现叙事空白所隐射的身

① "Margaret Laurence (1926 - 1987) is considered a founding mother of Canadian literature ... often referred to as the 'godmother' of contemporary Canadian women's writing." (Topor-Constantin, 2013: xii) 凡所引原著及小说内容均由笔者自译。

② "皮格特的可悲之处就在于,她没有能够勇敢地面对现实社会去抗争,没有对自己的处境保持一种不屈不挠的精神,她更不清楚如何在这种抗争中去体现自身价值。"(张晔,2003:101)

份建构之可能途径。

2 女性身份追寻结果 versus 社会身份建构过程

撇开叙述视角,小说叙述的故事框架是:皮戈特求学——被白人同学(第一人称叙述者)接近——辍学闯荡社会——行为举止巨变——结婚生子——葬身火海。在脱离和回归印第安原生家庭的过程中,皮戈特追寻女性身份的叙述基本取代了其社会身份的建构过程,这种叙事失衡意味深长。

少女皮戈特在印第安原生家庭中是母亲、佣人的代替品。“她妈早几年就跑了,皮戈特给他们一大家子做饭;她说,只要她在家,父亲拉扎鲁斯连手尖都不伸一下。”(Laurence, 1995:207)青春期的皮戈特,腿部患有骨结核,住院缺课几个月,全体师生无人提及。“我了解这一情况是因为我爸给她治过病。”(Laurence,1995:206)皮戈特作为普通学生的社会身份,主流文化也吝啬到勉强施予:其教育经历叙述者只用一个自然段的简单交代便草草结束,把辍学归咎于留级、缺课、对学业毫无兴趣等浅显的原因。“我对她的态度谈不上友好,也谈不上不友好。”(Laurence,1995:207)这是冷漠的托词:“我”不了解,也不关心皮戈特的生存状态,她蛰居保留区,“我”生活在繁华小镇。居住空间隔断了两个族群的正常交流,被迫共处一间教室,同在湖边度假,也无济于事。两个少女之间的关系没有改善,两个族群之间没有任何交集。

站在成人世界门槛上的皮戈特,尽力彰显自身女性气质。17 岁的皮戈特看上去比实际年龄成熟许多;她把标志着印第安人身份的黑直长发剪短,烫成小卷;她拥有令叙述者艳羡的曼妙身姿,尽情释放女性魅力,与围在身边的男青年谈笑风生。少女皮戈特宣布即将与“一头金色卷发的英国小伙”(Laurence,1995:216)结婚,希冀褪去“低贱”的、不被白人主流文化待见的印第安人身份。皮戈特生儿育女,总算确立了“女性身份”:成为妻子和母亲。然而,没有独立社会身份的支持,皮戈特婚姻很快破裂:“或许她丈夫遗弃了她,或许她弃他而去,谁也说不清”(Laurence,1995:218)。皮戈特带着俩婴儿,回归原生家庭,变得邋遢、酗酒,没多久便与孩子一同葬身火海,结束了社会身份不明的短暂人生,寄予婚姻赋予自己确定的社会身份的希望惨遭破灭。

在逃离和回归印第安原生家庭之间,至少有五六年的叙事时间跨度,皮戈特远走他乡:“我到处漂泊。离开差不多两年了。到过好些地方……”(Laurence,1995:215)除了与凡乃莎重逢时只言片语的炫耀性自述,她的社会经历沦为黑洞,无人得以窥见。早早辍学又没有一技之长的皮戈特以何种身份闯荡社会,从事何种职业,其中的艰辛如何?她的真切感受又怎样?皮戈特到处漂泊,居无定所的原因何在?与正宗白人结婚后,皮戈特如何应对日常生活中存在的文化冲突?她为何重蹈母亲覆辙,逃离婚姻?她如何养育混血孩儿？她享受做母亲的经历吗？皮戈特对本族印第安文化了解多少？抱有怎样的态度？……这些统统都是叙述空白。作者安排叙述者大肆渲染，对皮戈特追寻女性身份的结果进行生动叙述，故意遮蔽其社会身份的建构过程与具体建构途径，从而引发读者进一步思考：个人命运与种族命运、性别身份与社会身份的关系，少数族裔身份的合理建构途径等。

皮戈特追寻女性身份，成为时髦女郎、妻子和母亲的结果，是由与主人公关系疏远的异族同龄人讲述的，巧妙地规避了皮戈特或许通过职业手段建构社会身份的过程的叙述。这种叙述失衡疑点重重：作者为何选择这样的叙述者？这种叙事安排对读者理解作品围绕身份问题仅仅展开冰山一角的叙述（即皮戈特到过很多地方以及随意出入歌舞厅的自述）有什么意义？作者为何没有让身为少数族裔的皮戈特进行自我叙述？她丧失了怎样的抗辩契机？读者能否信任第一人称参与者的单方面叙述；叙述者对亲历故事事件的情感反应叙述在读者内心所激发的叙事情感是否存在某种偏见，是否需要进行反观；叙述者对故事事件的价值判断或许合情，但是否公正合理。

3 去遮蔽：看透女性身份建构的不可靠叙述

皮戈特的人生故事是由白人女孩（故事中的人物"我"）讲述的。"故事内的同故事叙述者作为人物，经常与隐含作者创造的作品规范有不同程度的距离，叙述经常呈现不可靠性，因此，对不可靠叙述的探讨往往涉及的是第一人称叙述……"（申丹、王丽亚，2010：82）。第一人称叙述视角受限，只能观察皮戈特的外貌举止，道听途说其悲剧结局，无法深入其内心。叙述者受其白人文化身份属性的限制，选择性地只"看见"塔纳瑞家族男性周六晚上到镇上酒吧酗酒后打闹，冒犯逛街购物的白人，而印第安人安分守己的日常生活场景无从叙述，从未进入叙述者的视阈；叙述者"听见"只言片语便妄加揣测，"皮戈特内心需求该是多么强烈，竟然被迫寻求深恶痛绝的一切"（Laurence，1995：217），至于皮戈特内心世界的风云变幻，"我"无意探听。此外，以白人少女之眼来观察更成熟、更具女人味、享受更大行动自由的印第安时髦女郎，叙述者心中不免掺杂些许妒忌，更难做到客观陈述。

需要警惕的是：第一人称叙述具有不易察觉的欺骗性，"叙述者（故事的主要角色）一旦采用第一人称进行叙述，在叙述者和读者之间就会达成共识，建立某种'个人关系'。这种亲密关系必然会导致读者倾向于接受叙述者的叙述，并与叙述者采取一致的立场"（Liu，2012：358）。"读者在阅读时都需要进行'双重解码'（double-decoding）"（申丹、王丽亚，2010：83），在解读叙述者话语的同时，更要"脱开或超越叙述者的话语来推断事情的本来面目，或推断什么才构成正确的判断"（申丹、王丽亚，2010：83），合理构建未明讲之事实,摆脱叙述者操控,超越叙述者的感知层面,抵达小说的深层意蕴。

“不可靠叙述的把柄在于叙述者本人……”(查特曼,2013:219)。即便所有故事事实的陈述是真实的,但“叙述者对于事件的理解与评价却是以自我为中心的,是不可靠的”(申丹、王丽亚,2010:83)。白人叙述者与皮戈特初次接触,不可靠叙述已露端倪。在湖区度假时,11 岁的叙述者顿悟:原来皮戈特是印第安后裔,这激起“我”强烈的好奇心,“千方百计”接近皮戈特,而她总是反应冷淡,言语吝啬;“我”“锲而不舍”却屡试屡败,未能如父亲所愿与皮戈特成为玩伴。“我俩关系一直无法融洽。自觉辜负了家父”(Laurence,1995:214),叙述者自我反省检讨之际,难免不把责任推给惯于沉默的皮戈特。读者深谙的是“叙述者的主观感受,叙述者本人的思维和性格特征,而叙述者的主观性会影响对事件的客观再现,作为中介的叙述就是不可靠的。”(申丹、王丽亚,2010:85)白人小女孩心思缜密,叙述生动,极易操控读者的情感走向,使得读者讨厌“难以亲近”、“敏感戒备”的皮戈特,而对不断变换“计策”诱使皮戈特开口的白人小女孩则心生敬佩。情感天平一旦失衡,读者极易被误导:印第安人不知好歹,被主流文化排斥疏离,咎由自取。

殊不知,所谓“千方百计接近”,不过是同一时空内(那年夏天湖边沙滩上)一时兴起的消遣而已,“随后顿肯一家也来度假,我整天跟最要好的朋友马维斯形影不离。我无法接近皮戈特,很快就没了兴致,放弃尝试”(Laurence,1995:214)。“我”对印第安人说话行事的惯有风格①一无所知,不断受到“情感伤害”,“受尽委屈”。白人小女孩以自我为中心的叙述,塑造出“亲切”“坦诚”“百折不挠”的正面自我形象,与印第安女孩“冷漠”“孤僻”“步步为营”的“他者”形象构成鲜明对比,从而左右读者情感和价值判断,为不期而遇的情节发展的故事叙述做好铺垫,诱使读者欣然与叙述者跃入同一战壕。读者一不小心,就会坠入情感谬误,被叙述者牵着鼻子走,并与之产生共情。

四年之后,皮戈特与身边的男青年们高声说笑!血腥色口红,一头短发,还烫成小卷……紧身裙和明黄的羊毛衫把她那柔软、苗条的身材勾勒得恰到好处,令人艳羡!(Laurence,1995:214-215)在白人叙述者讶异不解的视角里,皮戈特显然依照主流文化模子重塑了自我形象。皮戈特跟叙述者坦言:“你爸是马纳卡瓦镇上唯一对我好的人”(Laurence,1995:215-216),面对皮戈特含沙射影的控诉,叙述者明知属实,却无语应对,更无意倾听。“此时遇见她,我得承认,她只能引起我的反感和不快,而且,我讨厌她自怨自艾的说话口吻”(Laurence,1995:216),巴不得她立马消失:“我不想看到她。我不知道跟她说啥。我们彼此好像无话可说”(Laurence,1995:216)。

---

① “This directness and simplicity was in the way they spoke, too. They spoke the way they moved, without any ceremony. It seemed to always come from deep within them. They just said what they wanted to say. Then they stopped. It wasn't just the way they pronounced the words. It was their attitude—plain-spoken.” (Pirsig, 1992: 43-44)

"来自不同社区的人们交往互动时产生焦虑、拒绝、蔑视、同情或爱慕,这些情感合力塑造小说人物的身份。"①(Topor-Constantin,2013:xv)《潜水鸟》第一人称叙述者是故事中的人物,直接参与所述故事事件,掌控话语权。与皮戈特互动过程中,以"我"为中心的叙述视角和直接的心理剖白②极易触动读者,叙述者将自己的价值判断不露痕迹地传递给读者:皮戈特抛弃印第安人身份,处心积虑依附主流文化,追求以女性身份通过婚姻途径跻身白人主流社会。皮戈特处于被叙述的地位,没有自我叙述,其真实情感及或有的构建社会身份的经历不为人知。叙述者与主人公直接接触时间短、次数少,即便客观陈述,也是管中窥豹。此外,皮戈特生子、离婚、死亡的故事事件是叙述者听母亲(并非事件的亲见者)讲述的,这层层转述给皮戈特人生故事增添了更多的不确定性,乃至迷雾重重。

总之,受制于第一人称叙述视角、白人文化立场及有限的人生阅历,白人女孩的叙述具有不可靠性,有意无意把矛头指向印第安人:他们缺乏自律、不自强、不自立,靠吃政府救济金过活,该为受歧视、独立文化身份被剥离负全责。如此,殖民者最初屠杀印第安人,强占土地,通过提供免费教育以达文化同化之目的的历史就会被统统遮蔽。问题是:作为少数族裔的印第安人,如何才能做到去遮蔽,如何才能避免情绪化控诉,以达到被主流社会理解和尊重之目的?

4 露真相:塔纳瑞家族墨守印第安文化身份

撩开不可靠叙述的面纱,皮戈特主动向白人文化缴械投降的观点不攻自破,这有助于接近事实真相,并形成较为合理的判断:印第安人在主流文化的冲击下,处于一种失语的生存状态,面临严重的身份认同危机。"面对白人主流文化,皮格特和她所代表的土著文化成了主流之外的异端他者,而边缘的文化处境又给皮格特打上游离不定的身份特征,也让她产生强烈的疏离感。"(王冬青,2011:114) 少女皮戈特敏锐地感受到了主流文化对自己的排斥,于是以自卑和自闭对抗;这才是她对于白人同学凡妮莎"不怀好意"屡屡接近自己态度冷淡的根源所在。时髦女郎皮戈特以白人主流文化要素重塑

① "I also propose to show how the interactions between different communities can further generate anxiety, rejection, contempt, pity or love and how these feelings combine to shape the identity of the fictional characters." (Topor-Constantin, 2013: xv)

② "We are more likely to sympathize with people when we have a lot of information about their inner lives, motivations, fears, etc." (Currie, 1998: 19) 小说第一人称叙述使读者对于白人女孩的内心情感、主动接近印第安女孩的动机等了如指掌,而对于印第安女孩内心情感则不得而知。如此巧妙的叙事安排操控了读者的情感走向和价值判断。因了解而同情共鸣,因不知而疏远冷漠。

外在形象，并非甘愿接受白人文化，而是通过改变可见的外在形象和行为方式，跟主流文化趋同，奢望不再遭受歧视，实属为了平静生活所实施的权宜之计。

在第一人称叙述者“我”目光不可触及的内心深处，皮戈特依然保持着印第安人文化特征，并未归顺主流文化。皮戈特内心本真化，外表白人化的改变欺瞒了世人的眼睛，招致白人厌恶唾弃，无奈之下，回归原生家庭，跟父兄一样酗酒，象征性回归印第安人身份。重拾父兄的生活模式，满足社会对印第安人群体身份的想象性架构，以此诱骗自己获得某种虚拟的归属感。“身份更多的是表演性的，是你自己认同的一种归属感。”(霍米·巴巴语，转引自易晓明，2010:210)皮戈特及其族人印第安人身份无法以文化传承的方式公开彰显，唯以独特的方式墨守。

在叙述者眼里，皮戈特族人拥有“四不像”的文化身份:“塔纳瑞一家是法裔印第安人混血，私底下说土话(patois)，既不是克里语，也不是法语。他们说英语蹩脚得很，字不成句。”(Laurence，1995:205)这何尝不是塔纳瑞家族本能抵制白人用标准英语同化他们的举措呢?! 念念不忘母语(其中必定包含法语和印第安人部落语言元素)是对自我文化身份的认同和坚守;塔纳瑞家族被迫蜗居保留区，已然无家园可守望，再失去语言无异于文化湮灭。白人叙述者对印第安文化认知有限，不懂塔纳瑞家族所说的土语，不能将其归类，进一步坐实两种文化间的恒久隔阂与疏离。与祖、父辈不同，皮戈特与白人一起上学，教育水平有所提升。但当皮戈特与白人交流时，却有意使用不规范英语、俚语和俗语，蓄意挑战标准英语的权威，自我授予个性化表达的话语权。这种话语特征从在校期间到闯荡社会之后与叙述者重逢时丝毫没有改变①。皮戈特若是打心底里认同白人文化优于印第安文化，闯荡社会时必定习得“上等人”的说话方式，跟白人同学重逢时，必得炫耀一口标准英语，以彰显社会地位的提升。

在叙述者眼里，“火”发挥了两种客观功能:取暖和烧死了醉酒的主人公。白人小女孩听过潜水鸟叫之后，回到度假小屋，看到“妈妈在壁炉旁看书。皮戈特盯着燃烧的桦树原木发呆，什么也没做”(Laurence，1995:213)，于是言不由衷地说:“你真该与我同去”(Laurence，1995:213)，显然认为听潜水鸟叫比盯着火苗发呆更有价值，贬低了印第安文化，冒犯了皮戈特而不自知。白人小女孩从白人文化立场出发，找话题闲聊，打破

---

① 白人叙述者请皮戈特一起玩，“她看着我，脸上闪过不屑一顾的神情，道:‘I ain't a kid’”(Laurence，1995:210)。四年之后，二人重逢。皮戈特跟白人叙述者炫耀:“Oh, been around. I been around almost two years now. Been all over the place ... but I ain't stayin'. You kids goin' to the dance ... I don' give a shit about his place. It stinks”(Laurence，1995:215)。皮戈特说话吞音、省音、语法不规范，使用俚语表达很普遍。相对而言，白人叙述者的话语始终规范。从叙述者视角来看，这种对比彰显两个女孩社会地位的差别，但从皮戈特视角来看，是对标准英语的抵制与抗拒。

令人不安的沉默，这却有悖印第安人文化传统[①]。壁炉里的火，对白人小女孩来说，只具有取暖的功能，而对于皮戈特来说，"火"是她在想象中与印第安先祖交流的灵性媒介。"印第安人会长时间围火而坐，几个小时不说话，安静自在地盯着彼此或火苗，沉思默想。"[②]皮戈特静坐，盯着火苗出神，正是对古老印第安文化传统的坚守与传承。

凡妮莎听完妈妈讲述"拉扎鲁斯后来说，皮戈特一整天都在喝酒……窝棚着火了，皮戈特没有逃出来，孩子们也没有"的悲剧结局后，什么也没说，脑海里只浮现"那火，那雪，四周寂静无声"(Laurence，1995：218)。作者安排皮戈特葬身火海而非自缢或溺水，皮戈特在火灾中选择不逃生、不救孩子，以死祭奠印第安人身份。主人公死亡的故事事件，叙述者听其母转述，其母听主人公父亲(不在现场)讲述。这层层转述势必迫使读者反思主人公死亡的根源所在：婚姻之外，还有没有别的渠道或许能让主人公逃脱早逝的命运？作为少数族裔的一员，对于自己的人生故事居然无从叙事，而仰仗异族人的间接叙述？民族振兴的出路何在？

5 寻出路：身份建构重在主动发声与自我叙述

白人叙述者对印第安人皮戈特个人命运的讲述，始终隔着厚厚的文化幕帐，对皮戈特的人生困境难以感同身受，缺乏同情，更没有共情，是个不介入的局外人。白人女孩对印第安文化认知基本阙如，对印第安人种族的群体命运缺乏代言的资格。《潜水鸟》是以白人文化视角对印第安人身份的一种旁观者的假想界定，而非印第安人对本族命

① 参见(Pirsig，1992：50－51)："Indians don't talk to fill time. When they don't have anything to say, they don't say it. When they don't say it, they leave the impression of being a little ominous. In the presence of this Indian silence, whites sometimes get nervous and feel forced as a matter of politeness or kindness to fill the vacuum with a kind of small-talk which often says one thing and means another. But these well-mannered circumlocutions of aristocratic European speech are 'forked-tongue' talk to the Indian and are infuriating. They violate his morality. He wants you to either speak from the heart or keep quiet. This has been a source of Indian-white conflict for centuries ... "

② 印第安人围火静坐的内容，出自哈佛大学公开课《幸福课》第一讲，主讲人塔尔宾·夏哈尔博士(TalBen Shahar)在论证安静内省的重要性时，引述了美国作家、哲学家罗伯特·梅纳德·波西格(Robert Maynard Pirsig)的著作《寻找莱拉》。*Lila: An Inquiry into Morals*："Lila is an anthropological study of Native Americans. What he does is compare their culture to Americans' from European ancestry. One of the distinguishing characteristics between these two cultures is their approach were silence. What he found was when he went and sat around with Native Americans, they would sit around the fire and hang out for two or three hours without saying a word. Just sit around. Look at each other. Smile. Have a good time. Introspect. Just be there for hours. While he points out that in our culture we feel very uncomfortable with the absence of words, with the absence of sound or noise. We have to fill up all the gaps. This is an important cultural difference. And we pay a price for this lack of stillness. "(Pirsig，1992：50－51)

运的反思,亦非印第安人对民族身份合理建构的自我叙述。

小说伊始,通过介绍皮戈特家庭背景,作者巧妙地暗示印第安人身份建构的出路在于自我发声:"这个小木屋是50年前由儒勒·塔纳瑞建造的。那年,他大腿上带着一颗枪弹从巴托什战场回来,也就是里尔被绞杀、法印混血族裔(梅蒂斯)被永久噤声的那一年。"(Laurence,1995:205)被他者噤声,便是被剥夺了话语权以及话语所能赋予的一切权利。正如福柯(Foucault)所言,"哪里有话语,哪里就有权力,权力是话语运作的无所不在的支配力量。"(辛斌,2005:20)因而,梅蒂斯印第安人必须打破沉默,试着直接发声,依靠非本族人代言、间接发声总归无法触及问题的核心。

皮戈特的人生悲剧可归结于连连失语。在印第安原生家庭,少女皮戈特囿于厨房,没有话语权。在学校,皮戈特受白人师生冷落,被边缘化而被迫沉默。湖边度假时,当凡妮莎好奇地向她打探印第安人生活习俗时,皮戈特高度戒备,又不肯说话,错过了相互了解的最佳契机。(试想,若皮戈特忽略凡妮莎动机不纯,有问必答,进而邀请白人女孩围火同坐,主动告知印第安人崇尚静默的文化传统,二者关系又将会怎样发展?)叙述者掌控话语权,追问不休,皮戈特处于被动作答的地位。咖啡厅重逢之际,历经世事的皮戈特主动跟叙述者打招呼,主动跟叙述者讲述自身经历,似乎掌控话语权。但是,她一个人唱独角戏,她的听众白人女孩反应冷淡,缺乏真诚的回应。当皮戈特试图抗议白人对印第安人的不当行径时,叙述者无语,使得"对话"无法继续,遑论深入,平等交流受阻。皮戈特试图通过与白人结婚取得相应的话语权,不料事与愿违。婚姻破裂后,重返原生家庭,回归厨房,重拾料理家务的保姆身份,没工作,没社会地位,没有话语权。由此推论,少数族裔为了族群的生存延续,必得向掌控话语权的主流社会争夺话语权。

个人身份必得以种族文化身份作为强大后盾才能稳固,依附他者文化而获取的外在身份危如累卵。少数族裔有必要追溯本族的文化根源,守住根性文化,孕育文化自豪感,进行本民族的自我叙述(self-narrate)。"叙述对于表现身份至关重要,不仅是对个人记忆和自我表现来说,而且对于区域、民族、种族及性别的集体认同感来说,也是至关重要的。"(Currie,1998:2)①少数族裔应在多元文化社会中保持独立性,并诚心与异族文化进行平等对话。否则,难逃被同化或被边缘化的命运,丧失种族文化身份。"身份并不内在于我们自身,因为身份只作为叙述而存在……向别人解释我们是谁的唯一方式就是讲述自己的故事,选取最能刻画我们特征的典型事件,按照叙述的形式原则组织

① "... narrative is central to the representation of identity, in personal memory and self-representation or in collective identity of groups such as regions, nations, race and gender." (Currie, 1998: 2)

起来——把我们外化,就像讲述别人一样,从而表现自我。"(Currie,1998:17)①

6 结 语

《潜水鸟》耗费大量篇幅以第一人称叙述白人小女孩如何接近印第安小女孩,而步步受挫的故事。读者稍不留心就会误认为是白人女孩的成长故事,被白人女孩的真情实感所迷惑,认同小说叙事中种种留白所指向的造成印第安女孩早逝的"根源":皮戈特的性格孤僻,不爱学习,不爱劳动,试图以女性身份攀附白人主流文化,利用婚姻手段融入主流文化,最终被抛弃而自寻死路。如果读者能反观自己被第一人称叙述者叙事所激发的叙事情感,就会拨开不可靠叙事的面纱,直达问题的核心:为什么印第安人亲身经历的人生故事,读者无法从当事人口中直接听得,必得由与当事人关系并不亲密,甚至疏远的异族同龄人进行间接叙述,乃至层层转述。在层层转述过程中,故事会失真、扭曲,真相被遮蔽。所以,印第安人进行自我叙事就存在合理性和紧迫性。问题是:少数民族族裔的声音如何才能真正被听到被理解?他们自己需要做什么,整个社会应该采取怎样的态度?族群之间该如何相处?在当下思考这些问题仍然有积极意义。

试想,如果作者选用全知全能叙述视角,那么,读者就会对白人女孩及印第安女孩的心理活动都了如指掌,原故事的叙事空白都会被填满,故事便没有了悬念,叙述便失去了张力。读者便难以从故事中抽身,去反思原小说所关注的身份问题,小说的社会价值就会大打折扣。少数民族族裔的身份建构问题,因为不写之写反而引发关注,这便是作者选用白人女孩第一人称叙事构建女性身份不可靠叙事所蕴含的深刻含义。

参考文献

[1] Currie, M. 1998. *Postmodern Narrative Theory* [M]. New York: Macmillan Press LMD.

[2] Laurence, M. 1995. *The Loons*. 载张汉熙,王立礼(编). 高级英语[C]. 北京:外语教学与研究出版社,205-220.

[3] Liu, H. 2012. The unreliable narrator in *Forest Gump* [A]. In S. Yu (Ed.). *Stylistics*:

① "... identity is not within us, because it exists only as narrative. By this I mean two things: that the only way to explain who we are is to tell our own story, to select key events which characterizes us and organize them according to the formal principles of narrative—to externalize ourselves as if talking of someone else, for the purpose of self-presentation; but also that we learn how to self-narrate from the outside, from other stories and particularly through the process of identification with other characters. This gives narration at large the potential to teach us how to conceive ourselves, what to make of our inner life and how to organize it." (Currie, 1998: 17)

Exploration and Application [C]. Shanghai: Shanghai Foreign Language Education Press, 354-383.

[4] Pirsig, R. 1992. *Lila: An Inquiry into Morals* [M]. New York: Bantam Books.

[5] Topor-Constantin, A. 2013. *Racial, Ethnic, Gender and Class Representations in Margaret Laurence's Writings* [M]. Newcastle: Cambridge Scholars Publishing.

[6] 陈海燕,2011.《潜水鸟》中皮格特人物形象建构的语用视角[M].名作欣赏,(9):79-81.

[7] 荆莉,2011.《潜水鸟》叙事特点赏析[M].时代文学(上半月),(12):101-102.

[8] 栗原帅晓,2013.《潜水鸟》中少数族裔的身份追寻主题[J].牡丹江大学学报,(11):76-77.

[9] 刘彬,2011.铭刻在空间中的不幸——评《潜水鸟》的空间政治[J].广东技术师范学院学报,(11):103-106.

[10] 申丹,王亚丽,2010.西方叙事学:经典与后经典[M].北京:北京大学出版社.

[11] 绳立平,2008.透穿现实的象征意蕴[J].内蒙古民族大学学报,(3):27-29.

[12] 绳立平,2014.《潜水鸟》的女性叙事声音解读[J].内蒙古民族大学学报,(6):48-51.

[13] 王冬青,2011.叩问和谐寻根归属——《潜水鸟》中的生态女性话语之维[J].湖北经济学院学报(人文社会科学版),(12):114-115+131.

[14] 王旭霞,2011.族裔女性的生存困境及其多重抗争——剖析《潜水鸟》中皮格特一角[J].牡丹江大学学报,(10):55-57.

[15] 文珊,2011.男权·女性·自然——玛格丽特·劳伦斯《潜水鸟》解读[J].北京第二外国语学院学报,(6):60-65.

[16] 西摩·查特曼,2013.故事与话语:小说和电影的叙事结构[M].徐强,译.北京:中国人民大学出版社.

[17] 辛斌,2005.批评语言学:理论与运用[M].上海:上海外语教育出版社.

[18] 徐天成,2016.空间书写的边缘生存——《潜水鸟》的空间叙事及其意义[J].重庆交通大学学报(社会科学版),(4):88-91.

[19] 易晓明,2010.英语文学与文化研究[M].北京:北京大学出版社.

[20] 张晔,2003.《潜水鸟》女主人公失语症的由来[J].北方论丛,(4):98-101.

[21] 周晶,2014.象征主义在《潜水鸟》中的体现[J].牡丹江大学学报,(12):81-82,85.

学科动态

灼灼其华　月之皎皎

——评谭惠娟《拉尔夫·埃利森文学研究》

杭州电子科技大学　吴玉鹏*

《拉尔夫·埃利森文学研究》是谭惠娟教授在文化研究的视野下观照拉尔夫·埃利森的文学创作、文学思想和文化思想,探讨其多元性的文化内涵及意义的一本书,亦是美国非裔文学批评的集大成作品之一。

拉尔夫·埃利森(Ralph Ellison,1914—1994)是美国20世纪50年代以来最重要的黑人文学作家,同时也是一位卓有成效的美国文学评论家,还是20世纪美国文化研究的重要开拓者之一,其代表作《无形人》更让其成为与梅尔维尔、马克·吐温、福克纳比肩的作家之一(Cain,2008)。他对美国黑人文学和美国文学做出了里程碑式的贡献(Giza,1978),在整个美国非裔文学创作及文学理论的发展演变过程中起到了承前启后的作用。从20世纪起,拉尔夫·埃利森研究就成为美国黑人文学关注的热点之一。在近代以来中国特定的历史文化语境下,中国学者对美国黑人的悲惨遭遇及美国黑人文学一直是比较关注的。但由于种种原因,国内学术界对美国黑人的历史及美国黑人文学的研究还不够深入系统。与国外的拉尔夫·埃利森研究相比,我国国内的研究相对滞后了,目前还没有严肃意义上的学术专著问世,在该领域留下了令人遗憾的空白。谭惠娟教授的专著《拉尔夫·埃利森文学研究》就是这样一部填补空白之作。它的问世恰逢其时,对推动我国学界对拉尔夫·埃利森的深入研究具有开拓性的意义。

谭惠娟教授一直心无旁骛地潜心于美国非裔文学,乐此不疲地在这个领域里耕耘,至今有十八载之多。这灼灼十八载年华,既是学术的,更是一种心灵和思想成长的过

* **作者简介**:硕士研究生,研究方向:美国非裔文学。电子邮箱:171110016@hdu.edu.cn。

程，它记载了对语言、文学和翻译的理解和感悟，折射出对人和人性、对自然界的存在，对社会和历史的认识和判断。尤其是拉尔夫·埃利森研究，她认为，研究拉尔夫·埃利森是了解美国黑人文学的一个最佳视角，了解美国黑人文学又是观察美国社会、了解美国历史和现状的一个重要切入点。在美国以民主、自由、平等为旗号广泛干预世界事务的今天，研究拉尔夫·埃利森及美国黑人文学尤其具有重要的学术价值和现实意义。可以说，专著《拉尔夫·埃利森文学研究》是谭惠娟教授厚积薄发之作，是她多年来研究精髓的凝聚。

该书分上中下三篇，从美国非裔文学传统、美国主流文学传统和文化研究的视角，对拉尔夫·埃利森的文学创作、文学思想和文化思想进行了深入系统的研究，揭示了这位大作家对美国现代非裔文学的发展所做出的伟大贡献，堪称承前启后，影响深远，同时这也有助于开启人们观察和认识美国现代社会的另一扇窗口。概括地说，该书主要注意了埃利森研究中的六个重要问题：第一，将埃利森的文学创作和文学、文化思想放在美国黑人历史，美国黑人文学史、美国主流文学研究和美国文化研究的大背景中进行研究。第二，注意将埃利森的生平经历与他的文学创作结合起来进行研究。第三，对埃利森的文学创作道路进行纵向考察，将他的短篇小说与中后期的长篇小说创作结合起来进行探讨，力图揭示其创作中一以贯之的创作主题和艺术手法。第四，将埃利森的非小说创作与小说创作进行对照研究，因为二者之间有一种相互生发的关系。第五，将埃利森对社会现实问题的思考与他对独特艺术风格的追求结合起来进行研究。第六，多维度、多视角地揭示埃利森的文学创作与黑人布鲁斯音乐的内在联系。该书的创新意识体现为一种研究的“新范式”，即研究方法的多元性和研究思想的建设性。

首先创新性体现在其看似无形、实则纵横式、跨领域的多元研究方法，外国文学研究应以原语感受为基础，只翻译不研究的大有人在，靠阅读别人翻译的文本来进行研究的，也是普遍现象。但是谭惠娟教授深通原语，自己翻译了埃利森的美国文学经典《六月庆典》及其脍炙人口的短篇小说及大量的其他资料，是通过原语感受来研究原语的文化和文学的典范，占了优越的解读地位。纵向式的研究方法体现在，谭惠娟教授的研究从埃利森幼年到去世，从文学创作到文学思想和文化思想，从书信评论到短篇小说和长篇小说。横向式的研究方法指的是，谭惠娟教授不只是涉及埃利森一人，还分析其与美国主流文学的传统融合与批判关系，例如对理查德·赖特的“弑父”，与詹姆斯·鲍德温和欧·文豪的论战，与米哈伊尔·巴赫金的呼应，与爱默生之间的联系，与马克·吐温在叙事与语言风格的关系，与梅尔维尔的种族批评思想的对比，与T. S. 艾略特关于现代主义的理解，以及与威廉·福克纳的对话。至于跨领域的研究主要体现在，该书除了文学和文化批判还涉及了黑人音乐，黑人艺术，黑人历史，甚至是哲学领域都有所涉及，例如在谈论到黑人布鲁斯音乐对埃利森的文学创作影响时，就写到埃利森不仅从布鲁斯音乐旋律中看到了这种表现生存方式和展现生命哲学的途径，还从中意识到了黑人音乐的文学潜能。他率先将这种文学潜能成功地转化为一种文学行为,原创性地将布鲁斯音乐运用于文学批评和小说创作中,在美国黑人文学史上获得了空前的成功(谭惠娟,2007)。

谭惠娟教授研究范式的创新性还表现在研究思想的建设性。谭惠娟教授在对埃利森文本解读和创作史的梳理的基础上,建设性地总结出了埃利森创作的若干规律性结论。例如,她指出小说《无形人》主人公的名字"无形人",构成了美国非裔文学传统中的一个核心隐喻——"无形性"。作者还指出,埃利森力图通过语言触摸音乐,触摸历史,要刻意在语言上推陈出新。与此同时,埃利森不仅在使用语言,也在利用语言去审视和解构语言。可见文学大师的语言往往不是"一目"就可以"了然"的,需要读者去慢慢领会和感悟,才能披沙拣金、阐幽烛隐地窥视出作家的批评思想和创作动机。对于谭惠娟教授的专著《拉尔夫 · 埃利森文学研究》,读者需细细揣摩其字里行间的深意,才能理解其研究范式。她为中国的美国非裔文学研究开辟了一条新道路,犹如指引前路的白月光,其研究处于领先水平,具有建设性意义。

贾平凹曾写道"人生得也罢,失也罢,成也罢,败也罢,只是心灵的那泓清泉不能没有月辉"。此言得之,如果族裔文学是那泓清泉,那么谭惠娟教授的研究范式就如皎皎月辉,指引研究方向,长照学术道路。

参考文献

[1] Cain, W. 2008. Darkness visible: Ralph Ellison's life and work [J]. *Society*, 45(4): 376 - 381.

[2] Giza, J. 1978. Ralph Ellison [A]. In M. T. Inge, M. Duke & J. R. Bryer (Eds.). *Black American Writers Bibliographical Essays* [C]. London: Palgrave Macmillan, 47 - 71.

[3] 谭惠娟,2007. 布鲁斯音乐与黑人文学的水乳交融——论布鲁斯音乐与拉尔夫 · 埃利森的文学创作[J]. 文艺研究,(5):74 - 85+167.

访谈

系统功能语言学与我的学术之路
——张德禄教授访谈录

黄新炎　张德禄*

摘　要:本文重点梳理张德禄教授选择从事系统功能语言学研究的学术发展之路，并据此总结科学研究的基本要素，包括研究的思路、理念、角度、选择的动因、目的、方式方法等。首先，介绍了张德禄教授个人的发展、成长历程和背景，以及如何选择系统功能语言学作为研究对象；然后，讲述了韩礼德及其他学术长辈对张德禄教授学术之路的影响；第三，介绍了他独特的研究思路和取得的成果；最后，总结了进行科学研究的经验、感想和体会。本文对青年外语教师的成长具有启发意义。

关键词:学术之路；系统功能语言学；研究；发展

* **作者简介:**张德禄，男，1955年生，山东禹城人。同济大学特聘教授、博士生导师，中国功能语言学研究会副会长，中国语言与符号学研究会副会长，中国文体学会副会长，曾被评为青岛市拔尖人才，享受国务院特殊津贴，是国内15所大学的兼职或客座教授，主要研究系统功能语言学、英语文体学、符号学、外语教学、语篇分析、语用学等。共在国内外重要刊物上发表论文180余篇，在国内外重要和权威出版社出版专著、译著、教材、辞书等25部。共获得教学科研奖励20多项，其中获得上海市优秀社科成果二等奖1项，山东省优秀社科成果二等奖4项、三等奖2项，山东省高校优秀科研成果一等奖3项。主持科学研究课题11项，其中国家课题2项，教育部规划课题2项，完成教育部世行贷款师范发展项目1项，国家"十一五"规划教材1项等。

黄新炎，上海外语教育出版社副编审，博士，研究方向:外语教育口述史，纪录片等。邮箱:1244764510@qq.com。

前半生的奋斗历程

黄新炎(以下简称"黄"):久仰张老师的大名。您在系统功能语言学方面研究成果丰硕,今天有幸请教您,希望您精彩的学术道路的分享,能让更多的青年外语教师受益。首先请您谈谈您前半生的人生感悟吧,我想那一定是智慧的结晶。

张德禄(以下简称"张"):感谢黄老师给我这样一个机会,让我回顾和小结前半生的学术之路。在多年做系统功能语言学的过程中,我深感人的一生是在努力、机遇和选择中度过的。努力是一个人内在发展的驱动力,能够为自己将来的发展开拓新的机遇;机遇的存在是外在的,主要看自己能否或者愿不愿意抓住它;选择就是在自己努力的基础上,当机遇来临时是否能或者是否愿意抓住它。三者无时无刻不相互影响,同时也相互关联着。回顾自己的前半生,有由于努力而抓住了机会使自己的事业得到发展的例子,也有因自己努力不够没有达到条件而得不到机遇的例子。但人们一般不愿意回忆自己没有做到或者做成的事情,所以,就出现了向年轻人介绍成功经验、向年轻人传授好的做法的情况,而很少有介绍自己如何失去机会,从而得不到应有的发展的案例。实际上,每个人,包括成功的人士,都有自己因努力不够、准备不足而失去机会的经历。我这里当然也主要谈自己认为是有些成绩的例子,失去机会或者选择不当的经历也包含在其中。这就是事物的辩证性和多面性。

黄:王云樵教授在《神州学人》2004年1月版发表一篇文章,专门介绍您的学术成就。可以说是对您2004年前发展道路的小结。回头看,您觉得那篇文章是不是客观地介绍了您从农家子弟走上学术道路,成为一名语言学家的经历?

张:应该说是非常客观的,王云樵教授是我的同事,也是我好朋友,他见证了我的成长过程,有些赞誉或许高了,但事实的描述是准确的,他记录了一串串我执着的奋斗足迹。我从鲁北平原一个偏僻的农村起步,走进百里之外的大学校门,再走出千里之远的国门,落脚于万里之遥的世界著名学府;最后又回到祖国的一方热土。从一个普通的农家子弟,我逐步成长为国家重点大学的教授、博士生导师,国内知名并具一定国际影响的语言学研究者。

我的学术之路起源于1980年9月,在山东大学受教育部委托而举办的"山东省青年英语骨干教师首期培训班"。由全省高校推荐并经集中考试选拔而来的20名学员,都非"等闲之辈"。而外教是来自美国加州大学的一对夫妇,他们的水平和热情都很高,教材是他们直接带来的英语原版,听说读写一应俱全,交叉上课,加之改革开放之初,大家对外教新奇十足,也干劲十足,半年下来,学员们都受益匪浅。我更是如饥似渴地沉醉于学习之中,总是在不停地听呀,写呀,读呀,抄呀。结业考试时,我是仅有的五名全

A 学员之一。

上大学期间，我曾向叔父借了一辆堪称农村奢侈品的破旧自行车，这样我就可以在周末和节假日骑车回家，帮助父母料理家务，下田劳作，还可省下几块车票钱。我父亲体弱多病，弟妹年幼，全家的生活重担都压在了母亲一人身上，因而在紧张的求学生活之余，我还要把精力和时间分散在减轻父母负担上。在那条凹凸不平、尘土飞扬长达 150 余华里的乡间土路上，我历经过的往返和风雨不计其数。这段经历写在我的英文作文“My Worn and Broken Bicycle”一文中，文章用上了当时百姓的一句流行语，“我的自行车除了铃铛不响，哪里都响”，而且只剩下一只脚蹬子(Each part of my bike made noise except the bell, with only one pedal left at that)。那个年代有无奈和苦涩，也有奋斗和收获。1982 年我在由山东省教育厅指定的三所高校派出的教师进行的选拔考试中，凭借实力获得唯一一个出国名额，前往澳大利亚悉尼大学留学。

在悉尼大学遇到的第一个挑战就是国内的本科学历不被承认，无法获得直接攻读研究生课程的资格。我凭借信心和实力，夜以继日，埋头苦干，只用了一个学期就通过了本科生资格考试；接着，再接再厉，连续作战，又用剩下的三个学期攻下了通常需要两年时间的研究生课程和硕士论文，以优异成绩毕业并获硕士学位。在悉尼大学我最大的幸事是遇到了恩师——世界大师级著名语言学家韩礼德教授及其夫人——同样身为著名语言学家的韩茹凯教授。导师深邃而独特的学术思想，严谨而开放的治学态度，平易近人的情操风范，给我留下了受益终身的深远影响。

1984 年 3 月，我在出色完成两年留学任务后如期归国，回到山东聊城师范学院英语系工作。父亲在我出国期间不幸病故，有许多家事需要我料理照管。尽管如此，我依然坚持自己的学术研究，于 1992 年晋升为副教授，1993 年就被破格晋升为教授，时年 38 岁，是全校最年轻的教授。随后受杨自俭教授的力邀，我正式调入中国海洋大学，开始学术研究的一个新阶段和丰收期。在海洋大学六年，我在先后担任常务副院长、院长的同时，还给本科生开设英语语言学基础、英语文体学、英语词汇学等课程；给研究生(含山东大学博士生)开设功能语言学、系统功能语法概论、功能语法、功能文体学等数门课程。

1998 年，我出版了独立撰写的专著《功能文体学》，这是我多年研究成果的结晶，书中把韩礼德功能文体学思想具体化，提出了功能文体学的总体理论框架，提出了语篇文体分析的具体程序，并且用大量实证对语篇进行了具体分析。2003 年在完成教育部“论语篇连贯的总体条件”项目的基础上，由上海教育出版社出版了专著《语篇连贯与衔接理论的发展及用》一书。该书从多方面发展了韩礼德和韩茹凯的衔接理论，并且把衔接与连贯结合起来，研究了衔接在语篇连贯中起作用的条件，并将此理论应用到了外语教学、翻译、语篇分析、文体学等领域中。

黄：谢谢张老师分享您的人生历程，让我们看到一个农家子弟如何通过自身的刻苦求学，成为我国语言学界知名学者的成长道路。人生路上面临许多的选择，而您的选择是一如既往地做学问，从而也成就了您的学术人生。接下来请讲讲您在人生路上如何做选择的？

张：我是1974年高中毕业的，毕业后不能直接考大学，只能回乡务农，这是一种无奈，也是一种考验，看你是选择继续努力，还是随波逐流。我选择了前者，不仅继续学习，还尽力做好自己分内的一切工作。由于自己的努力，两年的农村工作结束后，被推荐上了大学，也是所在公社(乡镇)唯一一个上本科院校的名额。我们家世代都是农民，这显然是十分幸运的，但同时，也有无奈的地方。当时本科院校要我学习英语专业，而由于我上的高中没有英语教师，所以，我一直没有上过英语课；而且，语言表达也不是自己的强项。这样，上英语专业只能从零开始。不会英语而选择英语专业，在现在看来，是不可思议的，也显然是一种劣势。我只能通过自己的努力克服它，把劣势变为动力。经过努力，在三年大学学习中我一直名列前茅。在学校举行的一次由全校各个年级和各专业的学生参加的英语竞赛中，我还得了第一名。大学三年的学习成绩和那次竞赛的成绩为我下一步留校任教奠定了比较好的基础。留校任教后，我主要从事英语教育专业的教学工作，在此，同样也面临新的选择：(1) 英语专业业务的提高主要以英语技能为主，还是转向提高自己的理论和学术水平？(2) 留校任教后，是致力于增加收入、改善生活水平；还是继续努力，不断提高自己的业务能力和学术水平，提高科研能力？对于第一个选择，作为英语专业的大学生，掌握专业基本技能是首要任务，也是每一个学生奋斗的目标。所以，在上学期间，我的主要精力是用在专业技能的学习上：背诵单词和课文、造句、理解疑难结构、理解课文的结构特点、挖掘深层次的意义、用自己理解的语言复述课文等，尽量使应该学的东西都学会，并通过练习争取达到可以应用的程度。

每学一课，我都要在上课之前先学会所有的词汇和习语、搭配，理解好课文，只留下疑难问题通过老师讲课解决，因而在同学们中获得了"walking dictionary"的称号。但总的来说，专业知识学得比较少，文学、语言学和文化方面的知识和理论严重不足。

当了大学老师后，英语的基本功、专业技能仍然是关键，英语听、说、读、写、译的能力要达到比较高的水平，才能不会误人子弟，因此，需要继续提高自己的专业基本技能和相关的基本知识。但是否这样就是一个合格的大学老师呢？

一开始，我还认为只要英语的基本功以及相关的文学、文化和词汇、语法的知识达到一定水平就可以了。后来，到山东大学进修和到澳大利亚留学之后，特别是学习了系统功能语言学理论后才发现，仅仅掌握专业基本技能和一些相关知识是远远不够的，还需要发展自己的研究领域，在科学研究方面做出自己的贡献。所以，我就逐渐把学习的重点由单纯的技能和知识转移到研究方向和研究创新上，开始利用业余时间大量阅读系统功能语言学的原著和论文，选择一些论题，试着做研究工作。

从第二个选择的角度上讲，大学毕业了，不再是学生了，一般也就不再把学习作为自己的主要任务。但我自己的信条是做什么就要以什么为主，尽自己的最大努力做好，不三心二意。作为大学老师，我感到一方面还需要继续提高自己的基本能力和知识水平，另一方面还需要提高自己的学术水平和科研能力。在这样的情况下，我还要继续学习和研究。

谈这两个选择是为了说明选择做系统功能语言学也是一个曲折的过程，同时也是和以前的其他的似乎与系统功能语言学无关的方面密切相关的。

当时的我获得了到澳大利亚留学的机会，但并不能确定自己研究的是系统功能语言学。我们一行 7 人被派到悉尼大学学习，但学习的专业需要自己选择。我们可以选择到文学院英语系听文学类课程，也可以到教育学院听语言教育类课程，还可以到文学院语言学系学习语言学。我们都知道语言学系有一个世界著名的语言学家韩礼德做系主任，我就找到他谈了自己的想法，当他了解我的情况后，就说我可以试着读学位，很快就可以转为正式的硕士研究生。然而，这个过程也不是一帆风顺的，也需要在个人的学术生涯中不断做出选择。在澳大利亚留学回国后，我面临新的选择。因为当时所在的学校层次较低，又居于“穷乡僻壤”，搞系统功能语言学没有合作者，也没有老师的指导，更没有可以继续深造的资料，继续做下去、做出成绩、走在学科的前沿是很难的。

是继续做系统功能语言学，在理论和应用上都做出成绩，还是利用系统功能语言学做些教学研究是摆在面前的两条路。作为师范院校的老师，选择第二条道路是理所当然的。但在韩礼德教授的指导下，系统功能语言学已经成为我学术生涯中不可或缺的部分，无论如何也不能丢弃。另外，尽管当时我取得了硕士学位，但还不知道如何写出可以在正式语言学类刊物特别是核心期刊上发表的论文。即使如此，我还是选择继续努力，不断求索。

韩礼德先生和其他学术领路人

黄：张老师今天的成功有您自己在关键问题上的抉择，也有像韩礼德先生这样名家的引领。请您介绍一下韩礼德先生和您的其他学术领路人。

张：这些师长和友人很多，而且是多方面的，不能一一提及，只能提及与我做系统功能语言学直接相关的一些人。在这些师长和友人中，对我帮助和影响最大的当推我的导师韩礼德教授。

首先，韩礼德教授能够在我资历浅、年纪轻、学识不足的情况下答应做我的导师，这对我做好系统功能语言学是极大的鼓舞。由于我们那个年代毕业的都没有学士学位，所以要读硕士学位就要补上学士学位的课程，因此我先读预备课程，然后根据学业情况看是否可转读硕士学位,但读了大约一个月后,我就转为正式学生了。没有他给我提供这样一个好的机会,我要选择做什么就不能确定了。

第二,他的系统功能语言学的思路和思想给我后来的发展指明了方向,潜移默化地影响着我,使我的理论水平有了较大的提高。当时,尽管韩礼德教授作为系主任和世界著名语言学家十分繁忙,但他还是每周或者抽出更多一点时间和我交谈一次,询问学习中的一些问题。这种面对面的交谈使我认识到他的系统功能语言学思想的许多真谛,经常使我有豁然开朗的感觉。这样,我们向他学习了系统功能语言学的思想基础和哲学基础,学习了系统功能语言学的层次和体现的思想,学习了系统功能语言学的研究角度,以及一些与其他理论的关系等。

第二年,我进入硕士论文写作阶段。因为我一直对修辞格比较感兴趣,所以就想用系统功能语言学理论来重新解释修辞格,韩礼德教授同意我的打算,并对我的理论框架提出了一些建议,我最后定的论文题目是"Foregrounding in Writing"。因定的题目太大,论文写了近二百页,马丁教授在评语中还说,"论文是压缩性的,没有展开"。我最后得到的成绩是"Pass with distinction"。除了在悉尼大学做硕士以外,我还在以后的多次国际国内会议上接受韩礼德教授和韩茹凯教授的教诲。让我记忆犹新而又十分感动的有以下几次:

(1) 1991年在苏州大学召开了第二届全国功能语法研讨会,韩礼德和韩茹凯夫妇双双来参加会议。我在会上的发言是"系统语法与语用学",从研究的重点、范围和起点等探讨系统功能语言学与语用学的关系,当时韩茹凯教授给予高度评价。会议期间,韩礼德教授抽时间和我谈话,询问了我的研究情况,对我的论文给予肯定,并对我以后的研究提出了建议,还鼓励我继续沿着这个研究方向发展。

(2) 1995年在北京大学召开了第22届国际系统功能语言学大会,他给我提出了下一步应该研究的课题,包括用系统功能语言学的理论研究汉语;把系统功能语言学应用于中国的外语教学;进一步研究功能文体学,开拓新的研究领域;关注计算语言学的发展以及应用系统功能语言学发展计算语言学的问题。他建议我再到悉尼去,还给我提供了很好的条件,即资助我参加第23届国际系统功能语言学大会。由于大会只资助来回机票和注册费,我的食宿费就由韩礼德和韩茹凯教授负担,他们邀请我住在他们的家中。我们除了开会以外,还一起做饭、吃饭、洗刷餐具、散步、到商店买东西、讨论一些理论问题等。

(3) 2004年在日本京都同志社大学召开了第31届国际系统功能语言学大会。会议期间我和他谈了我的研究项目"系统功能语言学语言教学理论研究",我把我的研究思路给他做了汇报,他十分高兴,和我一起探讨了一些理论问题、应用的方法和程序等问题。在交谈中,我提出了希望他能够给这本书写个序的愿望,他欣然接受,并要求我把书稿拿给他看看,并亲自作序。此书后来题名为《功能语言学与外语教学》。

(4) 2010年,国际语篇分析研讨会暨第12届全国语篇分析研讨会在同济大学召开。这次研讨会的规模达到500人左右。韩礼德夫妇应邀参加了大会,并双双做了大会发言,同时,还接受了我院老师和学生的采访,为促进我国的语篇分析事业的发展做出了巨大贡献。

系统功能语言学在国际上是一个大家庭,通过从事系统功能语言学研究就可以使素不相识的学者成为朋友。除了韩礼德和韩茹凯之外,还有英国加的夫大学的福塞特(Robin Fawcett)教授,澳大利亚的马丁(Jin Martin)教授、克里斯蒂(Francis Christie)教授、麦提逊(Christian Matthiessen)教授、巴特 (David Butt)教授等,加拿大约克大学的卡明斯(Micheal Cummings)教授,美国的弗里斯(Peter Fries)教授。他们都在我的学术发展中起了很大作用。在澳大利亚学习期间,马丁是我的老师,也是我硕士论文的评审专家,听了他许多课,也学到了他认识事物的方式方法。麦提逊在麦考利大学,那里是系统功能语言学的一个重要根据地。他们的许多学术成就使我能够不断思考新的研究领域和探索新的理论,同时他们在许多活动中都给予我支持和帮助。多伦多约克大学的卡明斯教授,他在功能文体学方面成就突出,使我在这个领域受益匪浅。我曾到多伦多约克大学(York University)的格林顿学院(Glendon College)做高级访问学者,在此期间,他不仅在学术上给予帮助,还从生活上给予关怀,同时还安排我做了一次学术讲座,让我在衔接与连贯的关系方面的研究进行了汇报。卡迪夫大学(Cardiff University)的福塞特(Robin Fawcett)教授,我在很早之前和他就相识,并多次在一起开会和旅游,他的学识、他对学术的追求以及对学术认真的态度给我留下了深刻的印象。在将要到英国之前,我收到他的一封来信,他说由于家庭需要,他要住到他女儿那里去,所以,他在加的夫的房子,就给我租住。我到加的夫就不必为住处及其他琐事而奔波,而可以直接利用他的资源。所以,我到英国后就完全接受了他的好意,住到他的家里,在学校用他的办公室。

黄:听了您的这番介绍,我非常感动。您的求学精神感动了世界一流学者,他们也愿意与您一路同行。国内的专家是不是也有与您经常合作的?

张:在国内对我帮助最大的当首推胡壮麟教授。首先,他对我的影响是潜移默化的。1987年,我和胡老师等一起参加了在悉尼大学召开的第八届国际应用语言学大会,在会议之余,悉尼的一个TAFE学校邀请胡壮麟老师做一个有关汉语语法的报告,但是胡老师正好有其他事情要办,所以就让我代他去做。我有点紧张,因为这是我第一次在外国做学术报告,怕砸了锅。胡老师鼓励我去做,并且给我讲了如何做。我就按他的思路做了准备,并且比较圆满地完成了任务。另外,在学术兼职等方面也得益于他的引领和支持:在全国功能语言学研究会成立时我被选为常务理事,并在1998年被选为副会长。

我在符号学领域的发展也得益于他和朱永生教授的支持和帮助。第一次全国语言与符号学会于1992年在苏州大学召开，我在没有任何思想准备的情况下收到了苏州大学的邀请函。我抓紧时间看书，思考如何把系统功能语言学与符号学结合起来发展符号学理论，最终写了《符号学与前景化》一文在大会上发言，并在《外国语》发表。在全国语言与符号学会成立时，胡壮麟老师被选为会长，我是常务理事，并在2005年被选为副会长。全国文体学会胡壮麟老师是名誉会长，我是副会长。

从合作者角度讲，虽然不是对称合作关系，因为我主要做辅助性工作，做编者或撰稿人，但我们一起合作编写了语言学教材，包括《语言学教程》和《高级语言学教程》以及对中国系统功能语言学发展做出突出贡献的《系统功能语法概论》《系统功能语言学概论》等。

1987年底，我和朱永生老师与胡老师商量，计划写一部介绍系统功能语言学的书籍，由他做主编来写这本书。但他坚持不做主编，宁愿作为第一作者。他设计出了全书的结构，并且给我们每个人分配了任务，每个人三章，就这样合作完成了《系统功能语法概论》。

在20世纪80年代末90年代初，由于当时当地学术环境，以及政策方面的问题，我的职称问题一直没有解决，胡老师多次利用各种机会为我呼吁。其中一个明显的例子是他给我的《功能文体学》写序言。后来，我出版的几乎所有专著都邀请胡老师写了序：《语篇连贯与衔接理论的发展及应用》(2003)；《语言的功能与文体》(2005)；《功能语言学与外语教学》(2005)等。我也因为他而获得了许多奖励：《系统功能语法概论》(1989)获得了全国优秀图书二等奖；《语言学教程》(1990)获得了国家教育委员会优秀教材一等奖；《系统功能语言学概论》(2005)获得2006年北京市精品教材和2008年北京市优秀科研成果一等奖。

持续开展学术研究不断推出新成果

黄：正是有了几位名家的引导和帮助，加之您自身的不断努力，至今您已经发表了180多篇学术论文，出版专著几十部，在业内是数一数二的权威专家。请问一下，您是如何开展学术研究并不断推出新成果的呢？

张：这个问题问得很好。虽然我已经确定把系统功能语言学作为自己的主要研究方向，但具体研究什么，一开始并没有一个清晰的思路。这样，从1984年到1989年我一直处在摸索阶段，研究了一些教学方面的题目，先后我发表了三篇文章，分别发表在《山东外语教学》的《主位理论与英语语序》和《信息中心及其范围》上，和发表在《现代外语》的《语域理论简介》上。

刚开始，我的计划是要在国际刊物上发文章，同时把我的硕士论文扩展为把系统功能语言学理论应用于文体学研究的专著，从而把功能文体学引入中国。当时，对我来说，这是一个庞大的工程。我在研究中发现，语气和情态的选择与交际者在语境中的角色关系十分密切，就写了一篇文章，开始听说 van Dijk 新主编了一个杂志 *Discourse and Society*，就投给了他。Van Dijk 回信说，他认为这篇文章更适合他主编的另一个杂志 *Text*，所以，就于 1991 年在 *Text* 上发表了。（现在该刊的名称是 *Text & Talk*）

其后的研究主要围绕三个大的议题展开：功能文体学、语域理论及应用和语篇分析，包括语篇的衔接与连贯。选择做功能文体学是学术延续的结果。我的硕士论文题目是"Foregrounding in Writing"，主要探讨书面语中的修辞格，并从功能文体学的角度进行重新解释。

回国后，我就想继续这方面的研究，争取做出一定成绩来。首先，我想建立一个文体学分析框架，以修辞格的重新解释为出发点，建立起一个从理论到方法，从语境、语域、意义、词汇、语法到语音的整体分析框架。这样，我需要进一步学习韩礼德的文体学理论，更需要进一步分析如何把对修辞格的分析扩展到文体学理论分析中去，在学习过程中，我发表了《韩礼德功能文体学理论述评》一文，载于《外语教学与研究》。

这项工作延续了近十年的时间。山东教育出版社以重点理论图书纳入计划中，于 1998 年以《功能文体学》的书名正式与读者见面。后来发现我的分析还有需要改进的地方，另外，在结构上也需要调整，使其更适合系统功能语言学的多层次观。高等教育出版社把它作为他们的"外语知名学者文库"的一部于 2005 年出版了，题目是《语言的功能与文体》。

在这个领域，为了扩大系统功能语言学的影响，我还参加了高等教育出版社的"十一五规划教材"项目，承担了《英语文体学教程》的编写任务，采用归纳法编写，把系统功能语言教学的基本思想纳入实例分析中，开始多讲实例，后归纳理论的方法。该书于 2008 年一月在高等教育出版社出版，并经过修订于 2016 年再版。

第二个主要研究领域是语域理论。我特别注意它的双向预测性，不仅在理论上需要继续探讨，在实践上也会对外语教学和学习有很大启发，所以，我就尝试建立语篇双向预测的分析模式，并且把它应用于教学中，以提高教学质量。在该领域的研究中，我发表了两篇论文，分别是《论语域的预测能力》，发表在《外国语》上，《语域理论与外语教学》，发表在《山东外语教学》上。

这个时期的第三个热点是研究语篇的衔接与连贯。在这里，我主要发现了韩礼德衔接理论中的一个逻辑上的问题，以此为突破口，展开新的研究，建立新的模式。我发现，批评韩礼德和韩茹凯的衔接理论的一个主要问题，即韩礼德和韩茹凯认为语篇的衔接与语域的一致性(register consistency)可以表示语篇的连贯性，但还有很多语境依赖性特别强的语篇，没有韩礼德和韩茹凯所讲的衔接，语篇同样可以解释为连贯的语篇。我发现这个问题的实质是没有把依赖语境实现的语篇意义考虑在内，而语篇的连贯则是语篇内的意义和语篇与语境的联系产生的意义相结合的结果。这样,解决这个问题,一种方法是扩大衔接的范围,使它不仅包括语篇内部的衔接机制,也包括把语篇和语境联系起来的衔接机制。另一种方法则是把衔接作为实现语篇连贯的一个条件,需要增加语篇和语境的关系方面的机制来把衔接和连贯联系起来。我选择了前者。

据此,我于1998年申请到了教育部项目"论语篇连贯的总体条件",从主位结构、信息结构、语相特征、非语言特征、跨类衔接、衔接关系、衔接力、衔接范围等多角度进行了研究,发表论文20余篇,特别是发表在《外语教学与研究》的《论语篇连贯》和发表在《外国语》的《语篇连贯研究纵横谈》《论衔接》,都产生了很好的影响。该项目于2002年完成,2003年由上海外语教育出版社出版了专著《语篇连贯与衔接理论的发展及应用》。2018年,该书又作为外国语言文学高被引图书出版。

在1990年代末和2000年初,我还研究了话语基调与人际意义的关系,《论话语基调的范围与体现》一文发表在《外语教学与研究》,这里的一个重要发展点是评价理论的诞生与发展,是马丁发现了系统功能语言学中人及意义系统中应该补充的方面。在这里对评价系统进行了初步介绍,并且把研究范围又扩展到符号学和语类(体裁)研究,分别发表多篇论文,如《语言符号及其前景化》一文发表在《外国语》,以及《论以语言符号为语言研究的基本单位》发表在《外国语》,《语类研究框架探索》发表在《外语教学与研究》,《语类研究纵横谈》发表在《外国语》等。可惜自己没有在这个领域继续扩大战果。

理论的生命力在于应用,所以,进行理论研究最好有一个应用领域使自己的研究接地气。韩礼德教授曾就把他的理论描述为"appliable linguistics"。这不仅是appliable与applicable的区别问题,而是建构语言学理论的理念问题。在理论应用方面最直接的是语言教学,特别是外语教学。而且,从一开始,韩礼德就说他研究系统功能语言学的初衷是"教育性的",用以探讨如何进行语言教学和学习。由此,我在2001年申请到另一个教育部人文社科项目《系统功能语言学语言教学理论研究》,重点是把系统功能语言学有关教学的理论进行汇总和清理,然后分几个大的方面讲如何应用,包括教学目标的设计、教学大纲的设置、语篇教学、语法教学、听力口语阅读写作教学,以及语言测试。本书由我和苗兴伟、李学宁完成,由韩礼德教授和胡壮麟教授作序。就在这时,外语教学与研究出版社要出版一个系列丛书"中国英语教师丛书",邀请我参加,我的这本书正好派上用场,于2005年以"中国英语教师丛书"之一,以《功能语言学与外语教学》书名出版,同时,也发表了多篇相关的论文。

系统功能语言学在它的发展过程中越来越显示出它的应用潜力,不仅可以应用于与语言相关的翻译、外语教学等领域,而且还可以应用于探讨语言之外的其他符号系统,如图形、绘画、音乐、建筑等的交际功能,发展了社会符号学理论,由多个符号系统选择出来的符号组成的语篇称为"多模态语篇",对多模态语篇进行研究称为多模态话语分析。

如果说语言学是由语言组成的一个封闭木桶，那么多模态话语分析理论则在这里打开了一个缺口，使语言学研究与其他学科的研究联系起来。我感到这是一个新的研究领域，是系统功能语言学对多学科、跨学科和超学科研究的贡献。所以，我开始尝试研究多模态话语，并且把它与外语教学联系起来。外语教学是涉及这个方面最多的领域，如教师的动作、表情、教态，所使用的教学工具和现代科学技术都属于这个类别。研究外语教学如果不研究多模态话语将是十分不完整的，所以我于2008年申报并且获得了国家社会科学基金项目“外语课堂教学多模态话语研究”，主要目标是构建一个外语课堂多模态话语分析模式，并在一定程度上设计一个多模态话语教学的选择模式。

这个项目重点研究大学英语课堂教学中多模态话语的基本特点和规律，通过对实际教学案例的分析和研究，探讨以下几个方面的问题：(1) 课堂教学中使用的媒体(包括语言媒体，声音和书写符号，身体媒体，如手势、动作、面部表情等)和技术媒体(如PPT、录音录像设备、网络平台等)。相关问题包括这些媒体可以引发什么形式的多模态交际现象？它们各自在课堂话语中起什么作用？在什么情景中或者环节上各个交际媒体各起什么作用？(2) 课堂教学中各模态之间的关系：它们如何相互协同、相互补充，共同建构课堂话语的整体意义，包括它们之间存在的前景化与背景化、补充与被补充、重叠与冲突、累赘与冗余等关系；探讨课堂话语中各个模态出现的必要性。

在理论基础上，我首先对理论符号学和社会符号学的研究重点进行了区分，突出了社会符号学从符号实践到符号理论的特点，在此基础上，建立了一个适用性社会符号学的分析框架；根据语言与非语言、人的肢体媒体工具和环境媒体的不同，建立了一个媒体系统框架；根据模态形式的系统性特点和模态之间相互协同的特点，建立一个模态形式选择框架；最后建立了一个多模态话语分析综合框架。

从符号资源上讲，我们探讨了符号资源产生的原因，并提出了六种符号资源的分类方法：探讨了设计在整个多模态话语分析框架中的位置，建构了一个设计操作框架；根据已有对多模态语法方面的研究，提出了两个层次的符号系统无法建立语法，图像性符号系统没有必要建立语法；还探讨了多模态语法的建构过程和程序，以及两个层次的符号系统的语篇特点；探讨了多模态话语分析的研究方法，并用实例做了例示；把与多元读写能力相关的因素结合起来，创建了一个多元读写能力的基本理论框架；并且区分了多模态话语中的主模态、次要模态、有意识模态和无意识模态等。

第二部分是通过两个重要概念：设计和多元读写能力，把多模态话语分析理论引入外语教学中。首先提出了五个教学理念的理论框架，制定了多模态设计中对模态选择的原则，包括总体的最佳效果原则和一些具体的原则；根据多模态话语分析的整体理论框架，建立了多模态语篇中以体裁为基础的模态互补性分析框架，并以实际的教学案例为例，探讨了课堂教学中不同模式是如何合理搭配共同完成教学任务的。最后，建立了一个集控制和支配设计选择的语境因素、认知因素、教学理念、意义选择、体裁结构、教学方法和教学模态选择于一体的外语课堂教学中多模态话语的模态选择模式。该项目于 2013 年完成,2014 年通过评审,获得优秀,2015 年 7 月份由高等教育出版社以《多模态话语分析理论与外语教学》出版。围绕该项目发表论文 20 余篇。引用率比较高的《多模态话语分析综合理论框架探索》发表于《中国外语》;《多模态话语理论与媒体技术在外语教学中的应用》发表于《外语教学》;《多模态外语教学的设计与模态调用初探》发表于《中国外语》;《多模态话语模态的协同及在外语教学中的体现》发表于《外语学刊》等。

黄:科学研究的目标主要是:理论上的创新和实践上的价值,以及两者的结合。从理论创新上,扩展已进行的研究,进行"深挖井"是一个有效的方法和路径。在实践上则要把自己研究与国家需求、人类发展的需求联系起来。张老师的研究思路很有价值。相信还会催生出更多的成果。请您介绍一下手头正在从事的研究项目。

张:我手头正在承担的国家项目正是在这种理念下构建出来的,项目名称是"外语本科生多元能力培养模式研究",力图把多模态话语分析理论与培养新时期、全球化时代国家需求的高素质,具有超学科、超文化交际能力的外语人才结合起来。现在项目已经基本完成,在《外语界》等发表了 10 多篇论文。这个项目的特点是在理论上整合多模态话语分析理论、多模态互动理论、社会教育学的代码理论、多元读写能力培养模式理论和设计学习和教学理论等,建构培养综合能力和某些特殊单类能力,如超文化交际能力、超学科能力、思辨能力、道德素养等。

黄:张老师的理论之树常青。您如何评价您的选择和取得的成就?

张:我自己坚持的原则是一直向前看,主要思考的是下一步该怎么办,很少对以前做出的选择做反思和评价,感到过去了再想它没有用了,尽量节约出时间做下一步应该做的事。所以,回忆的东西一般写不好。但也有一些经历是难以忘怀的,包括上面讲的一些经历。

总的来说,根据个人的具体情况,我对以前做出的选择感到满意,对自己的一些经历感到有些幸运,特别是能够在改革开放之初出国留学,能够找到国际系统功能语言学大师做导师,能够遇到像胡壮麟老师等这样的师长和同仁,并得到他们的帮助。对于他们的帮助表示衷心的感谢! 学习和研究都是无止境的,对于系统功能语言学的学习和研究也是无止境的。系统功能语言学具有强大的生命力,将会不断向更高更深层次发展,向不同的研究领域扩展。我们的任务是使它一代一代传下去,使它在现在的基础上更加强大、更加深刻、更加成熟、更加完美、更加有竞争力,流传更广更长。

黄:衷心感谢张老师不吝赐教,我受益匪浅。

图书在版编目(CIP)数据

外国语文研究. 第10卷. 1 / 陈新仁主编. -- 南京 :
南京大学出版社，2019.9
ISBN 978-7-305-07754-8

Ⅰ. ①外… Ⅱ. ①陈… Ⅲ. ①外语教学—教学研究—
文集 Ⅳ. ①H09-53

中国版本图书馆 CIP 数据核字(2019)第 201737 号

出版发行 南京大学出版社
社　　址 南京市汉口路 22 号　　　邮　编 210093
出 版 人 金鑫荣

书　　名 外国语文研究(第 10 卷·1)
主　　编 陈新仁
责任编辑 孙益凤　董　颖　　　编辑热线 025-83596997

照　　排 南京南琳图文制作有限公司
印　　刷 江苏凤凰数码印务有限公司
开　　本 787×1092　1/16　印张 11.75　字数 231 千
版　　次 2019 年 9 月第 1 版　2019 年 9 月第 1 次印刷
ISBN 978-7-305-07754-8
定　　价 45.00 元

网址：http://www.njupco.com
官方微博：http://weibo.com/njupco
官方微信号：njupress
销售咨询热线：(025) 83594756
